rororo

rororo

Zu diesem Buch

Das Lebensgefühl der 90er Jahre steht im Zentrum der hier abgedruckten Stücke, doch ihre Bandbreite könnte kaum größer sein. Nach ihrem Debüterfolg mit *Zerbombt* seziert Sarah Kane in *Phaidras Liebe* eine Gesellschaft, die sich nur noch in Gewalt und Tod erfährt, ständig auf der Suche nach dem «ekstatischen Kick». Mark Ravenhills Großstadtmärchen *Shoppen & Ficken* entwirft das witzig-lakonische Porträt der «Generation E(cstasy)» und wurde 1998 zum Berliner Theatertreffen eingeladen. *Portia Coughlan* von der Irin Marina Carr schildert in einer poetisch verdichteten Sprache, wie eine junge Mutter langsam an der Enge des Dorflebens zerbricht, und Martin Crimp montiert aus Nachrichten auf Anrufbeantwortern, Gesprächsfetzen und Fernsehbildern seine *Angriffe auf Anne* zur Biographie einer Frau, die selber nie auftritt.

Playspotting zeigt, wie vielfältig die neue englischsprachige Dramatik auf das Hier und Jetzt reagiert, und stellt vier ihrer wichtigsten Autorinnen und Autoren begleitend in Kurzporträts und Interviews vor.

Marina Carr • Martin Crimp
Sarah Kane • Mark Ravenhill

PLAYSPOTTING

Die Londoner Theaterszene der 90er

Herausgegeben von
Nils Tabert

Rowohlt Taschenbuch Verlag

Deutsche Erstausgabe
Veröffentlicht im Rowohlt Taschenbuch Verlag GmbH,
Reinbek bei Hamburg, September 1998

Ausführliche Quellenhinweise am Schluß des Bandes
Aufführungsrechte: Rowohlt Theater Verlag,
Hamburger Straße 17, 21465 Reinbek bei Hamburg
Umschlaggestaltung Ingrid Albrecht
Satz Minion PostScript (PageOne)
Gesamtherstellung Clausen & Bosse, Leck
Printed in Germany
ISBN 3499 22374 0

INHALT

SARAH KANE

Sarah Kane, 1971 in der Grafschaft Essex geboren, studierte an den Drama Departments der Universitäten Bristol und Birmingham. Ihr Debütstück *Zerbombt (Blasted)* wurde im Januar 1995 am Londoner Royal Court Theatre uraufgeführt und geriet in England wegen seiner expliziten Darstellung von psychischer und physischer Gewalt zu einem der größten Theaterskandale der letzten dreißig Jahre. Die deutschsprachige Erstaufführung von *Zerbombt* war im September 1996 am Deutschen Schauspielhaus Hamburg, gefolgt von bisher sieben weiteren Inszenierungen, darunter am Nationaltheater Mannheim, Düsseldorfer Schauspielhaus, Schauspielhaus Wien und Deutschen Theater Berlin / Baracke. Das Stück wurde abgedruckt in «Theater der Zeit» und in «Spectaculum» 63 (Suhrkamp Verlag, Frankfurt / M.). *Phaidras Liebe (Phaedra's Love)* erlebte unter Kanes eigener Regie seine Uraufführung im Mai 1996 am Londoner Gate Theatre, wo Kane im Oktober 1997 auch Georg Büchners *Woyzeck* inszenierte, und wurde im April 1998 am Schauspiel Bonn deutschsprachig erstaufgeführt. Im Mai 1998 brachte das Royal Court Theatre die Uraufführung von Kanes drittem Stück, *Gesäubert (Cleansed)*, heraus, und ihr Text *Crave* wurde im August 1998 während des Edinburgh Festivals am Traverse Theatre uraufgeführt. Die deutschsprachige Erstaufführung von *Gesäubert* ist für Dezember 1998 an den Hamburger Kammerspielen geplant (Regie: Peter Zadek). Kanes erstes Drehbuch wurde unter dem Titel *Skin* von Channel Four / British Screen verfilmt. Ihr zweites Drehbuch für das British Film Institute ist in Vorbereitung. Sarah Kane lebt gegenwärtig in London.

Gespräch mit Sarah Kane

Wie steht's mit deinem Deutsch?
Sehr, sehr schlecht. Letztes Jahr, während meiner Zeit in Amerika, hatte ich intensiver gelernt, und als ich im Herbst nach London zurückkam, konnte ich bei meiner Inszenierung von *Woyzeck* am Gate Theatre neben der englischen Übersetzung sogar mit dem Originaltext arbeiten. Aber seitdem liegt es ziemlich brach. Dabei wäre es großartig, Büchner, Kafka, Brecht, Grass auf deutsch lesen zu können.

Was fasziniert dich beispielsweise an Kafka?
Kafka wurde anfangs für einen Phantasten gehalten, wahrscheinlich erklärten ihn die meisten seiner Zeitgenossen sogar für verrückt. Heute wirken seine Texte allerdings sehr realistisch, und ich glaube, daß das kein seltenes Phänomen ist: Autoren mit der ausgeprägtesten Phantasie entpuppen sich im nachhinein als Realisten. Orwells *1984* ist dafür ein weiteres Beispiel – man liest den Roman heute und kann ihn kaum als Fiktion abtun. Während meiner Arbeit an *Gesäubert* habe ich noch einmal Kafkas *Prozeß* gelesen, eines der Bücher, in denen nichts konkretisiert wird, nie wird gesagt, um was es eigentlich geht. Dennoch versteht man es in jedem Moment.

Und Brecht? Hat er deine Theaterarbeit beeinflußt?
Hm. Gute Frage. *(längere Pause) Leben des Galilei* ist eines meiner Lieblingsstücke. Ich habe oft überlegt, warum, aber bis heute keine befriedigende Antwort gefunden. Ich lese es wieder und wieder, und es erstaunt mich jedesmal, wie man ein derart fesselndes Stück über Naturwissenschaften schreiben kann. Und die darin thematisierte Frage nach dem relativen Wert der Wahrheit hat viel mit *Phaidras Liebe* zu tun – an welchem Punkt im Leben wählt man die Lüge, um sich zu retten. In *Galilei* geht es ja nicht

in erster Linie um den Beweis, ob die Erde nun um die Sonne kreist oder umgekehrt, sondern um die Wahrheit als solche und wie man sich zu ihr verhält.

Du spielst auf Phaidras Lüge an, Hippolytos habe sie vergewaltigt?
Ja, und Hippolytos, der seinerseits lügt, denn er gibt die Vergewaltigung zu. Gleichzeitig sagt er jedoch die Wahrheit, da diese Lüge Phaidras einzige Ausdrucksmöglichkeit ist für das, was er ihr angetan hat, so daß die Lüge schließlich zur Wahrheit wird. Die Sprache hat keine anderen Worte für sein Verhalten. Das Beharren auf der Wahrheit war etwas, das mich beim Schreiben von *Phaidras Liebe* sehr beschäftigt hat. Ich war damals sehr deprimiert ...

Wobei du *Phaidras Liebe* mal deine Komödie genannt hast ...
Ja, es ist auch eine Komödie. Trotzdem war ich zutiefst deprimiert, als ich das Stück schrieb. Ich ging damals allen Leuten auf die Nerven, weil mir nichts wichtiger war, als immer die Wahrheit zu sagen, und ich klagte dauernd, wie sehr mich diese ständige Heuchelei im Leben deprimiere, so daß man keine aufrichtigen Beziehungen haben könne. Bis ein Freund von mir meinte, ich hätte die falschen Werte. Ich würde die Wahrheit absolut setzen. Nur daß die Wahrheit nicht absolut sei, sondern das Leben. Und innerhalb dessen müsse man sich gelegentlich mit der Unwahrheit abfinden. Was natürlich stimmt. Könnte ich hinnehmen, daß das Festhalten an der Wahrheit eine zweitrangige Rolle spielt, ginge es mir wesentlich besser. Es ist mir aber irgendwie nicht geglückt, und insofern mißlingt es auch Hippolytos. Was ihn am Ende tötet.

Sein Tod erscheint im Stück als der Gipfelpunkt seiner Existenz. Wenn er am Schluß sagt: «Hätte es doch nur mehr Momente wie diesen gegeben», ist das bei aller Komik auch sehr schockierend – als sei er erst jetzt zum ersten Mal an sich angeschlossen.

Ja. Ich habe übrigens gerade mit der Arbeit an einem neuen Stück begonnen – schrecklich, oder, schon wieder ein Stück –, in dem es um die Spaltung von Bewußtsein und Körper geht. Wahnsinn hat für mich mit diesem Riß zu tun, und eine Chance, seinen sogenannten Verstand zurückzuerlangen, hat man nur, wenn man wieder an sich angeschlossen ist, geistig, körperlich, emotional. Hippolytos erfährt diese Einheit im Moment seines Todes, plötzlich fühlt er sich als Mensch und bei klarem Verstand. Aber um dieses Gefühl zu erreichen, muß er sterben. Das ist ähnlich beim Soldaten in *Zerbombt.* Was seine Freundin durchgemacht hat, kann er nur nachempfinden, indem er die Pistole abdrückt, was ihn jedoch selber das Leben kostet. Und auf einer anderen Ebene erkläre ich mir damit auch, weshalb Menschen sich beispielsweise die Haut aufschlitzen. Ich habe vor kurzem eine Frau kennengelernt, die zahllose Überdosen genommen hat und sich schon auf fast jede erdenkliche Art umbringen wollte. Sie hat eine riesige Narbe hier *(zeigt auf den Hals)*, Narben hier *(die Handgelenke)*, aber absurderweise ist sie näher bei sich als die meisten anderen Menschen, die ich kenne. Ich glaube, in dem Moment, in dem sie sich die Pulsadern aufschneidet oder eine Überdosis nimmt, ist sie mit einem Mal an sich angeschlossen und will weiterleben. Also fährt sie ins Krankenhaus. Ihr Leben ist eine endlose Folge von Selbstmordversuchen, die sie dann widerruft. Und so furchtbar das ist, so sehr kann ich es nachvollziehen. Es ergibt einen Sinn für mich.

Wie ist *Phaidras Liebe* entstanden?

Das Stück war eine Auftragsarbeit für das Londoner Gate Theatre. Ich sollte meine Version eines Klassikers schreiben und schlug zuallererst *Woyzeck* vor. Das Gate plante aber bereits eine komplette Büchner-Werkschau, womit *Woyzeck* ausschied. Meine zweite Wahl war dann Brechts *Baal*, das sich teilweise auf *Woyzeck* bezieht. Allerdings hatte das Gate keine Lust auf die ganzen Querelen mit den Brecht-Erben, und am Ende kam dann vom Theater der Vorschlag, ich könne mir doch eine griechische oder römische Tragödie aussuchen. Ich hatte diese Stücke immer gehaßt – alles passiert im Off, die Leute stehen herum und reden, und überhaupt, was soll das Ganze. Trotzdem beschloß ich, eins davon zu lesen, um zu schauen, ob ich etwas damit anfangen könne. Ich entschied mich für Seneca, weil mir Caryl Churchills Bearbeitung eines seiner Stücke sehr gefallen hatte. Ich las *Phaidra*, und überraschenderweise interessierte es mich. Es beschreibt eine sexuell korrupte Königsfamilie und war insofern absolut zeitgemäß. Lange vor Dianas Tod gibt es ja in *Phaidras Liebe* diese Szene, in der das populärste Mitglied der Königsfamilie stirbt und so weiter. Das Stück wäre jetzt viel aktueller. *(lacht)* Ein zweiter Grund war, daß mir Senecas Hippolytos in seiner ganzen angeblichen Keuschheit, Reinheit und seinem Puritanismus schrecklich unattraktiv erschien, während es mir eher darum ging, seine Attraktivität zu betonen, indem ich ihn zwar unattraktiv machte, aber seinen Puritanismus ins Gegenteil verkehrte. Ich wollte über eine Lebenshaltung schreiben und nicht über einen Lebensstil. Also sollte mein Hippolytos auf der Wahrheit beharren, anstatt auf sexueller Enthaltsamkeit, was ich sowieso langweilig fand. Außerdem war ich der Überzeugung, man könne die Konvention, alles im Off passieren zu lassen, sehr wohl umdrehen und die Ereignisse zumindest versuchsweise auf die Bühne bringen. Und ein letzter Aspekt war, daß ich noch vor der Diskussion mit dem Gate über eine Bearbeitung von *Baal* bereits einige Szenen dafür geschrieben hatte, die plötzlich nutzlos geworden waren. Als ich sie mir jedoch noch mal ansah, fiel mir die Ähnlichkeit zwischen Baal und Hippolytos auf, und ich konnte sie in *Phaidras Liebe* als Material verwenden. Die Szene zwischen Hippolytos und dem Priester hatte ich ursprünglich für *Baal* konzipiert.

Hast du nur Seneca herangezogen?

Ja. Später kam dann noch Euripides hinzu, aber erst, nachdem ich mit *Phaidras Liebe* fertig war. Racine kenne ich bis heute nicht, und selbst Seneca habe ich nur einmal gelesen, um mich nicht zu sehr in ihn zu vertiefen. Ich wollte kein Stück schreiben, das man allein auf der Folie des Originals versteht. Es sollte ein eigenständiger Text werden.

Und hast du bewußt eher Hippolytos als Hauptfigur gewählt anstatt Phaidra? Schon der Titel deutet das ja an, indem er auf das Objekt von Phaidras Liebe verweist, im Englischen noch stärker als im Deutschen.
Keine Ahnung. Ich glaube, ich wollte ein Stück über Depressionen schreiben, weil es meinem damaligen Zustand entsprach. Insofern ließ es sich gar nicht vermeiden, daß Hippolytos immer mehr ins Zentrum rückte. Wobei es insgesamt auch um meine eigene Persönlichkeitsspaltung ging, den Umstand, daß ich zu gleichen Teilen Hippolytos und Phaidra bin. Sie sind zwei Facetten ein und derselben Person, der absolut verletzende, abgeklärte Zynismus und die bedingungslose, blinde Liebe für jemanden, der alles andere als liebenswert ist. Wann immer ich eine Szene schrieb, bewegte ich mich dementsprechend in gegensätzlichen Zuständen, um herauszufinden, was geschieht, wenn diese zwei Menschen zusammentreffen. *Phaidras Liebe* war der Versuch, zwei Extreme in meinem Kopf zu verbinden. Was am Ende nicht nur eine deprimierende, sondern auch eine befreiende Erfahrung war.

Sich die eigene Schizophrenie einzugestehen kann durchaus gesund sein.
Eben, obwohl das natürlich etwas merkwürdig klingt. Genauso halte ich auch Depressionen nicht zwangsläufig für ungesund. Für mich äußert sich in ihnen eine vollkommen realistische Wahrnehmung der Umwelt. *(lacht)* Wahrscheinlich muß man sein Empfindungsvermögen bis zu einem gewissen Grad abstumpfen. Andernfalls ist man chronisch gesund in einer chronisch kranken Gesellschaft. Antonin Artaud ist ein solches Bei-

spiel: Entweder man dreht durch und stirbt, oder man funktioniert und ist dabei krank. Was der eigentliche Wahnsinn ist.

In den ersten Szenen von *Phaidras Liebe* war Hippolytos für mich ein chauvinistisches Arschloch, das Menschen nach Belieben mißbraucht und mißhandelt. Aber später im Text beginnt man ihn zu respektieren, und er wird einem sogar sympathisch.
Er ist mir immer, von Anfang an, sympathisch gewesen, weil er absolut und gnadenlos direkt ist, in jeder Sekunde, egal, wem gegenüber, und egal, welche Konsequenzen das für ihn und die anderen hat. Er drückt sich bei allem, was er sagt, klar und unmißverständlich aus. Und ich glaube, ich verfolge dasselbe Ziel – ich möchte klar und unmißverständlich verstanden werden. Unter diesem Aspekt ist Hippolytos eines meiner Ideale. Ich wäre gern wie er. Du hast recht, er ist ein totaler Wichser, aber immerhin ist er witzig, was für manches entschädigt. Es gibt Menschen, die einen unter Umständen wie den letzten Dreck behandeln, aber solange sie dabei Sinn für Humor haben, kann man ihnen leichter verzeihen. Wobei ich damit nicht sagen will, daß man das tatsächlich tun sollte. Es gibt in England einen Politiker, Alan Clark, der reaktionärste, widerlichste Mensch, den man sich vorstellen kann. Er hat gerade seine Tagebücher veröffentlicht, über seine diversen Affären, weil sich bei ihm alles ums Ficken dreht. Sein Benehmen ist ekelhaft und dabei gleichzeitig so komisch, daß das Lesen Spaß macht. Man verzeiht ihm, weil er gar nicht erst versucht, den netten Menschen zu spielen, sondern seine sexuelle Korruptheit offen zugibt. Er tut, was er will, und heuchelt keine Wünsche oder Ziele vor, die er nicht hat. Und bis zu einem gewissen Grad bewundere ich ihn dafür. Von daher liebe ich Hippolytos. Ebenso wie Ian in *Zerbombt.*

Und liebst du auch Cate und Phaidra?
Ja. Cate ist in *Zerbombt* genauso ehrlich. Deshalb habe ich mich bei der deutschsprachigen Erstaufführung in Hamburg auch so

geärgert, daß Cates «Nein» auf Ians Frage, ob sie schon mal mit einer Frau gefickt habe, gestrichen wurde. Das mag zwar ein winzig kleines Detail sein, aber mir war es wichtig, weil sie auch hier absolut aufrichtig antwortet. Sie ist die ganze Zeit über ehrlich bis zu dem Moment, in dem sie die Pistole entdeckt, Ian sie fragt: «Gefunden?» und sie erneut antwortet: «Nein.» Bis dahin hat sie nicht ein Mal gelogen, und ganz ähnlich verhält es sich mit Phaidra. Sie setzt ihre eigenen Bedürfnisse ungefiltert um – obwohl sie nicht so genau weiß, was sie will. Aber Ehrlichkeit hat für sie Vorrang vor allem anderen, und sie würde bereitwillig dafür sterben. Wahrscheinlich sind alle meine Figuren auf die eine oder andere Art hemmungslos romantisch. Ich glaube, daß Nihilismus die extremste Form von Romantik ist. Und wahrscheinlich ist es dieser Punkt, an dem meine Stücke mißverstanden werden. Ich fürchte, ich bin eine hoffnungslose Romantikerin, in der Tradition von Keats und Wilfred Owen.

Wie würdest du den Humor von *Phaidras Liebe* definieren?
(längere Pause) Als eine Art lebensrettenden Galgenhumor. Während der Vorbereitungen für das Stück las ich einen Zeitungsartikel von einem Mann, der seit drei Jahren unter klinischen Depressionen litt und erzählte, daß er nur noch dank seines morbiden Sinns für Humor am Leben sei. Allein sein Humor ließ ihn nicht endgültig verzweifeln und machte ihn für andere Menschen überhaupt erträglich, ein Aspekt, der auch auf *Phaidras Liebe* zutrifft. Hippolytos verliert seinen Humor in keiner Sekunde, sonst hätte er sehr schnell ausgespielt. Sein letzter Satz ist zwar keine Verarschung, aber er ist sich der Komik und des Paradoxons durchaus bewußt.

Hast du selbst mal ausprobiert, immer ehrlich zu sein?
Ich versuche das ununterbrochen. Mit dem Ergebnis, daß ich mißverstanden werde. Bei *Zerbombt* fand ich, das sei der ehrlichste Text, den ich bis dahin geschrieben hatte. Statt dessen wurde

mir Zynismus vorgeworfen, was das Gegenteil von Ehrlichkeit ist.

Hast du dir die Ausstellung «Sensation» angeschaut?
Nein, aber bei allem, was ich darüber las, hatte ich sehr gemischte Gefühle. So uneingeschränkt ich einerseits für die Freiheit der Kunst bin, ihrer Mittel und ihrer Themen, so stark habe ich andererseits die Integrität beispielsweise des Myra Hindley-Bildes angezweifelt, obwohl ich es zugegebenermaßen nicht selbst gesehen habe. [Das skandalumwitterte Porträt der Kindermörderin bestand aus den Abdrücken von Kinderhänden.] Ich versuche in meinen Texten immer, konkrete Bezüge zu einem tatsächlichen Ereignis zu vermeiden. Der Krieg in Bosnien wird in *Zerbombt* ganz bewußt nicht erwähnt, weil ich mich nicht mit Menschen anlegen wollte, die ihn am eigenen Leib erlebt haben und darüber besser Bescheid wissen als ich. Es ging mir nicht um die Abbildung einer historischen Situation, so sehr sie für mich auch eine zentrale Rolle gespielt hat. Genauso wollte ich bei *Gesäubert* nicht sagen: Das Stück handelt von Deutschland und der Ermordung von sechs Millionen Juden. Das war beim Schreiben zwar wesentlich, aber nicht der Inhalt des Stücks, und deshalb habe ich ihn gar nicht erst als Kontext angegeben, da man sonst das Leid anderer als Rechtfertigung der eigenen Arbeit benutzt, was ich unlauter finde und zynisch. Außerdem verliert ein Text an Bedeutung und Dimensionen, wenn man ihn zu konkret macht und auf eine Ebene begrenzt. Ich weiß nicht, ob das Myra Hindley-Bild auf mehr verweist als die ermordeten Kinder. Und wenn nein, beutet es lediglich den Schmerz ihrer Eltern aus. Wohingegen *Zerbombt* und *Gesäubert* hoffentlich weit über die Geschehnisse in Bosnien oder Deutschland hinausgehen.

Ich habe *Gesäubert* nicht einmal als Kommentar zum Holocaust gelesen. Obwohl der Bezug eindeutig da ist. Aber für mich spiegelt es eher unsere Gegenwart, unser heutiges Lebensgefühl.

Ja, es ist auch eine Reflexion meines eigenen Lebens. Ohne daß es autobiographisch wäre. An einer Stelle in *Fragmente einer Sprache der Liebe* sagt Roland Barthes, daß die Situation eines unglücklich Liebenden vergleichbar ist mit der eines Gefangenen in Dachau. Mich hat dieser Vergleich zuerst empört, ich fand, die Qualen der Liebe könnten unmöglich so schrecklich sein wie das KZ. Je länger ich allerdings darüber nachdachte, desto mehr verstand ich, was Barthes damit meint. Er spricht vom Verlust des Selbst. Und wenn man sich selbst verliert, was bleibt einem dann noch? Man landet in der völligen Ausweglosigkeit, in einer Art Wahnsinn. Auf diesem Weg hat sich nach und nach die Verbindung zu *Gesäubert* hergestellt: Wenn man Menschen in eine Situation bringt, in der sie sich selbst verlieren, und man über das Gefühl dieses Selbstverlustes schreibt, kann man das eine mit dem anderen zusammendenken. Jedenfalls, solange man keine Anmerkungen wie «Auschwitz 1944» hinzufügt. Was ohnehin eine Beschränkung wäre.

Du hast die Uraufführung von *Phaidras Liebe* selbst inszeniert. Wie haben die Schauspieler auf den Text reagiert?
Insgesamt sehr gut. Wir hatten uns von vornherein entschieden, die Gewalt so realistisch wie möglich zu zeigen. Sollte das nicht funktionieren, würden wir etwas anderes ausprobieren. Aber dieser Versuch war unser Ausgangspunkt. Als wir dann zum ersten Mal die Schlußszene probten, mit all dem Blut und den falschen Gedärmen, waren wir am Ende völlig traumatisiert. Das ganze Ensemble stand da, blutüberströmt, alle hatten gerade vergewaltigt, gemordet, sich die Kehle aufgeschlitzt, und dann sagte ein Darsteller, das sei das widerlichste Stück, in dem er je mitgespielt habe, und ging raus. Trotzdem war uns allen klar, daß diese Szene eine Folge unserer vorherigen Arbeit am Text war, wir hatten sie erreicht aufgrund einer Reihe von emotionalen Entwicklungsstufen. Sie hatte eine innere Logik, und demgemäß erschien sie niemandem ungerechtfertigt, sie war nur extrem un-

erfreulich. Regie führen wollte ich bei *Phaidras Liebe* auch deshalb, weil ich bei den diversen Produktionen von *Zerbombt* stellenweise auf der Bühne nicht genau die Bilder sah, die ich entworfen hatte, obwohl sie doch überaus klar formuliert waren. Durch meine eigene Inszenierung von *Phaidras Liebe* konnte ich für diese Diskrepanz niemandem die Schuld geben außer mir selbst. Zu meiner Überraschung war es dann gar nicht so schwer, wie man denkt, eine Anweisung wie «seine Gedärme werden herausgezerrt» textgetreu umzusetzen. Das Publikum weiß natürlich, daß ein solcher Moment bloß Theater ist, bringt aber die Bereitschaft mit, der Illusion zu glauben, so daß sich das Bild vermittelt.

Kannst du sagen, warum du für das Theater schreibst?
Es ist die Form, die ich am meisten liebe, weil sie live ist. Es entsteht unweigerlich eine unmittelbare Beziehung zwischen Bühnen- und Zuschauerraum, die bei einem Film so nicht gegeben ist. Bei dem Film, für den ich das Drehbuch geschrieben habe, *Skin*, können die Leute rausgehen oder umschalten, ohne daß das irgendeinen Einfluß auf ihn hat, er läuft unverändert weiter. Wenn hingegen bei *Zerbombt* jemand aufsteht und geht, wird das zum integralen Bestandteil der gesamten Erfahrung. Mir gefällt die Wechselwirkung zwischen Stück und Publikum.

Schockiert es dich nicht, wenn jemand aufsteht und geht? Meist will man doch für das, was man tut, geliebt werden.
(lacht) Ich habe die Hoffnung aufgegeben, daß das jemals eintreten wird. Wenn jemand rausgeht, passiert wenigstens etwas. Es bedeutet wenigstens, daß die Leute nicht eingeschlafen sind. Das macht mir keine allzu großen Sorgen, mich ärgert höchstens, daß die Eintrittskarte an jemanden hätte gehen können, dem das Stück vielleicht gefallen hätte. Noch bevor ich überhaupt eine Ahnung hatte, wie extrem in England die Reaktionen auf *Zerbombt* sein würden, waren während der Voraufführungen am

Royal Court einige Zuschauer rausgegangen, was mich nicht überraschte. Und mittlerweile glaube ich sogar, daß das zwangsläufig so sein muß. Wenn niemand aufsteht und geht, stimmt vielleicht etwas mit der Inszenierung nicht. Ich habe Inszenierungen von *Zerbombt* gesehen, bei denen es keinen Grund zum Rausgehen gab, weil sie einen emotional unbeteiligt ließen, man konnte sich bequem vom Bühnengeschehen distanzieren und das Ganze lächerlich finden, beleidigend oder einfach Scheiße. Wohingegen bei der Uraufführung – die auch nicht perfekt war – die emotionale Gewalt stärker im Zentrum stand als die körperliche. Was das Stück für den Zuschauer bedrohlicher macht. Man weiß oder spürt, worum es in *Zerbombt* geht, obwohl nichts konkretisiert wird. Aber alles hat eng miteinander zu tun. Das Verhalten des Soldaten leitet sich aus der Situation ab, die wiederum von Ian in dem Hotelzimmer erschaffen wurde, durch das, was er Cate angetan hat, während er sich gleichzeitig dafür herabsetzt und bemitleidet, wie es in meinen Augen tatsächlich läuft: Menschen, die hochgradig gewalttätig sind, schaffen es, daß ihre Opfer sich schuldig fühlen. *Zerbombt* zeigt einen sich selbst erzeugenden und fortsetzenden Kreislauf von emotionaler und körperlicher Gewalt, und wenn man ihre Verflechtungen kappt, bricht man dem Stück das Genick. Es zerfällt in zwei zusammenhanglose Teile und wirkt unbeholfen.

Wen würdest du als deine Haupteinflüsse bezeichnen? *(Mit Blick auf die vollen Bücherregale)* Du scheinst sehr viel zu lesen.

Ja. Direkte Einflüsse kann ich allerdings nur bedingt nennen, ausgenommen vielleicht Harold Pinter, Howard Barker und Edward Bond. Mich interessiert hauptsächlich die europäische Literatur, meist die vom Kontinent. Über Kafka haben wir ja schon kurz gesprochen. Und ansonsten lese ich für jedes Stück beim Schreiben bestimmte Texte wieder und wieder. Bei *Gesäubert* waren das *Woyzeck*, *1984*, Strindbergs *Gespenstersonate* und Shakespeares *Was ihr wollt.* Bei *Zerbombt* war es merkwürdiger, da es für mich aus drei Abschnitten besteht – der erste Teil war stark von Ibsen geprägt, der zweite von Brecht, der dritte von Beckett. Außerdem kam Shakespeares *König Lear* hinzu. Bei *Phaidras Liebe* waren es *Baal* und *Der Fremde* von Camus. *Crave*, mein viertes Stück, war T. S. Eliots *Das wüste Land*, und für das neue beschäftige ich mich gerade mit Artaud.

Hast du Artaud oder auch Bataille vorher nie gelesen?
Nein. Verrückt, oder? Mir wurde seit langem immer wieder gesagt, daß ich Artaud wirklich mögen müsse, dabei kannte ich sein Werk gar nicht. Es wurde mir an der Universität von einem Dozenten empfohlen, den ich so sehr gehaßt habe, daß ich automatisch annahm, Artaud müsse grauenhaft sein, wenn jemand wie der ihn gut findet. Also habe ich ihn erst seit ganz kurzem für mich entdeckt. Und je mehr ich von ihm lese, desto faszinierter bin ich. Seine Aufsätze über das Theater sind umwerfend gut, und es ist erstaunlich zu sehen, wieviel er mit meinen eigenen Stücken zu tun hat. Dennoch ist Artaud der erste Autor dieser Richtung, mit dem ich mich bisher beschäftigt habe. Ich bin mir sicher, daß ich anschließend zu Bataille übergehe.

Batailles Roman *Das Blau des Himmels* ist eine der schönsten Liebesgeschichten, die ich kenne. Und wann immer ich deine Stücke lese, handeln auch sie in ihrem Kern für mich von Liebe. Mich hat an ihnen nie so sehr die Gewalt interessiert, sondern eher die Zerbrechlichkeit der Figuren, ihre Zärtlichkeit, ihre Sehnsüchte.
Ja. Deshalb hat mich dieser unverhältnismäßige Aufschrei des Entsetzens über meine Stücke auch so verwundert, weil es in ihnen letztlich nicht um die Brutalität oder Grausamkeit geht. Beides gehört dazu, wenn man darüber schreibt, wie man trotz aller Gewalt weiter lieben und hoffen kann. Für mich ist *Crave*, in

dem es körperliche Gewalt nicht einmal ansatzweise gibt und das ein sehr stiller Text ist, mein bisher verzweifeltster. An einer Stelle sagt dort jemand: «Etwas hat sich gelöst», und ab da scheint es immer hoffnungsvoller zu werden. Aber in Wahrheit haben die Figuren alle längst aufgegeben, es ist das erste meiner Stücke, in dem sie sagen: Scheiß drauf, ich hau ab von hier. In *Gesäubert* hört die Liebe nicht auf, sie ist eine letzte Rettungsmöglichkeit, und wahrscheinlich erscheint mir das Stück inzwischen deswegen so fremd. Wohingegen *Crave* in einem Stadium geschrieben wurde, in dem mein Glaube an die Liebe verschwunden war. Und merkwürdigerweise ist es im Zuge dessen weniger gewalttätig geworden, obwohl vielleicht auch wesentlich weniger deprimierend für die Zuschauer. Als ich *Gesäubert* schrieb, war ich in einem sehr extremen Zustand – unendlich deprimiert und zugleich bis über beide Ohren verliebt, so daß ich diese zwei gegenläufigen Dinge nicht als Widerspruch gesehen habe. Das hat sich geändert, und heute könnte ich *Gesäubert* nicht mehr schreiben. Aber um die Gewalt ist es auch darin nie gegangen, es ging immer darum, wie sehr diese Menschen lieben. Stärker noch als in meinen Stücken davor wird die Gewalt in *Gesäubert* zur Metapher, und mittlerweile bewege ich mich immer stärker in eine eher poetische Richtung. *Crave* zeigt das bisher am offensichtlichsten. Es war komisch – als ich mit *Crave* fertig war, hatte ich keine Ahnung, wie es mit meiner Arbeit weitergehen sollte, es ist so minimalistisch, so sehr über Sprache, in welche Richtung sollte ich mich noch entwickeln? Und dann habe ich vor ein paar Wochen mit dem neuen Text begonnen und plötzlich gemerkt, daß es weitergeht. In dem neuen Text gibt es momentan noch nicht einmal Figuren, nur Sprache und Bilder, wobei auch die Bilder lediglich Sprache sind und keine Bühnenanweisungen. Ich weiß nicht einmal, wie viele Personen er hat ...

Dafür gibt es im britischen Theater kaum eine Tradition.
Na ja, würden die Leute Artaud oder Heiner Müller kennen, wäre ihnen der Zusammenhang klar, aber innerhalb des britischen Kontextes denkt man wahrscheinlich: Was soll der Scheiß? Was wahrscheinlich die Reaktion auf den neuen Text sein wird, sobald er fertig ist.

Kannst du mittlerweile von deinen Stücken leben?
Ja. Natürlich nicht von den Inszenierungen in England, sondern eher von denen vom Kontinent, die es mir möglich machen, nicht nebenher jobben zu müssen. Wobei ich nie gejobbt habe. Selbst vor *Zerbombt* habe ich mich immer geweigert, etwas anderes zu tun, als zu schreiben. Und damals hatte ich wirklich absolut kein Geld. Während ich mich jetzt einigermaßen über Wasser halten kann.

(8. Februar 1998, Sarah Kanes Wohnung im Londoner Stadtteil Brixton)

Sarah Kane

PHAIDRAS LIEBE

(Phaedra's Love)

Deutsch von
Sabine Hübner

Die Uraufführung von *Phaidras Liebe* war am 15. Mai 1996 am Gate Theatre, London (Regie: Sarah Kane).

Die deutschsprachige Erstaufführung war am 22. April 1998 am Schauspiel Bonn (Regie: Ricarda Beilharz / John von Düffel).

Mit aufrichtiger Dankbarkeit an Vincent O'Connell,
Mel Kenyon und New Dramatists / New York,
ohne deren Unterstützung ich dieses Stück nicht
hätte schreiben können.

Für Simon, Jo und Elana.
In Liebe.

Erste Szene

Ein Königspalast.

Hippolytos sitzt in einem abgedunkelten Zimmer und sieht fern.
Er hat sich auf einem Sofa breitgemacht, umgeben von teurem elektronischen Spielzeug, leeren Chips- und Bonbon-Tüten und einem Wust schmutziger Socken und Unterhosen.
Er ißt einen Hamburger, während seine Augen auf das flimmernde Licht eines Hollywood-Films geheftet sind.
Er schnieft.
Er spürt, daß er niesen muß, und reibt sich die Nase, um den Reiz zu unterdrücken.
Das Jucken hört nicht auf.
Er läßt seinen Blick durch das Zimmer schweifen und angelt sich eine Socke.
Er untersucht die Socke gründlich, dann schneuzt er hinein.
Er schmeißt die Socke zurück auf den Boden und ißt den Hamburger weiter.
Der Film wird besonders brutal.
Teilnahmslos sieht Hippolytos zu.
Er angelt sich eine zweite Socke, untersucht sie und wirft sie weg.
Er angelt sich eine dritte, untersucht sie und findet sie geeignet.
Er steckt seinen Penis in die Socke und masturbiert, bis er kommt, ohne das geringste Zeichen von Lust.
Er streift die Socke ab und schmeißt sie auf den Boden.
Er macht sich über den nächsten Hamburger her.

Zweite Szene

ARZT Er ist deprimiert.

PHAIDRA Ich weiß.

ARZT Er sollte seine Ernährung umstellen. Er kann nicht nur von Hamburgern und Erdnußbutter leben.

PHAIDRA Ich weiß.

ARZT Und hin und wieder seine Wäsche waschen. Er stinkt.

PHAIDRA Ich weiß. Das hatte ich Ihnen schon gesagt.

ARZT Was macht er den ganzen Tag?

PHAIDRA Schlafen.

ARZT Wenn er aufsteht.

PHAIDRA Filme anschauen. Und Sex haben.

ARZT Geht er mal aus?

PHAIDRA Nein. Er ruft Leute an. Sie kommen vorbei. Sie haben Sex miteinander und verschwinden wieder.

ARZT Frauen?

PHAIDRA Hippolytos ist alles andere als schwul.

ARZT Er sollte sein Zimmer aufräumen und etwas Sport treiben.

PHAIDRA Sie hören sich an wie meine Mutter. Ich dachte, Sie könnten helfen.

ARZT Helfen muß er sich selbst.

PHAIDRA Wieviel bezahlen wir Ihnen?

ARZT Klinisch gesehen fehlt ihm nichts. Wenn er bis vier im Bett bleibt, muß er ja Trübsal blasen. Er braucht ein Hobby.

PHAIDRA Er hat Hobbies.

ARZT Hat er Sex mit Ihnen?

PHAIDRA Wie bitte?

ARZT Hat er Sex mit Ihnen?

PHAIDRA Ich bin seine Stiefmutter. Wir sind königlichen Geblüts.

ARZT Ich möchte nicht unhöflich sein, aber wer sind diese Leute, mit denen er Sex hat? Bezahlt er sie dafür?

PHAIDRA Das weiß ich beim besten Willen nicht.

ARZT Er muß sie ja wohl bezahlen.

PHAIDRA Er ist sehr beliebt.

ARZT Warum?

PHAIDRA Er ist witzig.

ARZT Sind Sie in ihn verliebt?

PHAIDRA Ich bin die Frau seines Vaters.

ARZT Hat er Freunde?

PHAIDRA Er ist ein Prinz.

ARZT Aber hat er Freunde?

PHAIDRA Warum fragen Sie nicht ihn?

ARZT Habe ich. Ich frage Sie. Hat er Freunde?

PHAIDRA Natürlich.

ARZT Wen?

PHAIDRA Haben Sie wirklich mit ihm geredet?

ARZT Er hat nicht viel gesagt.

PHAIDRA Ich bin seine Freundin. Mit mir redet er.

ARZT Worüber?

PHAIDRA Alles.

ARZT *(sieht sie an)*

PHAIDRA Wir sind uns sehr nah.

ARZT Verstehe. Und was meinen Sie zu dem Ganzen?

PHAIDRA Ich meine, mein Sohn ist krank. Ich meine, Sie sollten helfen. Ich meine, nach sechs Jahren Ausbildung und dreißig Jahren Erfahrung sollte der königliche Arzt etwas Besseres in petto haben als den Rat, daß er abnehmen muß.

ARZT Wer kümmert sich hier um alles, während Ihr Mann weg ist?

PHAIDRA Ich. Meine Tochter.

ARZT Wann kommt er zurück?

PHAIDRA Ich habe keine Ahnung.

ARZT Lieben Sie ihn noch?

PHAIDRA Natürlich. Ich habe ihn seit unserer Hochzeit nicht mehr gesehen.

ARZT Sie müssen sehr einsam sein.

PHAIDRA Ich habe meine Kinder.

ARZT Vielleicht vermißt Ihr Sohn seinen Vater.

PHAIDRA Das bezweifle ich.

ARZT Vielleicht vermißt er seine leibliche Mutter.

PHAIDRA *(sieht ihn an)*

ARZT Das soll kein Urteil über Ihre Fähigkeiten als Ersatzmutter sein, aber schließlich besteht zwischen ihnen keinerlei Blutsverwandtschaft. Ich stelle nur Vermutungen an.

PHAIDRA Eben.

ARZT Obwohl er schon ein bißchen alt ist, um sich als Waise zu fühlen.

PHAIDRA Ich habe Sie nicht um Vermutungen gebeten. Ich bat Sie um eine Diagnose. Und die Behandlung.

ARZT Kein Wunder, daß er Trübsal bläst, immerhin ist heute sein Geburtstag.

PHAIDRA Er ist schon seit Monaten so.

ARZT Medizinisch gesehen fehlt ihm nichts.

PHAIDRA Medizinisch?

ARZT Er ist einfach äußerst unangenehm. Und insofern unheilbar. Bedaure.

PHAIDRA Ich weiß nicht mehr, was ich tun soll.

ARZT Kommen Sie von ihm los.

Dritte Szene

Strophe arbeitet.
Phaidra kommt herein.

STROPHE Mutter.

PHAIDRA Geh weg verpiß dich faß mich nicht an sprich nicht mit mir bleib bei mir.

STROPHE Was fehlt dir?

PHAIDRA Nichts. Gar nichts.

STROPHE Ich seh's dir doch an.

PHAIDRA Hast du jemals gemeint, gemeint, dir würde das Herz brechen?

STROPHE Nein.

PHAIDRA Dir gewünscht, du könntest deine Brust aufschlitzen es herausreißen damit der Schmerz aufhört?

STROPHE Das würde dich umbringen.

PHAIDRA Dies bringt mich um.

STROPHE Nein. Scheint nur so.

PHAIDRA Ein brennender Speer in meiner Seite.

STROPHE Hippolytos.

PHAIDRA *(schreit)*

STROPHE Du bist in ihn verliebt.

PHAIDRA *(lacht hysterisch)* Was redest du da?

STROPHE Ihm verfallen.

PHAIDRA Nein.

STROPHE *(sieht sie an)*

PHAIDRA Ist das so offensichtlich?

STROPHE Ich bin deine Tochter.

PHAIDRA Findest du ihn attraktiv?

STROPHE Früher mal.

PHAIDRA Was hat sich geändert?

STROPHE Ich hab ihn kennengelernt.

PHAIDRA Du magst ihn nicht?

STROPHE Nicht besonders.

PHAIDRA Du magst Hippolytos nicht?

STROPHE Nein, eigentlich nicht.

PHAIDRA Alle mögen Hippolytos.

STROPHE Ich lebe mit ihm unter einem Dach.

PHAIDRA Es ist ein großes Haus.

STROPHE Er ist ein großer Mann.

PHAIDRA Früher seid ihr oft zusammengewesen.

STROPHE Er hat mich mürbe gemacht.

PHAIDRA Du hast Hippolytos satt?

STROPHE Er langweilt mich.

PHAIDRA Langweilt dich?

STROPHE Tierisch.

PHAIDRA Warum? Alle mögen ihn.

STROPHE Ich weiß.

PHAIDRA Ich weiß, in welchem Zimmer er gerade ist.

STROPHE Er hockt ja auch immer im selben.

PHAIDRA Kann ihn spüren durch jede Wand. Ihn fühlen. Spür seinen Herzschlag aus einer Meile Entfernung.

STROPHE Warum hast du keine Affäre, lenkst dich mal von ihm ab.

PHAIDRA Zwischen uns, da ist eine, eine beschissene heilige Scheu, kannst du sie spüren? Sie brennt. Vorherbestimmt. Unsere Begegnung. Vorherbestimmt.

STROPHE Nein.

PHAIDRA Vom Schicksal herbeigeführt.

STROPHE Er ist zwanzig Jahre jünger als du.

PHAIDRA Ich will in ihn reinkriechen ihn ergründen.

STROPHE Das ist ungesund.

PHAIDRA Er ist nicht mein Sohn.

STROPHE Du bist die Frau seines Vaters.

PHAIDRA Der wird nicht zurückkommen, seine Nutzlosigkeit nimmt ihn völlig in Anspruch.

STROPHE Mutter. Wenn das jemand merkt.

PHAIDRA Ich kann etwas derartig Großes nicht verleugnen.

STROPHE Er ist alles andere als nett zu Leuten, nachdem er mit ihnen geschlafen hat. Ich hab ihn erlebt.

PHAIDRA Hilft mir vielleicht, von ihm loszukommen.

STROPHE Behandelt sie wie Dreck.

PHAIDRA Ich kann das nicht abschalten. Nicht zerschmettern. Geht nicht. Ist schon beim Aufwachen da und verbrennt mich. Ein Gefühl, als würd ich zerspringen so sehr begehre ich ihn. Ich rede mit ihm. Er redet mit mir, weißt du, wir, wir kennen uns in- und auswendig, er erzählt mir von sich, wir sind uns sehr nah. Über Sex und wie deprimiert er davon ist, und ich weiß –

STROPHE Bild dir nicht ein, du könntest ihn heilen.

PHAIDRA Weiß, wär es jemand, der dich liebte, dich wirklich liebte –

STROPHE Er ist Gift.

PHAIDRA Dich liebte, bis ihr verbrennt –

STROPHE Sie lieben ihn doch. Alle lieben ihn.
Er verachtet sie dafür.
Du wärest da keine Ausnahme.

PHAIDRA Wäre die Lust grenzenlos.

STROPHE Mutter. Ich bin es. Strophe, deine Tochter. Sieh mich an. Bitte. Vergiß es. Um meinetwillen.

PHAIDRA Deinetwillen?

STROPHE Du redest von nichts anderem mehr. Du arbeitest nicht. Du kümmerst dich nur noch um ihn, aber du übersiehst, was er ist.

PHAIDRA So oft rede ich doch gar nicht von ihm.

STROPHE Nein. Den Großteil der Zeit bist du bei ihm. Selbst wenn du nicht bei ihm bist, bist du bei ihm. Und bloß hin und wieder, wenn dir einfällt, daß du nicht ihn, sondern mich zur Welt gebracht hast, erzählst du mir, wie krank er ist.

PHAIDRA Ich mache mir Sorgen um ihn.

STROPHE Sagtest du schon. Geh zum Arzt.

PHAIDRA Der –

STROPHE Deinetwegen, nicht wegen ihm.

PHAIDRA Mir fehlt nichts. Ich weiß nicht mehr, was ich tun soll.

STROPHE Halt dich fern von ihm, fahr zu Theseus, fick mit wem anders, mach irgendwas.

PHAIDRA Ich kann nicht.

STROPHE Du kannst jeden Mann haben, den du willst.

PHAIDRA Ich will ihn.

STROPHE Außer ihm.

PHAIDRA Jeden Mann, den ich will, außer dem Mann, den ich will.

STROPHE Hast du mit irgendeinem Mann schon mehr als einmal gefickt?

PHAIDRA Das hier ist was anderes.

STROPHE Mutter, diese Familie –

PHAIDRA Ja, ich weiß.

STROPHE Wenn das jemand merkt.

PHAIDRA Ich weiß, ich weiß.

STROPHE Das ist doch der Vorwand, nach dem alle suchen. Man würde uns auf der Straße in Stücke reißen.

PHAIDRA Ja, ja, nein, du hast recht, ja.

STROPHE Denk an Theseus. Warum du ihn geheiratet hast.

PHAIDRA Ich kann mich nicht mehr erinnern.

STROPHE Dann denk an meinen Vater.

PHAIDRA Ich weiß.

STROPHE Was würde der davon halten?

PHAIDRA Er wäre –

STROPHE Genau. Das kannst du nicht tun. Kannst nicht mal dran denken.

PHAIDRA Nein.

STROPHE Er ist ein sexuelles Katastrophengebiet.

PHAIDRA Ja, ich –

STROPHE Niemand darf es erfahren. Niemand darf es erfahren.

PHAIDRA Du hast recht, ich –

STROPHE Niemand darf es erfahren.

PHAIDRA Nein.

STROPHE Nicht mal Hippolytos.

PHAIDRA Nein.

STROPHE Was wirst du jetzt tun?

PHAIDRA Von ihm loskommen.

Vierte Szene

Hippolytos sieht fern mit sehr leise gestelltem Ton.
Er spielt mit einem ferngesteuerten Auto.
Es flitzt im Zimmer herum.
Sein Blick huscht zwischen Auto und Fernseher hin und her, wobei ihm beides keinen erkennbaren Lustgewinn verschafft.
Er bedient sich aus einer großen Tüte gemischter Bonbons auf seinem Schoß.
Phaidra kommt herein, im Arm eine Reihe eingepackter Geschenke.
Sie bleibt kurz stehen und betrachtet ihn.
Er sieht sie nicht an.
Phaidra tritt weiter ins Zimmer.
Sie stellt die Geschenke ab und beginnt das Zimmer aufzuräumen – sie hebt Socken und Unterhosen auf und sieht sich nach einem Platz dafür um. Da alles voll ist, legt sie sie in einem sauberen Haufen zurück auf den Boden.
Sie sammelt die leeren Chips- und Bonbon-Tüten ein und wirft sie in den Papierkorb.
Hippolytos sieht währenddessen fern.
Phaidra möchte mehr Licht machen.

HIPPOLYTOS Wann hast du das letzte Mal gefickt?

PHAIDRA Das gehört nicht unbedingt zu den Fragen, die man seiner Stiefmutter stellt.

HIPPOLYTOS Also nicht mit Theseus. Der spart bestimmt auch nicht mit seinem Saft.

PHAIDRA Ich wünschte, du würdest ihn Vater nennen.

HIPPOLYTOS Auf 'nen königlichen Schwanz ist doch jeder scharf, ich muß es wissen.

PHAIDRA Was siehst du da?

HIPPOLYTOS Oder 'ne königliche Fotze, wenn man mehr darauf steht.

PHAIDRA *(antwortet nicht)*

HIPPOLYTOS Nachrichten. Wieder 'ne Vergewaltigung. 'n Kind umgebracht. Krieg irgendwo. Paar tausend Jobs futsch. Spielt aber alles nicht die geringste Rolle, weil wir heut 'nen königlichen Geburtstag feiern.

PHAIDRA Warum revoltierst du nicht wie alle anderen auch?

HIPPOLYTOS Kein Interesse.

Stille.
Hippolytos spielt mit seinem Auto.

Sind die für mich? 'türlich sind die Scheißdinger für mich.

PHAIDRA Die Leute haben sie ans Tor gebracht. Wahrscheinlich hätten sie sie dir lieber persönlich überreicht. Fotos gemacht.

HIPPOLYTOS Sie sind arm.

PHAIDRA Ja, ist das nicht reizend?

HIPPOLYTOS Es ist widerlich. *(Er packt ein Geschenk aus.)* Was zum Teufel soll ich mit einem Kegel? Was ist das? *(Er schüttelt ein Geschenk.)* 'ne Briefbombe. Schaff diesen Tinnef raus, spend ihn dem Roten Kreuz, ich brauch ihn nicht.

PHAIDRA Es ist ein Zeichen ihrer Hochachtung.

HIPPOLYTOS Weniger als letztes Jahr.

PHAIDRA Hattest du einen schönen Geburtstag?
HIPPOLYTOS Abgesehen von irgend 'nem Arsch, der mir die Karre verkratzt hat.
PHAIDRA Du fährst sie doch gar nicht.
HIPPOLYTOS Wie denn jetzt auch, ist ja verkratzt. Zeichen ihrer Verachtung.

Stille.
Hippolytos spielt mit seinem Auto.

PHAIDRA Von wem ist das?
HIPPOLYTOS Von mir. Die einzige Garantie, daß ich krieg, was ich will. Hab's selbst eingepackt und alles.

Stille, bis auf den Fernseher und das Auto.

PHAIDRA Was ist mit dir?
HIPPOLYTOS Was mit mir ist? Lust auf was Süßes?
PHAIDRA Ich –
Nein. Danke.
Wann hast du das letzte Mal –
Was du mich gefragt hast.
HIPPOLYTOS Gefickt.
PHAIDRA Ja.
HIPPOLYTOS Keine Ahnung. Das letzte Mal, als ich aus war. Wann war das?
PHAIDRA Vor Monaten.
HIPPOLYTOS Wirklich? Nein. Irgendwer kam vorbei. 'ne fette Mieze. Hat komisch gerochen. Und im Garten hab ich 'nen Mann gefickt.
PHAIDRA Einen Mann?
HIPPOLYTOS Glaub schon. Sah jedenfalls wie einer aus, aber sicher weiß man das nie.

Stille.

Haßt du mich jetzt?

PHAIDRA Natürlich nicht.

Stille.

HIPPOLYTOS Wo ist dann mein Geschenk?

PHAIDRA Ich hebe es noch auf.

HIPPOLYTOS Für nächstes Jahr, oder was?

PHAIDRA Nein. Ich gebe es dir später.

HIPPOLYTOS Wann?

PHAIDRA Bald.

HIPPOLYTOS Warum nicht jetzt?

PHAIDRA Bald. Versprochen. Bald.

Beide sehen sich schweigend an.
Hippolytos sieht weg.
Er schnieft.
Er angelt sich eine Socke und untersucht sie.
Er riecht daran.

Das ist ekelhaft.

HIPPOLYTOS Was?

PHAIDRA In deine Socke zu schneuzen.

HIPPOLYTOS Erst, nachdem ich überprüft hab, daß ich nicht vorher reingewichst habe. Und ich laß sie auch waschen. Bevor ich sie anziehe.

Stille.
Hippolytos läßt das Auto gegen die Wand prallen.

Was fehlt dir?

PHAIDRA Was meinst du damit?

HIPPOLYTOS Ich wurde in diese Scheiße geboren, du hast reingeheiratet. War er 'n geiler Stecher? Muß verfickt gut gewesen sein. Sämtliche Männer im Land wedeln um deine Fotze rum, und du nimmst Theseus, Mann des Volkes, was für ein Wichser.

PHAIDRA Du redest mit mir über nichts anderes als Sex.

HIPPOLYTOS Ist eben mein Hauptinteresse.

PHAIDRA Ich dachte, du haßt Sex.

HIPPOLYTOS Ich hasse Menschen.

PHAIDRA Dich hassen sie nicht.

HIPPOLYTOS Nein. Sie kaufen mir Kegel.

PHAIDRA Ich meinte –

HIPPOLYTOS Ich weiß, was du gemeint hast.
Du hast recht. Frauen finden mich wesentlich attraktiver, seit ich fett geworden bin. Sie denken, ich hätte ein Geheimnis.

Er schneuzt sich in die Socke und wirft sie weg.

Ich bin fett. Ich bin ekelhaft. Ich bin jämmerlich.
Aber ich habe jede Menge Sex. Insofern ...?

Er sieht Phaidra an. Sie antwortet nicht.

Komm schon, Mutter, du kennst den Grund.

PHAIDRA Nenn mich nicht so.

HIPPOLYTOS Insofern. Muß ich umwerfend gut sein. Was?

PHAIDRA *(antwortet nicht)*

HIPPOLYTOS Warum soll ich dich nicht Mutter nennen, Mutter? Ich dachte, das wär, worauf's ankommt. Eine große glückliche Familie. Die einzige Königsfamilie, die je beliebt war. Oder fühlst du dich dadurch alt?

PHAIDRA *(antwortet nicht)*

HIPPOLYTOS Haßt du mich jetzt?

PHAIDRA Warum willst du, daß ich dich hasse?

HIPPOLYTOS Will ich nicht. Wirst du aber. Am Ende.

PHAIDRA Nie.

HIPPOLYTOS Geht allen so.

PHAIDRA Mir nicht.

Sie starren sich an.
Hippolytos sieht weg.

HIPPOLYTOS Warum gehst du nicht und redest mit Strophe, sie ist doch dein Kind, nicht ich. Warum diese ganze Sorge wegen mir?

PHAIDRA Ich liebe dich.

Stille.

HIPPOLYTOS Warum?

PHAIDRA Du bist schwierig. Launisch, zynisch, verbittert, fett, dekadent, verdorben. Den ganzen Tag bleibst du im Bett, siehst dann die ganze Nacht fern, du polterst durch das Haus mit Schlaf in den Augen, rücksichtslos gegen jeden. Du leidest. Ich bete dich an.

HIPPOLYTOS Nicht sehr logisch.

PHAIDRA Ist Liebe nie.

Hippolytos und Phaidra sehen sich schweigend an.
Er wendet sich wieder dem Fernseher und dem Auto zu.

Hast du je an Sex mit mir gedacht?

HIPPOLYTOS Ich denke an Sex mit jedem.

PHAIDRA Würde es dich glücklich machen?

HIPPOLYTOS Nicht unbedingt das passende Wort.

PHAIDRA Nein, aber –
Würde es dir gefallen?

HIPPOLYTOS Nein. Tut es nie.

PHAIDRA Warum es dann überhaupt tun?

HIPPOLYTOS Das Leben ist zu lang.

PHAIDRA Ich glaube, es würde dir gefallen. Mit mir.

HIPPOLYTOS Gibt wahrscheinlich genug Leute. Die Gefallen an so was finden. Leben.

PHAIDRA Du lebst doch.

HIPPOLYTOS Nein. Ich vertreib mir die Zeit. Warte.

PHAIDRA Worauf?

HIPPOLYTOS Keine Ahnung. Daß was passiert.

PHAIDRA Es passiert doch gerade was.

HIPPOLYTOS Niemals.

PHAIDRA Jetzt.

HIPPOLYTOS Bis dahin. Vertreib ich sie mir mit Tinnef. Schund, Schnickschnack, mogle mich durch, heiliger Bimbam.

PHAIDRA Vertreib sie dir mit mir.

HIPPOLYTOS Manche Leute können das. Die lassen die Zeit nicht nutzlos verstreichen, die führen ihr Leben. Glücklich. Mit jemandem, der sie liebt. Ich hasse sie.

PHAIDRA Warum?

HIPPOLYTOS Wird langsam dunkel, Gott sei Dank ist der Tag fast vorbei.

Eine lange Stille.

Wenn wir ficken, werden wir nie wieder miteinander reden.

PHAIDRA So bin ich nicht.

HIPPOLYTOS Aber ich.

PHAIDRA Ich nicht.

HIPPOLYTOS ’türlich bist du’s.

Sie starren sich an.

PHAIDRA Ich bin in dich verliebt.
HIPPOLYTOS Warum?
PHAIDRA Du versetzt mich in Erregung.

Stille.

Möchtest du jetzt dein Geschenk?
HIPPOLYTOS *(sieht sie an; wendet sich dann wieder dem Fernseher zu)*

Stille.

PHAIDRA Ich weiß nicht mehr, was ich tun soll.
HIPPOLYTOS Geh weg. Ist doch offensichtlich die einzige Möglichkeit.

Beide starren auf den Fernseher.
Schließlich geht Phaidra zu Hippolytos.
Er sieht sie nicht an.
Sie öffnet seine Hose und beginnt ihn oral zu befriedigen.
Er ißt währenddessen Bonbons, den Blick auf den Bildschirm geheftet.
Kurz bevor er kommt, entfährt ihm ein Laut.
Phaidra will ihren Kopf zurückziehen – er drückt ihn herunter und kommt in ihrem Mund, ohne den Blick vom Fernseher zu lösen.
Er läßt ihren Kopf los.
Phaidra setzt sich auf und sieht zum Fernseher.
Eine lange Stille, durchbrochen nur vom Rascheln der Bonbontüte.
Phaidra weint.

HIPPOLYTOS Bitte. Aus der Zauber.

Stille.

PHAIDRA Wirst du eifersüchtig sein?
HIPPOLYTOS Worauf?
PHAIDRA Wenn dein Vater zurückkommt.
HIPPOLYTOS Was hat das mit mir zu tun?
PHAIDRA Ich bin vorher noch nie untreu gewesen.
HIPPOLYTOS So viel war offensichtlich.
PHAIDRA Tut mir leid.
HIPPOLYTOS Hatte schon Schlechtere.
PHAIDRA Ich habe es getan, weil ich in dich verliebt bin.
HIPPOLYTOS Laß das. Ich mag so was nicht.
PHAIDRA Ich will, daß es wieder passiert.
HIPPOLYTOS Nein, willst du nicht.
PHAIDRA Doch.
HIPPOLYTOS Wozu?
PHAIDRA Lust?
HIPPOLYTOS Es hat dir gefallen?
PHAIDRA Ich will mit dir zusammensein.
HIPPOLYTOS Aber hat's dir gefallen?

Stille.

Nein. Du haßt es genauso wie ich, gib's doch zu.
PHAIDRA Ich wollte dein Gesicht sehen, als du gekommen bist.
HIPPOLYTOS Warum?
PHAIDRA Ich würde gern sehen, wie du losläßt.
HIPPOLYTOS Ist kein erfreulicher Anblick.
PHAIDRA Warum, wie siehst du dann aus?
HIPPOLYTOS Wie jeder andere dämliche Sack.
PHAIDRA Ich liebe dich.
HIPPOLYTOS Nein.
PHAIDRA So sehr.

HIPPOLYTOS Kennst mich ja nicht mal.

PHAIDRA Ich will, daß du mich zum Kommen bringst.

HIPPOLYTOS Ich bin an postkoitales Geplauder nicht gewöhnt.
Gibt da sowieso nie was zu sagen.

PHAIDRA Ich will, daß du –

HIPPOLYTOS Dir geht es doch gar nicht um mich.

PHAIDRA Doch.

HIPPOLYTOS Fick mit wem anders, stell dir vor, daß ich's bin.
Kann nicht so schwer sein, sehen eh alle gleich aus, wenn sie kommen.

PHAIDRA Nicht, wenn man ihretwegen verbrennt.

HIPPOLYTOS Mich bringt keine zum Brennen.

PHAIDRA Was ist mit dieser Frau?

Stille.
Hippolytos sieht sie an.

HIPPOLYTOS Was?

PHAIDRA Lena, warst du in die nicht –

Hippolytos packt Phaidra bei der Kehle.

HIPPOLYTOS Erwähn die nie wieder.
Nenn mir nicht ihren Namen, sprich nicht von ihr, denk nicht mal über sie nach, verstanden?
Verstanden?

PHAIDRA *(nickt)*

HIPPOLYTOS Mich bringt keine zum Brennen, keine Sau kommt an mich ran. Also gib dir gar keine Mühe.

Er läßt sie los.
Stille.

PHAIDRA Warum hast du Sex, wenn es dir so verhaßt ist?

HIPPOLYTOS Aus Langeweile.

PHAIDRA Ich dachte, du sollst so umwerfend gut sein. Sind alle derart enttäuscht?

HIPPOLYTOS Nicht, wenn ich mir Mühe geb.

PHAIDRA Wann gibst du dir Mühe?

HIPPOLYTOS Überhaupt nicht mehr.

PHAIDRA Warum nicht?

HIPPOLYTOS Es ist langweilig.

PHAIDRA Du bist genau wie dein Vater.

HIPPOLYTOS Hat deine Tochter auch gesagt.

Eine kurze Pause, dann schlägt Phaidra ihm mit aller Kraft ins Gesicht.

Sie ist nicht ganz so versessen, dafür versierter.
Auf Technik bin ich noch jedesmal abgefahren.

PHAIDRA Hast du sie zum Kommen gebracht?

HIPPOLYTOS Ja.

PHAIDRA *(öffnet ihren Mund, um etwas zu sagen. Sie kann nicht)*

HIPPOLYTOS Die Sache ist gestorben. Mach dir nichts vor. 'n zweites Mal gibt's nicht.

PHAIDRA Warum nicht?

HIPPOLYTOS Würd nicht um mich gehen. Ging es nie.

PHAIDRA Du kannst meine Liebe zu dir nicht verhindern.

HIPPOLYTOS Und ob.

PHAIDRA Nein. Du lebst.

HIPPOLYTOS Wach auf.

PHAIDRA Du verbrennst mich.

HIPPOLYTOS Jetzt, wo du mich gehabt hast, fick mit wem anders.

Stille.

PHAIDRA Werde ich dich wiedersehen?

HIPPOLYTOS Du weißt, wo ich bin.

Stille.

Krieg ich jetzt mein Geschenk?

PHAIDRA *(öffnet den Mund, ist aber für einen Moment sprachlos. Dann)*

Du bist ein herzloses Dreckschwein.

HIPPOLYTOS Genau.

Phaidra wendet sich zum Gehen.

Phaidra.

PHAIDRA *(sieht ihn an)*

HIPPOLYTOS Geh zum Arzt. Ich hab Tripper.

PHAIDRA *(öffnet den Mund. Kein Ton kommt heraus)*

HIPPOLYTOS Haßt du mich jetzt?

PHAIDRA *(versucht zu sprechen. Eine lange Stille. Schließlich)*

Nein.

Warum haßt du mich?

HIPPOLYTOS Weil du dich selbst haßt.

Phaidra geht.

Fünfte Szene

Hippolytos steht mit herausgestreckter Zunge vor einem Spiegel. Strophe kommt herein.

STROPHE Versteck dich.

HIPPOLYTOS Grüne Zunge.

STROPHE Du Idiot, versteck dich.

Hippolytos dreht sich zu ihr um und zeigt ihr seine Zunge.

HIPPOLYTOS Voller Scheißmoos. Zentimeterdick Pleurococcus auf meiner Zunge. Sieht aus wie 'n Mauersims.

STROPHE Hippolytos.

HIPPOLYTOS Hab sie in der Klappe 'nem Kerl gezeigt, wollte mich trotzdem vögeln.

STROPHE Hast du mal aus dem Fenster geschaut?

HIPPOLYTOS Mörderischer Mundgeruch.

STROPHE Schau doch.

HIPPOLYTOS Hab dich seit 'ner Ewigkeit nicht mehr gesehen, wie geht's dir?

STROPHE Brennt.

HIPPOLYTOS Man käme nie auf den Gedanken, daß wir im selben Haus wohnen.

STROPHE Scheiße noch mal, versteck dich.

HIPPOLYTOS Warum, was hab ich getan?

STROPHE Meine Mutter klagt dich der Vergewaltigung an.

HIPPOLYTOS Im Ernst? Wie aufregend.

STROPHE Das ist kein Witz.

HIPPOLYTOS Jede Wette.

STROPHE Hast du's getan?

HIPPOLYTOS Was?

STROPHE Hast du sie vergewaltigt?

HIPPOLYTOS Ich weiß nicht. Was ist damit gemeint?

STROPHE Hattest du Sex mit ihr?

HIPPOLYTOS Ah. Verstehe.
Spielt das ’ne Rolle?

STROPHE Ob es eine *Rolle* spielt?

HIPPOLYTOS Spielt es eine Rolle?

STROPHE Ja.

HIPPOLYTOS Warum?

STROPHE *Warum?*

HIPPOLYTOS Ja, warum, ich wünschte wirklich, du würdest nicht alles wiederholen, was ich sage, warum?

STROPHE Sie ist meine Mutter.

HIPPOLYTOS Und?

STROPHE Meine Mutter sagt, sie sei vergewaltigt worden. Sie sagt, du hättest sie vergewaltigt. Ich will wissen, ob du mit meiner Mutter Sex hattest.

HIPPOLYTOS Weil sie deine Mutter ist oder aus Angst vor dem Gerede der Leute?

STROPHE Weil sie meine Mutter ist.

HIPPOLYTOS Weil du noch immer scharf auf mich bist oder weil du wissen willst, ob sie besser war als du?

STROPHE Weil sie meine Mutter ist.

HIPPOLYTOS Weil sie deine Mutter ist.

STROPHE Hattest du Sex mit ihr?

HIPPOLYTOS Glaube ich eigentlich nicht.

STROPHE Gab es zwischen dir und meiner Mutter irgendwelche sexuellen Kontakte?

HIPPOLYTOS Sexuelle Kontakte?

STROPHE Du weißt genau, was ich meine.

HIPPOLYTOS Die doofe doofe Strophe.

STROPHE Hat sie’s freiwillig getan?

HIPPOLYTOS Du hättest Anwältin werden sollen.

STROPHE Hast du sie bedrängt?

HIPPOLYTOS Als Pseudo-Prinzessin vergeudest du dein Talent.

STROPHE Hast du sie gezwungen?

HIPPOLYTOS Habe ich dich gezwungen?

STROPHE Für das, was du mir angetan hast, gibt es keine Worte.

HIPPOLYTOS Dann fährt sie mit Vergewaltigung ja vielleicht noch am besten. Ich. Ein Vergewaltiger. Es geht bergauf.

STROPHE Hippolytos.

HIPPOLYTOS Ist zumindest nicht langweilig.

STROPHE Sie werden dich dafür lynchen.

HIPPOLYTOS Glaubst du?

STROPHE Wenn du es warst, helfe ich ihnen dabei.

HIPPOLYTOS Natürlich. Am Ende dann doch nicht meine Schwester. Eins meiner Opfer.

STROPHE Warst du es nicht, stehe ich dir bei.

HIPPOLYTOS 'nem Vergewaltiger?

STROPHE Verbrenne mit dir.

HIPPOLYTOS Warum?

STROPHE Der Familie wegen.

HIPPOLYTOS Ah.

STROPHE Du bist mein Bruder.

HIPPOLYTOS Nein, bin ich nicht.

STROPHE Für mich schon.

HIPPOLYTOS Komisch. Die einzige Person in dieser Familie, die keinen Anspruch auf deren Geschichte erheben kann, ist die zum Kotzen loyalste. Die arme Verwandte, die sein will, was sie nie sein wird.

STROPHE Ich werde für diese Familie sterben.

HIPPOLYTOS Ja. Gut möglich.
Ich hab ihr von uns erzählt.

STROPHE Du hast was?

HIPPOLYTOS Ja. Und ich erwähnte auch, daß du im Bett ihres Mannes warst.

STROPHE Nein.

HIPPOLYTOS Ich hab nicht gesagt, daß du mit ihm in ihrer

Hochzeitsnacht gefickt hast, aber da er am nächsten Tag weg-ging –

STROPHE Mutter.

HIPPOLYTOS Ein Vergewaltiger. Besser als ’n fetter Junge, der fickt.

STROPHE Du lächelst.

HIPPOLYTOS Stimmt.

STROPHE Du bist ein herzloses Dreckschwein, weißt du das?

HIPPOLYTOS Schon mal gehört.

STROPHE Das ist dein Werk.

HIPPOLYTOS Natürlich.

STROPHE Sie war meine Mutter, Hippolytos, meine Mutter. Was hast du ihr angetan?

HIPPOLYTOS *(sieht sie an)*

STROPHE Sie ist tot, du beschissenes Dreckschwein.

HIPPOLYTOS Sei nicht dumm.

STROPHE Ja.
Was hast du ihr angetan, was für ’ne Scheiße hast du ihr angetan?

Strophe prügelt auf seinen Kopf ein.
Hippolytos packt ihre Arme und hält sie fest, um die Schläge zu unterbinden.
Strophe schluchzt, bricht dann zusammen und weint, verfällt dann in haltloses Wehklagen.

Was hab ich getan? Was hab ich getan?

Hippolytos’ Griff verwandelt sich in eine Umarmung.

HIPPOLYTOS Nicht du, Strophe, du bist nicht schuld.

STROPHE Nicht mal, daß ich sie liebe, habe ich ihr je gesagt.

HIPPOLYTOS Das wußte sie.

STROPHE Nein.

TROST

HIPPOLYTOS Sie war deine Mutter.

STROPHE Sie –

HIPPOLYTOS Sie wußte es, sie wußte es, sie hat dich geliebt. Du mußt dich nicht schuldig fühlen.

STROPHE Du hast ihr von uns erzählt.

HIPPOLYTOS Dann gib die Schuld mir.

STROPHE Du hast ihr von Theseus erzählt.

HIPPOLYTOS Ja. Gib die Schuld mir.

STROPHE Du –

HIPPOLYTOS Mir. Gib die Schuld mir.

Eine lange Stille.
Hippolytos und Strophe halten einander fest.

Was ist passiert?

STROPHE Erhängt.

Stille.

In ihrem Abschiedsbrief stand, du hättest sie vergewaltigt.

Eine lange Stille.

HIPPOLYTOS Sie hätte das nicht so ernst nehmen sollen.

STROPHE Sie hat dich geliebt.

HIPPOLYTOS *(sieht sie an)* Hat sie das?

STROPHE Sag mir, daß du sie nicht vergewaltigt hast.

HIPPOLYTOS Mich geliebt?

STROPHE Sag mir, daß du es nicht getan hast.

HIPPOLYTOS Sie sagt, ich habe es getan, und sie ist tot. Glaub ihr. Ist leichter für alle.

STROPHE Was fehlt dir?

HIPPOLYTOS Das ist ihr Geschenk an mich.

STROPHE Was?

HIPPOLYTOS So eine Chance kriegen nicht viele. Das ist kein Tinnef. Kein Schnickschnack.

STROPHE Leugne es. Draußen wird revoltiert.

HIPPOLYTOS Endlich Leben.

STROPHE Sie brennen den Palast nieder. Du mußt es leugnen.

HIPPOLYTOS Bist du wahnsinnig? Sie hat mir ihren Tod als Opfer gebracht. Ich bin dem Untergang geweiht.

STROPHE Leugne es.

HIPPOLYTOS Dem totalen Scheiß-Untergang.

STROPHE Mir zuliebe. Leugne es.

HIPPOLYTOS Nein.

STROPHE Du bist kein Vergewaltiger. Ich kann das alles nicht glauben.

HIPPOLYTOS Ich auch nicht.

STROPHE Bitte.

HIPPOLYTOS Abgeschrieben. Am Arsch.

STROPHE Ich helfe dir, dich zu verstecken.

HIPPOLYTOS Sie hat mich wirklich geliebt.

STROPHE Du hast es nicht getan.

HIPPOLYTOS Gesegnet sei sie.

STROPHE Oder?

HIPPOLYTOS Nein. Hab ich nicht.

Er macht sich auf den Weg nach draußen.

STROPHE Wo gehst du hin?

HIPPOLYTOS Ich stelle mich.

Er verläßt sie. Nachdenklich sitzt Strophe für kurze Zeit allein da. Sie steht auf und folgt ihm.

Sechste Szene

Eine Gefängniszelle.
Hippolytos, sitzend, allein.
Ein Priester kommt herein.

PRIESTER Mein Sohn.

HIPPOLYTOS Ziemlicher Abstieg. Hatte schon immer den Verdacht, daß die Welt nicht nach Blumen und frischem Bohnerwachs riecht.

PRIESTER Ich kann dir vielleicht helfen.

HIPPOLYTOS Mehr nach Pisse und Menschenschweiß. Höchst unangenehm.

PRIESTER Sohn.

HIPPOLYTOS Sie sind nicht mein Vater. Der stattet mir keinen Besuch ab.

PRIESTER Gibt es irgend etwas, was du brauchst?

HIPPOLYTOS Hab schon 'ne Einzelzelle.

PRIESTER Ich kann dir helfen.

HIPPOLYTOS Brauch keinen Tinnef.

PRIESTER In geistiger Hinsicht.

HIPPOLYTOS Nicht mehr nötig.

PRIESTER Erlösung hat jeder nötig.

HIPPOLYTOS Gibt nichts zu beichten.

PRIESTER Deine Schwester hat uns eingeweiht.

HIPPOLYTOS Uns?

PRIESTER Sie hat mir die Situation erklärt.

HIPPOLYTOS Sie ist nicht meine Schwester.
Zugeben, ja. Beichten, nein. Ich geb's zu. Die Vergewaltigung. Ich hab's getan.

PRIESTER Empfindest du Reue?

HIPPOLYTOS Werden Sie als Zeuge aussagen?

PRIESTER Kommt darauf an.

HIPPOLYTOS Nein. Keine Reue. Freude, genaugenommen.

PRIESTER Über den Tod deiner Mutter?

HIPPOLYTOS Selbstmord, nicht Tod. Sie war nicht meine Mutter.

PRIESTER Du empfindest Freude über den Selbstmord deiner Stiefmutter?

HIPPOLYTOS Nein. Sie war ein Mensch.

PRIESTER Wo liegt dann der Grund deiner Freude?

HIPPOLYTOS Im Innern.

PRIESTER Es fällt mir schwer, das zu glauben.

HIPPOLYTOS War mir klar. In Ihren Augen fehlt dem Leben ja auch der Sinn, wenn nicht jeder von uns seinen persönlichen Folterknecht hat.

PRIESTER Ich habe keinen Folterknecht.

HIPPOLYTOS Sie haben den schlimmsten aller Liebhaber. Der hält sich nicht nur für perfekt, er ist es. Ich bin ganz zufrieden allein.

PRIESTER Selbstzufriedenheit ist ein Widerspruch in sich.

HIPPOLYTOS Ich kann auf mich zählen. Ich laß mich nie im Stich.

PRIESTER Wahre Zufriedenheit entsteht durch Liebe.

HIPPOLYTOS Was, wenn die Liebe stirbt? Wecker klingelt, Zeit zum Aufwachen, was dann?

PRIESTER Die Liebe stirbt nie. Sie wandelt sich.

HIPPOLYTOS Sie sind gefährlich.

PRIESTER In Respekt. Rücksichtnahme.
Hast du Rücksicht auf deine Familie genommen?

HIPPOLYTOS Was soll mit der sein?

PRIESTER Es ist keine gewöhnliche Familie.

HIPPOLYTOS Nein. Keiner von uns ist mit dem anderen verwandt.

PRIESTER Mitglieder des Königshauses sind auserwählt. Weil ihr privilegierter seid als die meisten, ladet ihr auch größere Schuld auf euch. Gott –

HIPPOLYTOS Es gibt keinen Gott. Es gibt. Keinen Gott.

PRIESTER Vielleicht wirst du den Gegenbeweis erfahren. Und was wirst du dann tun? Es gibt keine Buße im nächsten Leben, nur in diesem.

HIPPOLYTOS Was schlagen Sie vor, eine Bekehrung auf den letzten Drücker, nur für den Fall? Sterben, als gäb es 'nen Gott, obwohl man weiß, es gibt keinen? Nein. Wenn es einen Gott gibt, möchte ich ihm gern ins Gesicht sehen mit dem Wissen, daß ich gestorben bin, wie ich gelebt habe. In vorsätzlicher Sünde.

PRIESTER Hippolytos.

HIPPOLYTOS Ich bin sicher, Gott wäre intelligent genug, eine Last-minute-Beichte von mir zu durchschauen.

PRIESTER Weißt du, was die unverzeihliche Sünde ist?

HIPPOLYTOS Natürlich.

PRIESTER Du läufst gerade Gefahr, sie zu begehen. Nicht nur dein Seelenheil steht auf dem Spiel, auch die Zukunft deiner Familie –

HIPPOLYTOS Aha.

PRIESTER Deines Landes.

HIPPOLYTOS Warum vergeß ich das bloß andauernd?

PRIESTER Deine sexuellen Verfehlungen sind uninteressant. Die gefestigte Moral der Nation jedoch nicht. Du bist ein Wächter dieser Moral. Gott wird dich für den Zerfall des Landes, über das du mit deiner Familie herrschst, zur Rechenschaft ziehen.

HIPPOLYTOS Ich bin nicht verantwortlich.

PRIESTER Dann leugne die Vergewaltigung. Und beichte jene Sünde. Jetzt.

HIPPOLYTOS Bevor ich sie begangen habe?

PRIESTER Danach wäre zu spät.

HIPPOLYTOS Ja. Das Wesen der Sünde schließt die Beichte aus. Ich könnte nicht beichten, selbst wenn ich wollte.
Ich will nicht. Das ist die Sünde. Richtig?

PRIESTER Es ist nicht zu spät.

HIPPOLYTOS Richtig.

PRIESTER Gott ist barmherzig. Er hat dich auserwählt.

HIPPOLYTOS Falsche Wahl.

PRIESTER Bete mit mir. Rette dich. Und dein Land. Begeh diese Sünde nicht.

HIPPOLYTOS Was macht Ihnen mehr zu schaffen, die Zerstörung meiner Seele oder das Ende meiner Familie? Ich lauf nicht Gefahr, die unverzeihliche Sünde zu begehen. Längst passiert.

PRIESTER Sprich es nicht aus.

HIPPOLYTOS Scheiß auf Gott. Scheiß auf die Monarchie.

PRIESTER Herr, blicke herab auf diesen Mann, den du auserwählt hast, und vergib ihm seine Sünde, die von jener Intelligenz herrührt, mit der du ihn gesegnet hast.

HIPPOLYTOS Ich kann nicht gegen einen Gott sündigen, an den ich nicht glaube.

PRIESTER Nein.

HIPPOLYTOS Ein nicht-vorhandener Gott kann nicht vergeben.

PRIESTER Nein. Vergeben mußt du dir selbst.

HIPPOLYTOS Ich bin im Leben stets ehrlich gewesen, lassen Sie mich auch so sterben.

PRIESTER Wenn Wahrheit dein höchstes Gut ist, wirst du sterben.
Wenn Leben dein höchstes Gut ist –

HIPPOLYTOS Ich habe meinen Weg gewählt. Ich bin dem Scheiß-Untergang geweiht.

PRIESTER Nein.

HIPPOLYTOS Lassen Sie mich sterben.

PRIESTER Nein. Vergib dir.

HIPPOLYTOS *(denkt angestrengt nach)*
Ich kann nicht.

PRIESTER Warum nicht?

HIPPOLYTOS Glauben Sie an Gott?

PRIESTER *(sieht ihn an)*

HIPPOLYTOS Ich weiß, was ich bin. Und immer sein werde. Aber Sie. Sie sündigen mit dem Wissen, daß Sie beichten werden. Anschließend wird Ihnen vergeben. Und dann fangen Sie wieder von vorne an.
Wie können Sie es wagen, einen derart mächtigen Gott zu verspotten?
Es sei denn, Sie glauben nicht wirklich.

PRIESTER Hier geht es um deine Beichte, nicht meine.

HIPPOLYTOS Warum knien Sie dann? Kein Zweifel, Gott ist barmherzig. An seiner Stelle würde ich Sie verachten. Ich würde Sie vom Erdboden fegen für Ihre Verlogenheit.

PRIESTER Du bist nicht Gott.

HIPPOLYTOS Nein. Ein Prinz. Gott auf Erden. Aber nicht Gott.
Ein Glück für alle Beteiligten. Bei mir dürften Sie keine Sünden begehen mit dem Wissen, daß Sie beichten und ungeschoren davonkommen.

PRIESTER Der Himmel wäre leer.

HIPPOLYTOS Ein Königreich ehrlicher Männer, die in aller Ehrlichkeit sündigen.
Und Tod all jenen, die Ihren Arsch retten wollen.

PRIESTER Was, glaubst du, ist Vergebung?

HIPPOLYTOS Ihnen mag das ja reichen, aber ich habe nicht die Absicht, meinen Arsch zu retten. Ich habe eine Frau umgebracht, und ich werde dafür von Heuchlern bestraft, die ich mit mir ins Verderben reiße. Auf daß wir in der Hölle brennen. Gott mag zwar allmächtig sein, doch eins kann er nicht.

PRIESTER In dir zeigt sich eine gewisse Reinheit.

HIPPOLYTOS Er kann aus mir keinen guten Menschen machen.

PRIESTER Nein.

HIPPOLYTOS Letztes Rückzugsgefecht des ehrlichen Mannes. Der freie Wille unterscheidet uns von den Tieren.

Er öffnet seine Hose.

Und ich hab nicht die Absicht, mich wie ein beschissenes Tier zu verhalten.

PRIESTER *(befriedigt Hippolytos oral)*

HIPPOLYTOS Überlaß ich dir.

Er kommt.
Seine Hand ruht auf dem Kopf des Priesters.

Geh.
Beichte.
Bevor du verbrennst.

Siebte Szene

Phaidras Leichnam liegt aufgebahrt auf einem Scheiterhaufen, zugedeckt.
Theseus tritt auf.
Er nähert sich dem Scheiterhaufen.
Er hebt das Tuch an und betrachtet Phaidras Gesicht.
Er läßt das Tuch fallen.
Er kniet neben Phaidras Leichnam nieder.
Er zerrt und reißt an seinen Kleidern, dann seiner Haut, dann seinen Haaren, immer rasender bis zur Erschöpfung.
Aber er weint nicht.
Er erhebt sich und entzündet den Scheiterhaufen – Phaidra geht in Flammen auf.

THESEUS Ich bringe ihn um.

Achte Szene

Vor dem Gerichtsgebäude.
Um ein Feuer hat sich eine Schar von Männern, Frauen und Kindern versammelt, darunter auch Theseus und Strophe, beide inkognito.

THESEUS Von weit weg?
1. MANN Newcastle.
1. FRAU Mit Kind und Kegel.
KIND Und Picknick-Korb.
1. MANN Aufknüpfen sollten sie ihn.
2. FRAU Das Dreckschwein.
1. MANN Das ganze verlotterte Pack.
1. FRAU Ordentlich durchgreifen.
1. MANN Für was halten die uns?
1. FRAU Schmarotzer.
2. MANN Dieses Vergewaltiger-Schwein lebt auf unsere Kosten.
1. MANN Schluß damit.
2. MANN Keine Extrawürste.
1. FRAU Seine eigene Mutter vergewaltigen.
2. FRAU Das Dreckschwein.
2. MANN Sie war die einzige, die noch was getaugt hat.
THESEUS Man wird ihn laufen lassen.
2. MANN Ich werd am Scheiß-Tor warten.
1. MANN Garantiert nicht als einziger.
1. FRAU Er hat's zugegeben.
STROPHE Das bedeutet noch nichts.
2. FRAU Das Dreckschwein.
THESEUS Nützt ihm vielleicht sogar. Bedaure, Euer Ehren, lese jetzt täglich in meiner Bibel, werd's auch nie wieder tun, Klage abgewiesen. Werden ja wohl keinen Prinzen einsperren, oder? Egal, was er getan hat.

2. MANN Stimmt.

1. MANN Von wegen Gerechtigkeit.

THESEUS Mitglied der Königsfamilie. Die Krone gegen die Krone? Die sind doch nicht dumm.

1. MANN Alles Hornochsen, die ganze Bande.

2. MANN Sie war nicht unrecht.

1. MANN Sie ist tot.

THESEUS Man klammert sich nicht jahrhundertelang an die Krone, ohne was in der Birne zu haben.

2. MANN Stimmt.

THESEUS ’n Schauprozeß. Er auf der Anklagebank, man opfert das Ansehen eines niederen Prinzen, verstößt ihn aus der Familie.

2. MANN Genau, genau.

THESEUS Dann heißt es, man hätte sich vom korrupten Element befreit. Doch an der Monarchie wird nicht gerüttelt.

1. MANN Was sollen wir tun?

2. MANN Gerechtigkeit für alle.

1. FRAU Er muß sterben.

2. MANN Auf jeden Fall sterben.

1. MANN Um unseretwillen.

2. MANN Und für sie.

1. FRAU Verdient nicht zu leben. Ich hab Kinder.

1. MANN Haben wir alle.

1. FRAU Haben Sie Kinder?

THESEUS Nicht mehr.

2. FRAU Armes Schwein.

2. MANN Dann weiß er ja, worüber wir reden, was.

1. MANN Abschaum muß sterben.

1. FRAU Da kommt er.

2. FRAU Das Dreckschwein.

Während man Hippolytos vorbeiführt, wird er wüst von der Menge beschimpft und mit Steinen beworfen.

Dreckschwein!

1. MANN Abschaum, verrecke!

1. FRAU Schmor in der Hölle, du Dreckschwein!

2. MANN Du königliches Vergewaltiger-Schwein!

Hippolytos reißt sich aus der Umklammerung der Polizisten los und wirft sich in die Menge.
Er fällt in die Arme von Theseus.

1. MANN Bring ihn um, bring die königliche Ratte um.

Hippolytos sieht Theseus ins Gesicht.

HIPPOLYTOS Du.

Theseus zögert, dann küßt er ihn mitten auf den Mund und stößt ihn in die Arme des 2. Mannes.

THESEUS Bring ihn um.

Der 2. Mann hält Hippolytos fest.
Der 1. Mann löst eine Krawatte vom Hals eines der Kinder und schnürt sie um Hippolytos' Kehle.
Er stranguliert Hippolytos, der von den Frauen mit Fußtritten traktiert wird, während er röchelnd fast das Bewußtsein verliert.
Die 2. Frau zückt ein Messer.

STROPHE Nein! Nein! Tut ihm nichts, bringt ihn nicht um!

2. MANN Hört euch die an.

1. MANN Verteidigt 'ne Inzucht-Sau.

1. FRAU Was bist du bloß für eine Frau?

THESEUS Verteidigt 'nen Vergewaltiger.

Theseus zieht Strophe von der 2. Frau, auf die sie losgegangen ist, weg.
Er vergewaltigt sie.
Die Menge schaut zu und johlt.
Sobald Theseus fertig ist, schlitzt er ihr die Kehle auf.

STROPHE Theseus.
Hippolytos.
Unschuldig.
Mutter.
Ach, Mutter.

Sie stirbt.
Der 1. Mann zieht Hippolytos die Hose herunter.
Die 2. Frau schneidet ihm die Genitalien ab.
Sie werden ins Feuer geworfen.
Die Kinder johlen.
Ein Kind zieht sie aus dem Feuer heraus und wirft sie einem anderen Kind zu, das schreit und wegrennt.
Brüllendes Gelächter.
Jemand bemächtigt sich ihrer, und sie werden einem Hund vorgeworfen.
Theseus nimmt das Messer.
Er schlitzt Hippolytos von der Leiste bis zum Brustkorb auf.
Hippolytos' Gedärme werden herausgezerrt und ins Feuer geworfen.
Er wird mit Tritten traktiert, gesteinigt und angespuckt.
Hippolytos sieht auf Strophes Leichnam.

HIPPOLYTOS Strophe.
THESEUS Strophe.

Theseus betrachtet die Frau genauer, die er vergewaltigt und ermordet hat.

Voller Entsetzen erkennt er sie.
Sobald sich Hippolytos nicht mehr rührt, bahnen sich Polizisten, die die ganze Zeit zugeschaut haben, mit wahllosen Schlägen ihren Weg durch die Menge.
Die Menge zerstreut sich, mit Ausnahme von Theseus.
Zwei Polizisten schauen im Stehen auf Hippolytos herab.

1. POLIZIST Armes Dreckschwein.
2. POLIZIST Machst du Witze?

Er verpaßt Hippolytos einen kräftigen Tritt.

Ich hab zwei Töchter.
1. POLIZIST Sollten ihn wegschaffen.
2. POLIZIST Kann hier verrotten.

Der 2. Polizist spuckt auf Hippolytos.
Sie verschwinden.
Hippolytos rührt sich nicht.
Theseus sitzt neben Strophes Leichnam.

THESEUS Hippolytos.
Sohn.
Ich habe dich nie gemocht.
(zu Strophe)
Es tut mir leid.
Wußte ja nicht, daß du's bist.
Gott, vergib mir, ich wußte es nicht.
Hätte ich gewußt, daß du's bist, hätte ich dich nie –
(zu Hippolytos)
Hörst du mich, ich wußte es nicht.

Theseus schlitzt sich die Kehle auf und verblutet.
Völlig reglos liegen die drei Körper da.

Schließlich öffnet Hippolytos die Augen und sieht zum Himmel.

HIPPOLYTOS Geier.

Er bringt ein Lächeln zustande.

Hätte es doch nur mehr Momente wie diesen gegeben.

Er stirbt.
Ein Geier kreist herab und macht sich über seinen Leichnam her.

ENDE

MARK RAVENHILL

Mark Ravenhill ist Absolvent des Drama Department der Universität Bristol. Seine ersten eigenen Stücke *Fist* und *His Mouth* (beide 1995 entstanden) wurden an mehreren Londoner Fringe-Bühnen und am Off-Off-Broadway gezeigt. Außerdem erarbeitete er für BBC Radio Hörspielfassungen von Frank Wedekinds *Lulu* und Alexander Ostrowskijs *Tolles Geld (Mad Money).* Sein erstes abendfüllendes Stück *Shoppen & Ficken (Shopping & Fucking)* hatte im Oktober 1996 Uraufführung auf der Studiobühne des Londoner Royal Court Theatre. Nach einer nationalen Tournee kehrte es im Januar 1997 noch einmal auf die große Bühne des Royal Court Theatre zurück und erlebte anschließend zwei ausverkaufte Laufzeiten im West End. Die deutschsprachige Erstaufführung war im Januar 1998 an der Baracke des Deutschen Theaters Berlin, und die Inszenierung wurde im selben Jahr zum Berliner Theatertreffen eingeladen. Mark Ravenhills zweites Stück *Faust ist tot (Faust is Dead)* hatte seine Uraufführung im Februar 1997 am Londoner Lyric Theatre, und das Gemeinschaftsprojekt *Sleeping Around*, von Ravenhill zusammen mit Hilary Fannin, Stephen Greenhorn und Abi Morgan erarbeitet, wurde im März 1998 am Londoner Donmar Warehouse uraufgeführt. Die Uraufführung von Ravenhills drittem Stück *Handbag* ist für den Herbst 1998 geplant. Mark Ravenhill ist Chefdramaturg (Literary Manager) der Paines Plough Theatre Company und lebt in London.

Gespräch mit Mark Ravenhill

Haben dich die euphorischen Kritiken zur Uraufführung von *Shoppen & Ficken* überrascht?
Euphorisch?

Fandest du nicht?
Nicht, wenn man die gesamte Bandbreite betrachtet, da halten sich gute und weniger gute die Waage. Einige Kritiker haben sehr empfindlich reagiert, lustigerweise überwiegend die der linksliberalen Presse – eine echte Linke gibt es in Großbritannien ja nicht mehr. Die haben *Shoppen & Ficken* nicht besonders gemocht.

Warum? Political correctness?
Für die muß es in Stücken nach wie vor «menscheln». Theatertexte sollen die Möglichkeit zum Wandel ausloten, sollen zeigen, wie Charaktere an den ihnen gestellten Herausforderungen wachsen, denn wenn ein Charakter sein soziales Umfeld ändern kann, dann ... *Shoppen & Ficken* enthält aber keine Botschaft in diesem Sinne. Falls es überhaupt eine Botschaft hat. Einige Kritiker, der der «Times» beispielsweise, haben gar nicht erst über den Text geschrieben, sondern nur darüber, wie entsetzlich es sei, sich ein Stück mit diesem Titel ansehen zu müssen. Und der Kritiker des «Guardians» war sehr betroffen über das Fehlen einer sozial progressiven Aussage, während das den «Daily Telegraph», wahrscheinlich die rechteste Zeitung Englands, nicht so bekümmert hat. Dessen Kritik war sehr gut und vertrat die Meinung, daß es bequemer und tröstlicher sei, dieses Stück als Hype abzutun, aber damit übersähe man seine Sprengkraft. Die intelligenteste Besprechung stand im «Independent» – keine Hymne zwar, aber klug und differenziert. Und das, obwohl der Rezensent die letzten zehn Minuten der Vorstellung quasi unter seinem Sitz verbracht hat, weil er sich sonst übergeben hätte.

Glaubst du, die liberale Presse war schockiert über das Porträt einer scheinbar entmenschlichten Gesellschaft? Oder war es eher die Hoffnungslosigkeit des Stücks?
Der Mangel an direkter Hoffnung, würde ich sagen. Und es gab einen Aufschrei des Entsetzens über den körperlichen Einsatz der Figuren. Kritiker führen ein merkwürdiges Leben. Abend für Abend gehen sie ins Theater, sehen heute einen Klassiker, morgen ein Musical, dann ein West End-Stück – was auf der Straße passiert, vergessen sie darüber oft. Die Gruppe der Kritiker war äußerst verstört und hat auf das Stück ganz anders reagiert als das normale Publikum.

Wie war dort die Resonanz?
Gut. Sehr gut. Obwohl zeitgleich Stücke mit wesentlich besseren Kritiken liefen. Aber *Shoppen & Ficken* schien die Leute unmittelbar anzusprechen. Natürlich erregt ein Stück, das *Shoppen & Ficken* heißt, erst mal großes Aufsehen, aber wenn dann der Text die Erwartungen nicht einlöst und grober Unfug ist, steht man ganz schnell ziemlich dumm da. Der Erfolg kam per Mundpropaganda, und ich glaube, er hat viel damit zu tun, daß das Stück vom Hier und Jetzt handelt, es spiegelt das heutige Lebensgefühl.

Was für Leute saßen im Publikum? Nur Kids oder auch ältere Menschen?
Sehr gemischt, was mich am meisten gefreut hat. Das übliche Theaterpublikum ist weniger heterogen – man schaut durch den Vorhang und blickt auf ein Meer grauer Haare. Bei *Shoppen & Ficken* saßen junge Leute neben regelmäßigen Theatergängern, und während der Vorstellungen war es, als würden die Zuschauer miteinander debattieren, wortlos natürlich. Es war interessant zu sehen, wer wann lacht, wer über welche Stellen schockiert ist. Das war wie ein Zusammentreffen unterschiedlicher Generationen, unterschiedliche Facetten des Stücks gin-

gen unterschiedliche Leute an, und das war eine spannende Erfahrung.

War es für die älteren Zuschauer eher wie ein Besuch im Zoo?
(lacht) Teilweise, ja. Teilweise hatte es dieses Moment, es gab das dringende Bedürfnis, über diese Welt, die «da draußen» existiert, etwas erfahren zu wollen. Praktisch alle Eltern, deren Kinder unter dreißig oder fünfunddreißig sind, wissen doch mit ziemlicher Sicherheit, daß ihr Kind mal mit Drogen herumexperimentiert hat oder nach wie vor Drogen nimmt, was sie selbst, wenn sie fünfzig oder älter sind, wahrscheinlich nicht getan haben. Aber die Bereitschaft zur Auseinandersetzung mit diesem Thema ist da, der Wunsch, begreifen zu wollen. Soweit der Besuch im Zoo. Eine wichtige Rolle spielte aber auch die Bestandsaufnahme unserer Gegenwart – Eltern, oder ältere Menschen allgemein, die sich gezielt mit der Frage konfrontierten, was für eine Welt sie ihren Kindern oder der nachfolgenden Generation hinterlassen haben, welche Werte von ihnen erschaffen wurden. Diese Menschen hat eine ganz andere Ebene von *Shoppen & Ficken* interessiert, die weit über den voyeuristischen Blick durchs Mikroskop hinausging. Das war stärker an eine emotionale Dimension, an ein Problembewußtsein oder gar Schuldgefühle gekoppelt.

Wie ist *Shoppen & Ficken* entstanden? Hast du über deine eigenen Erfahrungen geschrieben? Hast du recherchiert?
Mit persönlichen Erfahrungen hatte das Stück bedeutend weniger zu tun, als die meisten Kritiker und Journalisten damals vermutet haben. Ich habe in meinem ganzen Leben noch nie Ecstasy genommen, mir machen Drogen sogar eine Scheißangst. Ich habe diese Paranoia, daß ich einen Trip werfe und anschließend tot umfalle. *(lacht)* Wahrscheinlich wird jedes Debütstück automatisch erst mal für ungefilterte Autobiographie gehalten. Ich wollte über *eine* Generation schreiben, eine Generation, die ein-

zig und allein unter den Bedingungen der Marktwirtschaft aufgewachsen ist, die gar keine anderen Werte als die des Marktes kennt und die sich mit so weittragenden und sehr extremen Manifestationen wie Drogendealen, Prostitution, Telefonsex, Aids und so weiter herumschlagen muß. Begriffe wie «Geschäft», «Käufer» und «Verkäufer» werden in meinem Text als Zeichen dafür benutzt. Ich glaube, daß es jeden aus meiner Generation mehr oder minder intensiv beschäftigt, welche Werte es jenseits des Marktes gibt. Seine extremen Auswüchse habe ich bisher zwar nicht am eigenen Leib erfahren, aber ich weiß nur allzu genau, daß das jederzeit möglich gewesen wäre. Man muß sich doch nur ansehen, wie viele Leute mit abgeschlossenem Studium, bestens ausgebildet, heute keinen Job finden. Der Freund eines Freundes beispielsweise hat einen Oxford-Abschluß in Musikwissenschaften mit Schwerpunkt Klassik und arbeitet jetzt in einem Sex-Shop, wo er Pornos verkauft. Es geht nicht in erster Linie darum, was einem tatsächlich passiert ist, sondern was hätte passieren können. Hätte ich diesen Weg genommen, wäre ich jetzt da und da. Ich glaube, das ist eher, worüber man schreibt. Recherchiert habe ich kaum. Und wenn man sich das Stück genau ansieht, merkt man auch, daß es keine Details liefert über den Verkauf von Ecstasy oder das Leben als Stricher. Über all das weiß ich nur sehr bedingt Bescheid. Ich wollte größtmögliche Extreme entwerfen, die zu allgemeingültigeren Metaphern werden, und keine soziologische Forschungsarbeit verfassen. Als einziges könnte ich vielleicht anführen, daß ich mal mit Junkies gearbeitet habe, einen Monat lang, als Vertretung für einen Freund, der eine Theatergruppe in einem Drogenrehabilitationszentrum leitet. Das war ein Alptraum, aber ich hatte wenigstens einen kurzen Einblick in diese Welt der totalen Abhängigkeit. Knapp sieben Prozent der Leute kommen in dieser Einrichtung vom Heroin weg, was sogar noch eine vergleichsweise hohe Erfolgsquote ist, trotzdem eine niederschmetternde Bilanz. Ich denke, wir leben letztlich in einer süchtigen Gesellschaft, ich muß mir ja nur anschauen, wie viele Zigaretten ich täglich rauche, wie viele Liter Kaffee ich trinke. Oder die Sucht nach Konsum als Existenzgrundlage, das Bedürfnis, einkaufen zu gehen, um sich zu beweisen, daß man ein Mensch ist. Der Unterschied zu harten Drogen ist nur graduell. Es ging mir also mehr um diese Dimensionen, anstatt zu sagen: Ich nehme mein eigenes Leben und bringe es eins zu eins auf die Bühne.

***Shoppen & Ficken* ist wahrscheinlich eher eine Mischung aus dem, was aktuell geschieht, was man wahrnimmt, und dem eigenen Lebensgefühl. Außerdem fand ich es angenehm, daß es sich dezidiert mit kapitalistischen Strukturen auseinandersetzt, was lange Zeit verpönt war.**

Autoren, Dramatiker, vor allem junge Dramatiker, hatten geradezu Angst, sich damit zu beschäftigen. Es hätte altmodisch gewirkt oder verdächtig nach didaktischem Stück gerochen, also vermieden sie bewußt einen politischen Kontext für ihre Texte. Ich finde allerdings, man verblödet, wenn man die Gesellschaft, in der man lebt, nicht möglichst genau untersucht, und eine Analyse des Wirtschaftssystems und der darin lebenden Individuen hat für mich nichts an Gültigkeit verloren. Schließlich wirkt dieses System tagtäglich auf uns ein, ob wir wollen oder nicht. Und nur weil frühere, beispielsweise sozialistische Analysen ihrerseits zu einem Gesellschaftsmodell geführt haben, das genausowenig funktioniert hat, muß man doch nicht gleich alle Denkansätze von Marx und anderen über Bord werfen. Darin sehe ich eine große Gefahr. Ich überlege gerade, wie bewußt mir diese Haltung beim Schreiben war – ziemlich bewußt, glaube ich. Ich wollte ein Gegenwartsstück auf der Folie eines Wirtschaftssystems schreiben. Anstatt seine Bedingungen auszublenden, um eine nette kleine Geschichte über Menschen zu erzählen.

Was mir außerdem an *Shoppen & Ficken* gefällt, ist das Fehlen von Zynismus. Bei aller Lakonie sehnen sich deine Figuren dennoch nach Liebe, nach einer anderen Welt, von der sie gleichzeitig wissen, daß sie utopisch ist. Was dem Stück auch eine sehr traurige Atmosphäre gibt.
Ja, zumindest versuchen sie ständig, in eine andere Welt aufzubrechen. Was sie, glaube ich, auch sehr liebenswert macht. Ihre Liebe wird nicht unbedingt erwidert, aber das Verlangen danach hört nicht auf, und Liebe ist für sie eine Art Antrieb. Sie wollen sich um jemanden kümmern – ein Wunsch, der *Shoppen & Fikken* vom allerersten Entwurf an durchziehen sollte. Bis die Sehnsucht, für jemanden dazusein, ihn zu lieben und geliebt zu werden, mit den Erfordernissen des Marktes kollidiert, wodurch sich die unlösbare Dialektik des Stückes ergibt. In meinen Augen sind die Sehnsucht nach Liebe und die Hürde, Geld verdienen zu müssen, per se dramatisch. Und meine Figuren sollten diese Diskrepanz so intensiv wie möglich verkörpern.

Glaubst du an die Liebe?
(lacht) Keine Ahnung. Ich glaube an die Suche nach Liebe. Ob sie existiert und wenn ja, in welcher Form, weiß ich nicht. Wahrscheinlich läßt sich Liebe nicht definieren. Aber die Suche danach ist wichtig.

Gary sagt einmal: «Es wird weh tun. Aber gut weh.» Glaubst du, daß Gewalt oder Schmerz manchmal die letzte Möglichkeit ist, sich noch zu spüren in einer zunehmend simulierten Welt?
Für Gary mit Sicherheit. Und bedingt gilt das auch für die anderen Figuren. Im körperlichen Schmerz manifestiert sich ein Höchstmaß an Realität. Das ist noch viel stärker der Fall in meinem zweiten Stück, *Faust ist tot*, in dem die drei Figuren dieses Spannungsverhältnis ganz direkt thematisieren. Es gibt den Philosophen, angelehnt an Baudrillard, der behauptet, alles sei virtuell, ein Traum, eine Illusion, und es gibt den Jungen auf Video

und den Jungen auf der Bühne, die sich auf verschiedene Weise gegen dieses Theorem auflehnen. Die Jungen fixen, verstümmeln sich, fügen sich Verletzungen zu als Demonstrationen der Echtheit, bis zu dem Punkt, daß sich der eine von ihnen die Kehle aufschlitzt.

Das klingt ähnlich in *Shoppen & Ficken* an, in Garys Traum, von einem Messer vergewaltigt zu werden. Ist diese Form von Gewalt für dich auch der Ausdruck einer kranken Gesellschaft? Oder betrachtest du sie eher als etwas zeitlos Archaisches?
Da bin ich überfragt. Ich weiß nur, daß das Bedürfnis nach Schmerz offenbar vorhanden ist. Sich echt zu fühlen oder überhaupt zu spüren. Piercings oder Tattoes sind in meinen Augen nichts wesentlich anderes, wenn man mal von ihrem modischen Gehalt absieht. Piercings tun wirklich abartig weh, und die Leute sind wahnsinnig stolz darauf, sie scheinen einen Lustgewinn daraus zu ziehen. Das ist wie eine Initiation ohne Ritual. Und sie entwickelt ein Eigenleben, die Leute fangen damit an, und jeden Monat verschwindet quasi ein weiteres Stück ihres Körpers. Diese Lust am Schmerz ist wahrscheinlich nichts Neues, vielleicht ist sie heute nur öffentlicher. Ich habe allerdings den Verdacht, daß es heute eine stärkere Verbindung zwischen Schmerz und Sexualität gibt, den Einsatz von Schmerz beim Sex.

Möglicherweise ist das ein Spiel mit Grenzerfahrungen.
Ja, und Gary versteht diese Grenzen nicht, er kann nicht mit ihnen spielen. Gary nimmt die Sache ernst, sie ist für ihn keine postmoderne Pose oder Ironie. Was er sagt, meint er buchstäblich, während die anderen Figuren mit dem Schmerz eher flirten. So wie Lulu beispielsweise auf Robbies Wunden abfährt. Es gab einen witzigen Moment während der Proben, als wir über Lulus «Wunden-Fetischismus» sprachen, und Max [Stafford-Clark, der Regisseur der Uraufführung von *Shoppen & Ficken*] meinte, das sei eben so eine geheime Perversion des Autors. Vor mir lag

ein «Time Out»-Heft [das Londoner Stadtmagazin], und beim Blättern stieß ich auf einen Artikel über Wunden-Parties und wie angesagt die seien. Jeder erscheint dort mit einer Wunde, keiner echten, sondern aufgeschminkt, worüber ich bis dahin nichts gewußt hatte. Soviel zum Thema Phantasie des Autors.

Hast du dir Filme wie *Reservoir Dogs, Pulp Fiction* oder *Natural Born Killers* angesehen?
Ich reagiere ziemlich allergisch auf Gewalt im Film. *(lacht)* Ich versuche sie mir anzuschauen, aber meist muß ich dann doch wegsehen, insofern kenne ich nicht allzu viele Repräsentationen von Gewalt. Sobald der Soundtrack bedrohlich klingt, mache ich die Augen zu. Was nichts daran ändert, daß die Gewalt um uns herum da ist und man sich zu ihr verhalten muß. Und im Theater hat sie sowieso ihre Tradition, von Howard Barker und Howard Brenton in den Siebzigern bis zurück zu den Elisabethanern.

Siehst du dich in einer bestimmten Theatertradition? Wer sind deine Einflüsse?
Die Einflüsse für *Shoppen & Ficken* waren eher amerikanische Romane. Um mich herum fand ich erst mal keine englischen Dramatiker, die das Lebensgefühl meiner Generation auf den Punkt brachten. Und englische Romanciers schreiben meist über Menschen in Hampstead [Londons Nobelstadtteil], bezeichnenderweise oft über Menschen, die in Hampstead wohnen und versuchen, einen Roman zu schreiben. Amerikaner wie Bret Easton Ellis, Jay McInerney, Dennis Cooper oder Douglas Coupland sind da paradoxerweise näher an mir dran. Ihre Figuren scheinen in einer Leere, einem Vakuum zu existieren, in dem sie nach Bedeutung suchen oder Liebe, inmitten eines Labyrinths aus Markennamen und Waren, das sie selber fast zu Zombies macht. Auf unterschiedliche Art verknüpfen sie Sexualität mit Gewalt und hinterfragen so die moralischen Grundsätze des Lesers. Und

ich mag Gregg Arakis Filme über die Ängste von Teenagern in Los Angeles. Es war also eher dieser amerikanische Subtext, der mich interessiert hat und dessen Gegenwärtigkeit ich für die Bühne benutzen wollte. Hinzu kommt meine große Bewunderung für David Mamet und seine Stücke. Ich will *Shoppen & Ficken* nicht mit seinem Werk vergleichen, weil Mamet um Längen besser ist, aber der Einsatz von Sprache, der Rhythmus der Dialoge in *Shoppen & Ficken* sind von ihm geprägt. Außerdem hat er sich auch theoretisch über das Schreiben von Stücken geäußert – nicht im akademischen, «die Theorie der Theorie»-Sinne, sondern sehr pragmatisch. Ich mag seinen Ansatz, daß jedes Stück wie ein Märchen sein sollte, womit man sich zum Beispiel eine lange Einleitung erspart. Es sind nur die Details wichtig, die die Geschichte vorantreiben. Das hat etwas mit erzählerischer Ökonomie zu tun – im Märchen sagt man nicht: Hänsel, ein lieber netter kleiner Junge mit blondem Haar, dessen Ranzen erst letzte Woche von seiner Mutter saubergemacht wurde. Man braucht diese Informationen nicht, und je weniger wir über Hänsel und seine Bedürfnisse wissen, desto stärker dient er uns als Projektionsfläche, er ist nicht bereits so besetzt. Aus dieser Haltung heraus sind auch meine Figuren entstanden, ich wollte Lulu, Robbie und Mark nicht mit biographischem oder psychologischem Schnickschnack versehen, sie erklären sich auch so. Allein Gary hat eine Vergangenheit, über die man ausschnitthaft etwas erfährt und die auf ihn einwirkt, so daß er vielleicht naturalistischer erscheint. Aber insgesamt ist *Shoppen & Ficken* angelegt wie ein Märchen, ein Großstadt-Mythos, wie diese Geschichten, die im Umlauf sind. Kennst du die? Sie werden nie aufgeschrieben, nur weitererzählt, und meistens sind sie recht blutrünstig: Jemand kennt jemanden, der jemanden kennt, dessen Babysitter ein Klopfen am Fenster hört, und der Babysitter geht nachsehen, und draußen hängt meinetwegen der abgetrennte Kopf des Kindes. Das sind moderne Märchen, und Märchen sind einfache Geschichten, die unsere Ängste spiegeln, unsere Wünsche und unsere Gefühle. Die Form des Märchens war mein ästhetischer Ausgangspunkt, weniger die Forderung nach «social realism», was einige Kritiker zum Glück auch erkannt haben. Die Themen von *Shoppen & Ficken* in einem realistischen Drama darzustellen, können andere Leute besser, die einen detaillierteren Einblick in diese spezielle Welt haben.

Kannst du sagen, warum du für das Theater schreibst?
So banal das klingt: Ich glaube, weil ich nie etwas anderes gemacht habe. Das war nicht mal eine bewußte Wahl. Schon als ich vier war, haben mein Bruder und ich Stücke erfunden, und ich habe seitdem nicht mehr damit aufgehört. Das Theater hat mich immer fasziniert.

Erinnerst du dich an deine erste Theatererfahrung?
Ja, die hat einen enormen Eindruck auf mich gemacht. Bei uns im Rathaus wurde *Kröterich von Krötinhall (The Wind in the Willows)* gezeigt, gespielt von Kindern. Der Darsteller des Kröterich trug eine grüne Strumpfhose über dem Kopf, und mir erschien es als das absolut Größte, anderthalb Stunden lang eine grüne Strumpfhose über dem Kopf tragen zu dürfen. Die grüne Strumpfhose war mein Schicksal. Ich bin nach Hause gegangen und habe mein eigenes Theater aufgebaut. Und ich habe die «Pantomimes» geliebt, für die es in Deutschland, glaube ich, keine Entsprechung gibt. Mozarts *Zauberflöte* kommt ihnen vielleicht am nächsten, obwohl die *Zauberflöte* natürlich wesentlich kunstvoller ist. Man kann die «Pantomimes» nur schwer erklären, und für viele Engländer sind sie wahrscheinlich die einzige Theatererfahrung überhaupt.

Haben sie deine Ästhetik geprägt?
Nein. Nur den Spaß am Theater.

Wobei mir auffällt, daß wir bisher hauptsächlich über die ernsteren Aspekte von *Shoppen & Ficken* geredet haben. Dabei hat das Stück durchaus auch komische Momente.
Man arbeitet ja auf einer Vielzahl von Ebenen, und ohnehin sind Kategorien wie «Tragödie» oder «Komödie» und ihre jeweiligen Formen in England nicht so reinlich geschieden. Man kann selten eindeutig sagen, was komisch ist und was traurig, was ernst, was unterhaltsam. Die Übergänge sind fließend. Und von einem Dramatiker wird Subtilität verlangt, denn das englische Publikum ist in der Wahrnehmung von Zwischentönen und Ambivalenzen geschult. Es mißtraut Stücken, in denen es nichts zu lachen gibt. Vor allem im ersten Drittel eines Stückes wollen die Zuschauer an ein, zwei Stellen merken, daß der Autor, der Regisseur, die Schauspieler Sinn für Humor haben. Mangelnder Sinn für Humor, die Unfähigkeit, über sich und andere gemeinsam mit den anderen zu lachen, kommt in England fast einem Todesurteil gleich. Ob das gut oder schlecht ist, sei dahingestellt, aber diese Tradition läßt sich produktiv nutzen: Meine Strategie besteht vielleicht darin, die Leute zum Lachen zu bringen, bis sie darüber stolpern, warum sie lachen, und so permanent auf der Hut sind. Jedenfalls finde ich es als Dramatiker sehr befreiend, mich nicht zwischen Komödie und «ernstem Stück» entscheiden zu müssen. Das betrifft übrigens genauso die Sprache. Dadurch daß das Englische nicht so kodifiziert und klassifiziert ist, kann man freier damit umgehen. Umgangssprachliche Wendungen, regionale Dialekte, unterschiedliche Rhythmen, grammatikalische Variationen lassen sich problemlos in einen gehobeneren Sprachstil integrieren, und das Publikum erfährt schon auf diesem Wege eine Menge über die Figuren, ohne daß sie lang und breit erklärt werden müssen.

Wirst du inzwischen eigentlich noch gern zu *Shoppen & Ficken* interviewt?
Na ja, manchmal habe ich das Gefühl, mittlerweile alle Fragen

zum Text beantwortet zu haben, zumal es doch häufig dieselben sind – warum beispielsweise dieser Titel und so weiter. Dabei steckt hinter dem Titel kein cleveres Kalkül, er ist eben einfach passiert. Außerdem ist die Perspektive, daß deine gesamte zukünftige Arbeit womöglich im Schatten deines Debütstückes stehen wird, bisweilen etwas beunruhigend. Man schaue sich nur John Osborne an – seine ganze lange Karriere über ist er der *Blick zurück im Zorn*-Osborne geblieben. Eine beklemmende Aussicht. Andererseits: Wenigstens einen Erfolg gehabt zu haben ist besser als gar keinen. Auf jeden Fall werde ich weiterschreiben und ganz bestimmt kein Sequel à la *Shoppen & Ficken 2*. Das funktioniert schon mit Hollywood-Filmen nicht. *(lacht)* Ich möchte andere Theaterformen ausprobieren, wobei aus bloßem Prinzip neue Wege zu gehen natürlich genauso albern und gefährlich ist, wie sich zu wiederholen. *Faust ist tot* ist sofort nach *Shoppen & Ficken* entstanden, in enger Zusammenarbeit mit den Darstellern, was ein bißchen die Hürde des «zweiten Stücks» genommen hat. Aber die Nähe zu *Shoppen & Ficken* läßt sich darin wahrscheinlich noch nicht leugnen – es ist eine Art Steigerung und Verdichtung der gleichen Themen, während der Text jedoch stärker mit den theatralischen Mitteln experimentiert, Videoeinspielungen benutzt, fragmentarischer ist.

Wie wichtig ist für dich die Arbeit als Dramaturg an deinem Theater?
Sehr wichtig. Ich gebe keinen guten Einsiedler ab und verriegele mich nicht gern im stillen Kämmerlein, sondern brauche den Kontakt beispielsweise zu anderen Autoren. Es ist schön, Teil einer «Organisation» oder «Bewegung» zu sein, eines Ensembles. Ein paar Stunden am Tag bin ich mit mir allein am Schreibtisch, aber danach muß ich raus, am Leben teilhaben, Menschen sehen, essen gehen, ins Kino, ins Theater. Das heißt, die meisten Abende bin ich unterwegs.

Und wie hat dich der große kommerzielle Erfolg von *Shoppen & Ficken* verändert?

(lacht) Ich muß mir nicht mehr ständig Sorgen über Geld machen, was eine völlig neue Erfahrung ist. Ich habe meine Wohnung renovieren lassen, und ansonsten bin ich etwas entspannter geworden. Das wär's dann aber auch schon. Ich denke, entweder man hat das Verlangen zu schreiben oder nicht. Geld spielt dabei eine untergeordnete Rolle.

(17. Januar 1998, Café Orange, Oranienburger Straße, Berlin)

Mark Ravenhill

SHOPPEN & FICKEN

(Shopping & Fucking)

Deutsch von
Robin Detje

Die Uraufführung von *Shoppen & Ficken* war
am 1. Oktober 1996 am Royal Court Theatre, London
in einer Produktion von Out of Joint
(Regie: Max Stafford-Clark).

Die deutschsprachige Erstaufführung war
am 17. Januar 1998 an der Baracke
des Deutschen Theaters Berlin
(Regie: Thomas Ostermeier).

Personen

MARK

LULU

ROBBIE

GARY

BRIAN

Schrägstriche (/) im gesprochenen Text markieren die Stelle, an der sich Dialoge überlappen.

Anmerkung des Übersetzers: Für die Zitate aus Tschechows *Drei Schwestern* auf den Seiten 11–13 und 91 wurde die Übersetzung von Ulrike Zemme verwendet, für die Zitate aus *Romeo und Julia* auf Seite 54 die Übersetzung von August Wilhelm von Schlegel.

Erste Szene

Eine Wohnung – früher einmal ziemlich durchgestylt, jetzt fast völlig leergeräumt.
Lulu und Robbie wollen, daß Mark mitgebrachtes Fastfood ißt.

LULU Jetzt komm. Probier doch wenigstens.

Pause.

Komm schon. Du mußt was essen.

Pause.

Komm, bitte. Es ist total lecker. Oder nicht?
ROBBIE Doch, doch.
LULU Jeder muß essen.
Hier.
Jetzt komm, komm.
Ein Haps für mich …
MARK *(übergibt sich)*
ROBBIE Scheiße. Scheiße.
LULU Warum muß das jedesm … ?
Schatz, könntest du bitte … wir müssen die Sauerei wegputzen.
Warum passiert das?
MARK Bitte.
LULU Das wird … komm schon … ist ja schon gut.
MARK Hört mal, bitte.
LULU Danke.
Siehst du? Schon fast weg. Fast … fast ganz … ganz weg.
ROBBIE Wieder gut? Okay?
LULU Ja, ja. Er ist wieder okay.

MARK Hört mal ... ihr beiden könnt jetzt ins Bett gehen.

LULU Und dich hier so liegenlassen?

MARK Ich möchte ein bißchen allein sein.

ROBBIE Kommt noch wer vorbei?

LULU Hast du Schulden?

MARK Nein. Es kommt keiner mehr. Also – geht jetzt ins Bett.

LULU Und was machst dann du?

MARK Bloß hier sitzen. Sitzen und nachdenken. Ich hab bloß noch Brei im Kopf. Seht mich doch an. Ich bin im Arsch.

ROBBIE Das wird schon wieder.

MARK Ich bin so müde.

Alles gerät außer Kontrolle. Meine ... Eingeweide. Mein Kopf.

ROBBIE Wir sind doch gut drauf, oder?

MARK Klar, sind wir. Sag ich ja nicht.

ROBBIE Gut drauf. Wir drei. Parties. In Taxis fallen, aus Taxis wieder rausfallen. Bett.

MARK Das ist Jahre her. Das war früher.

LULU Und du hast gesagt: Ich liebe euch beide, und ich werde mich um euch kümmern bis in alle Ewigkeit.

MARK Hört mal, ich ...

LULU Erzähl uns die Geschichte vom Shoppen.

MARK Bitte, ich möchte ...

ROBBIE Ja, los. Du kennst doch die Geschichte vom Shoppen noch.

Pause.

MARK Na gut.

Ich beobachte euch beim Shoppen.

LULU Nein. Du mußt von vorne anfangen.

MARK Das ist vorne.

ROBBIE Nein, ist es nicht. Es fängt mit «Sommer» an.

MARK Okay. Gut.

Es ist Sommer. Ich bin in einem Supermarkt. Es ist heiß, und ich bin durchgeschwitzt. Verklebt. Und ich beobachte dieses Pärchen beim Shoppen. Ich beobachte euch. Und ihr zwei lächelt. Ihr seht mich, und irgendwie wißt ihr sofort, daß ihr mir gehören werdet. Ihr wißt, daß ihr keine Wahl habt. Keine Kontrolle.

Jetzt kommt dieser Typ zu mir rüber. Ein echter Fettsack. Fett und Haare und Lycra, und er sagt:

«Siehst du das Pärchen am Joghurtregal?

Tja», sagt der fette Typ, «sie sind meine, alle beide. Sie gehören mir. Sie gehören mir, aber ich will sie nicht mehr – weil, weißt du was? Sie sind Dreck. Dreck, und ich hasse sie. Willst du sie kaufen?»

«Wieviel?»

«Haufen Dreck wie die da. Sagen wir … zwanzig. Ja, für zwanzig kannst du sie haben.»

Also schlag ich ein. Ich schieb das Geld rüber. Und hol mir euch. Ich muß nichts sagen, weil ihr schon Bescheid wißt. Ihr habt das Geschäft gesehen.

Und ich nehm euch mit und bring euch zu mir nach Hause. Und ihr seht das Haus, und als ihr das Haus seht, kennt ihr es. Versteht ihr? Ihr kennt diesen Ort.

Und da gab es schon immer ein Zimmer für euch, und ich bring euch in dieses Zimmer. Und es gibt was zu essen. Und es ist warm. Und so leben wir glücklich, fett und zufrieden bis ans Ende unserer Tage.

Pause.

Hört mal. Ich wollte das eigentlich nicht sagen. Aber ich muß. Ich gehe.

LULU H *[sprich: Äitsch]*. Liebt das H.

MARK Nein, nicht mehr.

ROBBIE Liebt das H mehr, als er uns liebt.

MARK Also. Hört mal. Das ist nicht fair. Ich hasse H.

LULU Kaufst es dir aber immer noch, das H, oder?

MARK Nein. Ich bin runter davon. Zehn Tage ohne H. Und ich geh weg.

ROBBIE Von uns?

MARK Ja. Heute abend.

LULU Wo gehst du denn hin?

MARK Ich will mein Leben geregelt kriegen. Ich brauche Hilfe. Jemand muß mir mein Leben regeln.

ROBBIE Mach das nicht. Das hast du nicht nötig. Wir helfen dir doch.

LULU Wir regeln dein Leben.

MARK Das reicht nicht. Ich brauche mehr als euch.

ROBBIE Du gehst? Und verläßt uns?

MARK Ich such mir Hilfe.

ROBBIE Haben wir's etwa nicht versucht? Haben wir wohl! Was glaubst du, was wir gemacht haben? Die ganze Zeit. Dir hinterhergeräumt … wenn du, du …

LULU Wo?

MARK So eine Einrichtung.

LULU Sag doch.

MARK Ein Zentrum. Behandlungszentrum.

LULU Kommst du wieder?

MARK Sicher.

ROBBIE Wann?

MARK Na ja, das hängt alles davon ab, wie gut ich anspreche. Auf die Behandlung. In ein paar Monaten.

ROBBIE Wo ist das? Wir kommen mal vorbei.

MARK Nein.

ROBBIE Wir besuchen dich.

MARK Ich darf euch nicht sehen.

ROBBIE Ich dachte, du liebst mich. Du liebst mich gar nicht.

MARK Sag das nicht. Es ist albern, so was zu sagen.

LULU He. He, paß mal auf. Wenn du gehen willst, dann geh doch.

ROBBIE Du liebst mich gar nicht.

LULU Da siehst du, was du angerichtet hast. Was du ihm angetan hast. Worauf wartest du noch? Ein Taxi? Soll ich dir vielleicht ein Taxi rufen? Oder hast du vielleicht gar kein Geld für ein Taxi? Willst du mich vielleicht auch noch anpumpen? Oder willst du dir das Geld einfach nehmen? Du hast ja alles verkauft. Bloß noch geklaut.

MARK Ja. So geht es nicht weiter. Deshalb geh ich ja weg.

LULU Ja. Mach das mal ruhig. Nein. Uns wird's nämlich toll gehen. Wir werden prima klarkommen. Und vielleicht solltest du gleich ganz wegbleiben. Wir wollen dich gar nicht zurück.

MARK Werden wir ja sehen.

LULU Wir gehören dir nicht. Wir existieren. Wir sind Menschen. Wir können für uns selber sorgen. Geh schon. Verpiß dich einfach. Geh. *Geh.*

MARK Auf Wiedersehen.

Mark ab.

ROBBIE Du mußt ihn aufhalten. Du mußt ihm sagen, daß er dableiben soll. Daß ich ihn liebe.

LULU Jetzt ist er weg. Ach, laß. Weg isser.
Wir kommen schon klar. Wir brauchen ihn nicht. Wir kriegen das hin.

Zweite Szene

Vorstellungsgespräch.
Brian und Lulu sitzen einander gegenüber. Brian zeigt Lulu einen Plastikteller mit einem Bild darauf.

BRIAN Und dann kommt dieser eine Moment. Dieser wirklich tolle Moment. Sehr wahrscheinlich der beste Moment überhaupt. Weil, siehst du, in Wirklichkeit ist sein Vater tot. Ja? Der Vater ist zertrampelt worden – da fühlst du, wie der Kummer dich übermannt – zertrampelt von einer wilden Herde riesiger Rinder. Eben ist er noch Herr von allem, was er überblickt. Und dann … ein Hauch, ein Windstoß, das Trampeln einer Heerschar von Hufen, und weg ist er. Bloß, daß es kein Unfall war. Das hatte jemand geplant. Verstehst du?

LULU Ja. Ich verstehe.

BRIAN Irgendwelche Fragen. Irgendwelche Unklarheiten. Sofort sagen.

LULU Natürlich.

BRIAN Ich will nämlich, daß du alles verstehst.

LULU Völlig klar.

BRIAN Also dann machen wir … da ist …

LULU Zertrampelt von einer wilden Herde riesiger Rinder.

BRIAN Zertrampelt von einer wilden Herde riesiger Rinder. Ja.

LULU Bloß, daß es kein Unfall war.

BRIAN Sehr gut. Ausgezeichnet. Ganz genau. Es war kein Unfall. Es hat vielleicht wie ein Unfall ausgesehen, aber. Nein. Der Onkel hatte alles eingefädelt. Weil –

LULU Weil er schon die ganze Zeit selber König sein wollte.

BRIAN Ich dachte, du hast ihn nicht gesehen?

LULU Hab ich auch nicht.

Instinkt. Ich hab gute Instinkte. Das gehört zu meinen Qualitäten. Bei mir läuft alles instinktiv.

BRIAN Tatsächlich?

Brian schreibt «instinktiv» auf einen Notizblock.

Gut. Instinktiv. Könnte helfen.

LULU Obwohl ich natürlich auch meine Vernunft benutzen kann. Wenn nötig.

BRIAN Du würdest also sagen, daß du Ordnung schätzt?

LULU Ordnung. Oh ja. Total. Alles muß seine Ordnung haben.

Brian schreibt «schätzt Ordnung».

BRIAN Gut. Also, der Vater ist tot. Ermordet. Es war der Onkel. Und der Sohn ist jetzt groß. Und weißt du – er sieht aus wie der Vater. Genau wie er. Und diese Art Affending kommt zu ihm. Und der Affe sagt: «Es ist Zeit, mit deinem toten Vater zu sprechen.» Also geht er zum Strom, und er schaut hinein und sieht –

LULU /Sein eigenes Spiegelbild.

BRIAN sein eigenes Spiegelbild. Du hast den nie gesehen?

LULU Nie.

BRIAN Aber dann ... kräuselt sich das Wasser und wird trübe. Bis er ein Gespenst sieht. Ein Gespenst oder eine Erinnerung, die zu ihm aufblickt. Seinen ...

Pause.

Entschuldigung. Es packt dich genau hier. Es schnürt dir die Kehle zu.

Und ... er sieht ... seinen ... Vater.

Mein Jüngster. An der Stelle drehe ich mich zu ihm um, und er hat solche Tränen in den Augen. Er fühlt dasselbe wie ich.

Denn jetzt spricht der Vater. Und er sagt: «Die Zeit ist gekommen. Es ist Zeit für dich, deinen Platz im Kreis des Lebens einzunehmen (oder so was in der Art). Du bist mein Sohn und der einzig rechtmäßige König.»

Und ihm ist klar, was er jetzt tun muß. Er weiß, wen er töten muß. Und das ist dann die Szene. Das ist unsere Lieblingsstelle.

LULU Kann ich nachvollziehen. Ja.

BRIAN Glaubst du, daß du irgendwie deinem Vater ähnelst?

LULU Nein. Eigentlich nicht. Nicht sehr.

BRIAN Deiner Mutter?

LULU Vielleicht. Manchmal. Ja.

BRIAN Aber du weißt, wer deine Eltern sind?

LULU Natürlich. Wir feiern noch immer … wissen Sie. Weihnachten. Wir sehen uns zu Weihnachten. Meistens.

Brian schreibt «feiert Weihnachten».

BRIAN So viele Menschen sind heutzutage orientierungslos. Etwa nicht?

LULU Ich glaube, das stimmt. Ja.

BRIAN Und ein paar von ihnen kommen hierher. Sie wenden sich an mich. Du hast dich an mich gewandt.
Oder etwa nicht?

LULU Ja. Ich wende mich an Sie.

BRIAN *(reicht ihr den Teller)* Hier. Halt mal. Halt ihn einfach neben dir hoch. Mal sehen, ob du richtig aussiehst. Lächle. Sieh interessiert aus. Weil, das hier ist etwas ganz Besonderes. Der würde einem gleich ans Herz wachsen. Kannst du mich mal so angucken?

Lulu versucht, den richtigen Blick aufzusetzen.

Das ist gut. Sehr gut. Unsere Zuschauer müssen glauben, daß wir ihnen etwas Besonderes zeigen. Sie zahlen die entsprechende Summe – schon wird das Leben leichter, reicher, erfüllter. Und du mußt das auch glauben. Glaubst du, du kannst das?

Lulu versucht wieder, richtig auszusehen.

Gut. Das ist sehr gut. Wir kriegen nicht viele mit so viel Klasse.

LULU Wirklich?

BRIAN Nein. Das ist wirklich sehr … eigen.

LULU Tja. Vielen Dank. Danke.

BRIAN Und jetzt: «Nur noch wenige Restexemplare. Also rufen Sie sofort an.»

LULU Nur noch wenige Restexemplare. Also rufen Sie sofort an.

BRIAN Ausgezeichnet. Ein Naturtalent. Ein Profi. Ausgezeichnet.

LULU Ich hab das gelernt.

BRIAN Also bist du …

LULU Ich bin ausgebildete Schauspielerin.

Brian schreibt «ausgebildete Schauspielerin».

BRIAN Ich kenne dein Gesicht gar nicht.

LULU Nein? Na ja, wahrscheinlich nicht.

BRIAN Zeig mir mal was.

LULU Sie meinen, ich soll …?

BRIAN Ich will dich mal was spielen sehen.

LULU Das konnte ich nicht ahnen. Ich bin nicht vorbereitet.

BRIAN Jetzt komm. Du bist Schauspielerin. Du mußt doch irgendwas spielen können. Eine Schauspielerin – wenn die einem nichts vorspielen kann, wenn man sie darum bittet, was ist sie dann? Sie ist gar nichts.

LULU Na gut.

Lulu steht auf.

Das hier habe ich eigentlich noch nie gespielt. Vor Leuten.

BRIAN Macht nichts. Einmal ist immer das erste Mal.

LULU Eines Tages werden alle wissen, warum das so ist, wofür wir leiden …

BRIAN Zieh deine Jacke aus.

LULU Wie bitte?

BRIAN Ich hab gesagt, zieh deine Jacke aus. Kannst doch nicht mit der Jacke an spielen.

LULU Eigentlich finde ich, sie hilft.

BRIAN Wem, wie?

LULU Der Figur.

BRIAN Gut. Aber mir hilft sie nicht. Ich soll hier deine Fähigkeiten beurteilen, und du stehst da und spielst mit der Jacke an.

LULU Ich möchte sie lieber anbehalten.

BRIAN *(steht auf)* Schon gut. Ich rufe das Mädchen. Vielleicht findest du den Weg ja auch selbst.

LULU Nein.

BRIAN Was soll das heißen – nein?

LULU Ich meine ... bitte, ich möchte diesen Job gerne haben. Ich möchte für diesen Job in Betracht kommen.

BRIAN Dann laß uns weitermachen. Ohne die Jacke. Ja?

Lulu zieht ihre Jacke aus. Zwei Tiefkühl-Fertiggerichte fallen zu Boden.

Jetzt sieh dir das an.

Beide wollen die Pakete aufheben. Brian erwischt sie als erster.

Exotisch.

LULU Seit kurzem fahren wir richtig drauf ab. Wir leben davon. Unser Abendbrot.

BRIAN Hast du die bezahlt?

LULU Ja.

BRIAN In die Jacke gestopft. Hast du sie bezahlt?

LULU Ja.

BRIAN Sieh mir in die Augen. Hast. Du. Bezahlt?

LULU Nein.

BRIAN Heiße Ware.

LULU Wir müssen etwas essen. Wir müssen uns durchschlagen. Ich mach das nicht aus Spaß. Ich bin keine Ladendiebin. Von Natur aus. Vom Instinkt her möchte ich wirklich arbeiten. Ich brauche einen Job. Bitte.

BRIAN Vom Instinkt her bist du Schauspielerin, aber Diebstahl ist eine Notwendigkeit. Es sei denn, du kannst mich überzeugen, daß ich dich brauche. Also gut. Mach weiter. Noch ein bißchen Theaterspielen. Ohne Hemd.

LULU Ohne ...?

BRIAN Mach weiter, aber ohne die ... (wie heißt das ...) Bluse.

Lulu zieht ihre Bluse aus.

LULU Eines Tages werden alle wissen, warum das so ist, wofür wir leiden, dann gibt es kein Geheimnis mehr, aber bis dahin müssen wir leben ... wir müssen arbeiten, nur arbeiten! Morgen fahre ich allein fort ...

BRIAN *(unterdrückt ein Schluchzen)* Oh Gott.

LULU Entschuldigung. Soll ich aufhören?

BRIAN Mach weiter. Bitte.

LULU Morgen fahre ich allein fort, ich werde unterrichten, und mein Leben wird denen gehören, die es vielleicht brauchen. Jetzt ist Herbst, bald kommt der Winter, der Schnee wird alles zudecken, und ich werde arbeiten, ich werde arbeiten ...
Das war alles.

Lulu zieht Hemd und Jacke an.

BRIAN *(wischt sich eine Träne aus dem Auge)* Perfekt. Brillant. Hast du dir das ausgedacht?

LULU Nein. Gelernt. Aus einem Buch.

BRIAN Brillant. Also, glaubst du, daß du verkaufen kannst?

LULU Ich weiß, daß ich verkaufen kann.

BRIAN Weil du Schauspielerin bist?

LULU Das hilft.

BRIAN Du wirkst sehr selbstbewußt.

LULU Bin ich auch.

BRIAN Na dann. Ein Versuch. So etwas wie eine Prüfung. Ich werde dir was zum Verkaufen geben, dann sehen wir, wie gut du bist. Soweit alles klar?

LULU Völlig.

BRIAN Dir ist bewußt, daß ich dir etwas *anvertraue*?

LULU Ist mir bewußt.

BRIAN Ich vertraue dir an, diese wichtige Prüfung zu bestehen.

LULU Ich werde Sie nicht enttäuschen.

BRIAN Gut.

Brian holt seine Brieftasche hervor und öffnet sie.

Dritte Szene

Wohnung
Robbie sitzt. Er trägt die Uniform einer großen Hamburger-Kette. Lulu steht über ihm.

ROBBIE Und ich hab gesagt: «Mit Käse, Sir?»
Und er guckt mich mit leeren Augen an. Starrt mir so ins Gesicht. Und man spürt seine ... Angst.
Ich versuch's noch mal. «Möchten Sie Ihren Burger mit Käse, Sir?»
Das gibt ihm den Rest. Seine Unterlippe fängt an zu zittern. Die Augen werden feucht.

LULU Also hast du's ihm gesagt. Und sie haben dich gefeuert?

ROBBIE Irgendwer mußte es tun. Wenn du's gewesen wärst, hättest du ...

Ich denk mir also, daß ich's ihm wohl erklären muß. Und ich sag: «Jetzt gucken Sie mal, hier dürfen Sie frei entscheiden. Endlich können Sie mal was entscheiden, also Scheiße, machen Sie das Beste draus.»

LULU Und dann haben sie dich / gefeuert?

ROBBIE Und dann. Dann. Nimmt er diese Gabel. Greift er sich diese Gabel. Und er springt über den Tresen. Und geht auf mich los.

LULU Mit der Gabel?

ROBBIE Geht er mit der Gabel auf mich los. Reißt mich um und sticht auf mich ein.

LULU Er hat auf dich eingestochen?

Kurze Pause.

ROBBIE Ist nicht so schlimm.

LULU Du bist verletzt. Warum hast du mir das nicht gesagt?

ROBBIE Ach. Ist nicht so schlimm.

LULU Wo ist denn die Wunde?

ROBBIE Sie ist kaputtgebrochen. Bevor was passiert ist.

LULU ?

ROBBIE Die Gabel. War aus Plastik. Sie ist kaputtgebrochen, bevor was passiert ist.

Pause.

LULU Und. Wo kommt jetzt das Geld her?
Wer soll das alles hier bezahlen?

ROBBIE Dir wird schon was einfallen.

LULU Mir?

ROBBIE Ja. Du kriegst das schon geregelt.
Hast du ihn?

LULU Hab ich …?

ROBBIE Den Job? Beim Fernsehen?
LULU Also. Ja. Aber erst mal …
ROBBIE Super. / Das ist super.
LULU Sie haben mir eine Art Zeitarbeits-Job angeboten.
ROBBIE Ja? Was für einen?

Lulu zeigt ihm dreihundert Ecstasy-Pillen in einem durchsichtigen Plastikbeutel.

Die verkaufst du?
LULU Die verkaufen wir. Du kannst dich nützlich machen. Müßten dreihundert sein. Zähl nach.

Lulu ab. Robbie fängt an, die Pillen zu zählen. Mark tritt auf und sieht Robbie zu, ohne selbst gesehen zu werden, bis –

MARK Dealst du?
ROBBIE Scheiße. Du hast mich echt –
Wie lange bist du schon –?
MARK Seit gerade eben. Dealst du?
ROBBIE Das geht dich …

Pause.

Also. Sie haben dich rausgelassen.
MARK So in der Art.

Pause.

ROBBIE Dachte, du hättest was von Monaten gesagt. Hast du mich vermißt?
MARK Ich hab euch beide vermißt.
ROBBIE Ich hab dich vermißt. Na ja, 'scheinlich … hab ich irgendwie gehofft, daß du mich vermißt.

MARK Ja. Klar.

Robbie geht zu Mark. Sie küssen sich.
Robbie will Mark noch einmal küssen.

Nein.

ROBBIE Nein?

MARK Tut mir leid.

ROBBIE Nein. Ist okay.

MARK Nein, tut mir leid. Echt. Weil ich mir wirklich vorgenommen hatte, das nicht zu machen. Ich wollte nicht, daß das passiert, weißt du? Daß ich mich so schnell einlasse auf … Intimität.

ROBBIE Okay.

MARK Einfach was, woran ich arbeite.

ROBBIE Arbeite?

MARK Ja. Was ich geregelt kriegen muß. Hier oben.
Wir haben viel über Abhängigkeit gesprochen. Sachen, von denen man abhängig wird.

ROBBIE Stoff.

MARK Stoff, logisch. Aber auch Menschen. Man wird von Menschen abhängig. So was wie … emotionale Abhängigkeit. Macht genauso süchtig, okay?

ROBBIE *(Pause)* Tja – das war's dann wohl, was?

MARK Nein.

ROBBIE Du bist fertig mit mir.

MARK Nein.

ROBBIE «Und tschüß».

MARK Das hab ich nicht gesagt. Nein. Kein «und tschüß».

ROBBIE Dann … küß mich.

MARK Guck mal … *(wendet sich ab)*

ROBBIE Verpiß dich.

MARK Nur bis ich damit durch bin.

Pause.

ROBBIE Hast du gedrückt?

MARK Nein.

ROBBIE Logisch. Du hast gedrückt, und sie haben dich rausgeschmissen.

MARK Nichts da. Ich bin clean.

ROBBIE Also ...?

Pause.

MARK Weißt du, sie haben da so Regeln. Die mußt du unterschreiben – du unterwirfst dich diesen Regeln. Und ich hab gegen eine verstoßen. Okay?

ROBBIE Welche?

MARK Ach, halb so wild.

ROBBIE Komm schon.

MARK Ich hab's ihnen erklärt. Daß es ganz anders war. Ich hab mich verteidigt / aber

ROBBIE *Sag es mir.*

Pause.

MARK Keine persönlichen Beziehungen.

ROBBIE Scheiße.

MARK Du sollst keine – Bindungen eingehen.

ROBBIE Schon kapiert.

MARK Hab ich auch nicht gemacht.

ROBBIE Also deshalb / willst du mich nicht küssen.

MARK Es war keine Bindung.

ROBBIE *(Pause)* Sei doch einfach mal ehrlich. / Wir haben abgemacht, daß wir immer ehrlich zueinander sind.

MARK So was war es nicht. Ich hab ihnen gesagt: «Eine persönliche Beziehung kann man das nicht nennen.»

ROBBIE Was war es dann?

MARK Mehr ein … Geschäft. Ich hab ihn bezahlt. Ich hab ihm Geld gegeben. Und wenn man bezahlt, kann man das keine persönliche Beziehung nennen, oder? / Wie würdest du so was nennen?

ROBBIE Du willst mich nicht küssen. Du hast einen anderen gefickt, / aber mich willst du nicht küssen.

MARK Das würde etwas bedeuten.

ROBBIE Wer war es?

MARK Irgendwer.

ROBBIE Sag mir, wer.

MARK Er hieß Wayne.

ROBBIE Ach Gottchen.

MARK Es war nur – weißt du – in der Dusche. Dusche, und ich – hab seinen Hintern gesehen. Hab das Loch gesehen, weißt du. Und ich wollte einfach gerne – ich wollte … es lecken.

ROBBIE *(Pause)* Das war alles?

MARK Es war ein Geschäft. Ich hab ihn bezahlt. Wir haben es nur im Bad gemacht. Es hat nichts bedeutet.

ROBBIE Nichts für länger?

MARK Das war alles.

ROBBIE Bloß Lecken, wisch und weg.

MARK Es war keine persönliche Beziehung.

ROBBIE *(läßt die Hose runter)* Na, wenn du mich nicht auf den Mund küssen kannst.

MARK Nein. Mit dir – ist das … eine Kiste.

ROBBIE Na, entschuldige bitte. Werde wohl einfach drüber wegkommen müssen.

Robbie zieht die Hose hoch. Pause.

MARK Es tut mir leid.

ROBBIE Es tut dir leid? Nein. Das ist nicht … «Tut mir leid» funktioniert nicht. «Tut mir leid» reicht echt nicht.

Pause.

MARK Du dealst?
ROBBIE Ist doch egal.
MARK Hab ich mir gedacht.
ROBBIE Weißt du, das Zeug hier ist das reine Glück. Ein kleines Stückchen Himmel. Und wenn ich davon ein bißchen unter die Leute bringe – vielleicht nicht gleich die ganz große Wagenladung voll Glück –

Pause. Robbie nimmt eine Pille zwischen Daumen und Zeigefinger.

MARK Das ist nicht echt.
ROBBIE Weißt du, wenn du, wenn dieser, dieser … Planet echt ist …

Robbie schluckt eine Pille. Pause.

Hab auf dich gewartet. Weißt du, wie das ist – warten? Sich auf diesen Tag freuen – wenn du … Und du – Ach, Scheiß drauf. Scheiß auf alles.

Robbie schluckt noch eine Pille.
Auftritt Lulu mit zwei Fertiggerichten aus der Mikrowelle auf einem Tablett.

LULU Ich … Sie haben dich rausgelassen. Ging ja schneller …
MARK Ja. Sie haben mich rausgelassen. Dachte, ich komm zurück. Mal nach euch sehen.

Pause.

LULU Das Essen reicht nur für zwei.

MARK Macht ja nichts.

LULU Die kann man so schwer teilen. Sie sind immer genau für einen gemacht.

MARK Na dann.

LULU Tja … hallo.

MARK Hallo.

LULU Wir stehen gerade richtig auf diese kleinen Schachteln mit allem drin. Eine für jeden.

ROBBIE Sie sieht toll aus, nicht?

Kommst bald ins Fernsehen, oder?

MARK Du hast einen Job?

LULU Sie … überlegen noch. Es ist bloß eine / kleine …

ROBBIE Bloß, sagt sie. Nur. Im Fernsehen!

MARK Super.

ROBBIE Siehst du, wir hängen nicht bloß rum! Oder?

LULU Ja.

ROBBIE Wir arbeiten. Sorgen für uns selber.

MARK Werd ich auch machen. Ja. Ich krieg mein Leben wieder geregelt, und dann geht's uns gut.

LULU Die lassen sich wirklich nicht gut teilen. Ganz schwierig.

MARK Ist schon okay. Ich geh mir was holen.

ROBBIE Bei Wayne?

MARK Nein. Draußen. Ich geh mir was zu essen holen. Shoppen.

ROBBIE Steh nicht – einfach da und sieh auf uns herab.

MARK Cheeseburger. Bißchen Schokolade vielleicht.

ROBBIE Ich möchte, daß du richtig zu uns gehörst.

MARK Ich hab dich verletzt. Weiß schon. Aber – bitte – ich möchte einfach … ich kann immer nur einen Schritt auf einmal, okay?

Mark ab.

ROBBIE Wichser. Wichser. / Wichser.

LULU Ich weiß, ich weiß.

ROBBIE / Ich hasse diesen Wichser.

LULU Ist ja gut. Jetzt komm. / Komm.

ROBBIE / Jetzt hasse ich ihn wirklich.

LULU Ja. Ja. Ja.

ROBBIE Ich will ihn leiden sehen.

Pause.

LULU Hast du sie gezählt?

ROBBIE Oh. Ja. Jajaja.

LULU Und, kam's hin? Genau dreihundert?

ROBBIE Ja. Dreihundert. Ganz genau.

Vierte Szene

Ein Einzimmerapartment.
Gary sitzt auf einem schäbigen Lehnsessel. Mark steht.

GARY Bald ist natürlich alles nur noch virtuell. Sagen sie jedenfalls überall.

MARK Wahrscheinlich haben sie recht.

GARY Ich glaub total dran. Mal sehen, ob ich wo investieren kann. Das Netz und das Web und all das. Schon mal durchgesurft?

MARK Nein. Nie.

GARY Noch ein paar Jahre, und wir treffen uns nicht mal mehr. Sind wie so Holographien. Jeder sieht aus, wie er will. Und dann wollen wir uns gar nicht mehr treffen, weil wir vielleicht nicht so aussehen wie unsere Holographien. Verstehst du?

Ich, ich denk viel über so was nach.
Also, ich hab dich zurückgerufen. Das mach ich nicht bei jedem.

MARK Danke.

GARY Warum wolltest du mich?

MARK Ich mochte deine Stimme.

GARY Es muß doch was Besonderes gegeben haben.

MARK Ich fand eben einfach, daß du eine nette Stimme hast.

GARY Für wie alt hast du mich gehalten – an der Strippe?

MARK Hab ich nicht drüber nachgedacht.

GARY Wie alt hättest du mich denn gern?

MARK Ist mir egal.

GARY Jeder fährt auf ein bestimmtes Alter ab.

MARK Ich hätte dich gerne so, wie du bist.

GARY Den kannte ich noch nicht.

MARK Ich mag's am liebsten ganz normal.

GARY Du bist der Boß. Fühl dich ganz wie zu Haus.
Willst du Pornos? Na ja, sind hauptsächlich mit Frauen und so, aber immerhin. *(Zeigt auf den Porno)* Die sieht hart aus, oder? Würdest du die bumsen?

MARK Nein. Keine Pornos.

GARY Oder wir könnten irgendwie … was nehmen, weißt du.

Gary holt Kokain aus der Tasche.

Ich geb dir was ab.

MARK Nein. Danke.

GARY Leg ich noch drauf. Kostet nichts extra.

MARK Ich möchte nichts.

GARY Top-Qualität. Der dreht mir keinen Müll an.

MARK Tu's weg.

GARY Ich will dich doch nicht vergiften.

MARK Tu das Scheißzeug weg.

GARY Schon gut, schon gut. Werd nicht gleich sauer.

Pause.

MARK Ich muß jetzt gehen.

GARY Du bist doch eben erst gekommen.

MARK Ich kann mich nicht mit Leuten abgeben, die Drogen nehmen.

GARY Schon gut. Guck mal. Ich pack's weg.

Gary steckt das Päckchen in seine Hosentasche.

Siehst du? Alles weg. Zufrieden?

MARK Es tut mir leid. Es tut mir wirklich leid, aber ich hab mich vermutlich von deinen Handlungen bedroht gefühlt. Und meine Angst hat zu einem ... Anfall geführt. Den ich jetzt bedaure. Es ist bloß einfach sehr wichtig für mich. Und ich möchte, daß du das respektierst.

GARY Bist du so ein militanter Jesusfreak?

MARK Wie bitte?

GARY Hatte ich auch schon mal. Wir sind mitten dabei, und er redet dauernd vom guten Hirten. Schlägt mich. Hab ich ihm ordentlich zurückgegeben.

MARK Nein. Ich bin kein Jesusfreak.

GARY Du hast einfach was gegen Drogies?

MARK Drogenmißbrauch war mal ein Teil meines Lebens.

GARY Du bist ein Drogie?

MARK Ich bin auf dem Weg der Besserung.

GARY Du bist kein Drogie?

MARK Ich war mal ein Drogie.

GARY Kapiert.

Also, worauf stehst du?

MARK Du meinst ...

GARY Sexmäßig.

MARK Sexmäßig stehe ich auf das Übliche, würde ich sagen.

GARY Also, du willst bloß normal?

MARK Ziemlich normal. Was jetzt gerade für mich wichtig ist, für meine Bedürfnisse, ist, daß es nicht wirklich etwas bedeutet, verstehst du? Deshalb wollte ich, daß es ein Geschäft ist. Weil ich dachte, wenn ich dafür zahle, bedeutet es nichts. Glaubst du, das stimmt – deiner Erfahrung nach?

GARY Schon möglich.

MARK Heute ist nämlich ein sehr wichtiger Tag für mich. Es tut mir leid, daß du mir zuhören mußt.

GARY Alle wollen, daß man ihnen zuhört.

MARK Ja. Also. Weißt du, heute beginnt für mich ein neues Leben. Ich war weg, damit es mir wieder besser geht, na ja, damit ich wenigstens meine Bedürfnisse besser kennenlerne, und jetzt fange ich ganz neu an, und wahrscheinlich wollte ich dich als Versuchskaninchen benutzen und herausfinden, ob ich mit dir einen Austausch schaffe, der sexuell ist, aber nicht persönlich, oder wenigstens nicht mit Bedürfnissen überfrachtet, okay?

Das entfernte Geräusch klimpernder Münzen.

GARY Von unten. Die Spielhalle. Hat gerade wer gewonnen. Du mußt wissen, an welchen Maschinen du spielst, sonst kriegst du bloß Plastikchips. Ich, ja, ich hab 'ne echte Glückssträhne. Tolles Geräusch, oder?
Klinkklinkklinkklink.

MARK Ich glaube, was ich möchte, was ich wirklich möchte, ist deinen Arsch lecken.

GARY Sonst nichts?

MARK Sonst nichts.

GARY In Ordnung. Dann können wir jetzt ja über Geld reden.

MARK Wieviel willst du?

GARY Hundert.

MARK Hundert Pfund? Nein, tut mir leid.

GARY Okay. Wenn du nur lecken willst, fünfzig.

MARK Hör mal, ich kann dir zwanzig geben.

GARY Zwanzig. Was glaubst du, was du für zwanzig kriegst?

MARK Mehr hab ich nicht.
Zehn brauch ich fürs Taxi.

GARY Du willst mich wohl verarschen, was?

MARK Okay, lauf ich eben. Dreißig.
Mehr hab ich nicht.

GARY Ich sollte dich rauswerfen, weißt du das? Warum verschwende ich meine Zeit mit Versagern wie dir? Sieh dich doch an. Ein Drogie mit dreißig Mäusen. Ich bin echt gefragt. Ich muß das hier nicht machen.
Da gibt es diesen Typ, ja, diesen reichen Typ, riesen Haus. Will, daß ich bei ihm einziehe. Also jetzt verrat mir mal: Warum soll ich dich meinen Arsch lecken lassen?

MARK Denk doch einfach an ihn. Du kannst ja daliegen und an ihn denken. Nur ein paar Minuten, okay? Dreißig Mäuse. Hol bloß meine Zunge raus, schlabber ein bißchen rum, und du kannst dabei an ihn denken.
Keine persönliche Sache. Ein Geschäft, okay?

Gary zieht Hose und Unterhose herunter. Mark leckt Gary den Arsch.

GARY Er ist groß. Brutal drauf, aber in echt ist er nett. Ruft mich an und sagt: «Ich mag den Klang deiner Stimme. Ich möchte mich um dich kümmern.»

Das Klimpern von Münzen.

Hör dir das an. Heute abend gewinnen sie alle.
Also werd ich wahrscheinlich bei ihm einziehen. Ja, wahrscheinlich gleich morgen.

Mark stutzt. Er hat Blut am Mund.

MARK Da ist Blut.

Pause.

Du blutest.

GARY Hab echt nicht gedacht, daß das noch passiert.
Hör mal. Ich dachte, es wär ausgeheilt, okay? Das sollte nicht passieren.
Ich bin nicht infiziert, okay?
Hat mir mal 'n Macker 'ne Flasche reingetan. Spül's aus.

Mark will sich das Geld nehmen.

He, laß das.
Du wolltest mir den Arsch lecken. Hast mir den Arsch geleckt, oder?

MARK Zehn laß ich dir da.

GARY Spül dir den Mund aus.
Dreißig waren abgemacht.

MARK Zwanzig. Ich brauch zehn fürs Taxi.

GARY Dreißig – he, ich brauch das Geld – bitte – ich hab unten Schulden – kann nicht von Plastikchips leben – gib mir die dreißig. Hast du versprochen.

MARK Nimm die dreißig.

Mark gibt Gary die dreißig Pfund.

GARY Bleib da. Spül's aus. Dann geht's dir schon besser. Das ist Champagner.

Gary ab. Mark setzt sich.

Fünfte Szene

Kneipe. Robbie gibt Lulu ein Glas.

ROBBIE Nach zehn Minuten dacht ich, ich hab den falschen Namen. Hab den Namen gecheckt. Und dann dacht ich: Vielleicht stimmt der Name, aber es ist der falsche Laden. Weil es zwei Kneipen mit demselben Namen geben könnte. Aber wahrscheinlich nicht in derselben Straße. Also hab ich das gecheckt. Gab's aber nicht. Denselben Namen in dieser Straße. Aber dann dacht ich, vielleicht gibt es noch Straßen mit demselben Straßennamen. Also hab ich nachgeguckt, mir den Plan von diesem Typen geborgt und nachge – hör mal. Merkst du das gar nicht? Da ist Blut.

LULU An mir?

ROBBIE An dir. Du hast Blut im Gesicht.

LULU Hab ich mir gedacht. Mach's weg.

ROBBIE Woher kommt das denn?

LULU Bitte, ich will's weghaben.

ROBBIE Ist das dein Blut?

LULU *(tatscht in ihrem Gesicht herum)* Wo ist es?

ROBBIE *(zeigt auf ihre Stirn)* Da noch – ja – das war's.

LULU Ist es ganz weg? Alles?

ROBBIE Ja. Ganz weg.
War das dein Blut?

LULU Nein. Muß ich einen Spritzer abgekriegt haben.

ROBBIE Wessen Blut war das?

LULU Was ist das bloß für ein Leben!

ROBBIE Ich wußte, daß was nicht stimmt.

LULU Ich meine, auf was für einem Planeten leben wir denn, wenn man sich nicht mal einen Schokoriegel kaufen kann?

ROBBIE Wahrscheinlich hab ich mir deshalb solche Sorgen gemacht.

LULU Und nachher hat man natürlich diese ganzen Schuldgefühle. Du hättest ja was tun können und so.

ROBBIE Sie haben dich überfallen?

LULU Nicht mich. Die Tankstelle.

Spazier ich so vorbei und denke: Ich hätte Lust auf 'n Schokoriegel. Also geh ich rein, aber ich kann mich für keinen entscheiden. Da liegen so viele. Zu viele. Machen die mit Absicht, glaub ich.

Ich krieg nur so am Rand mit – und also wirklich, warum sollte ich auch mehr davon mitkriegen –, daß sie sich am Ladentisch streiten. Ein Typ. So ein dreckiger, versiffter –

ROBBIE Penner?

LULU Wahrscheinlich. Macht der Pennertyp dieses Mädchen an, ganz jung –

ROBBIE Studentin?

LULU Ja. Studentin steht hinterm Ladentisch. Penner schreit Studentin immer lauter an.

Wir sind zu mehreren da drin. Ich – Schokolade. Anderer Typ – Fernsehzeitung. (Weil man inzwischen natürlich auch nicht mehr weiß, welche Scheiß-Fernsehzeitung man kaufen soll.)

Schreit der Penner: «Du hast mir zwanzig gegeben. Ich wollte 'n Zehnerpack, und du hast mir zwanzig gegeben.»

Und ich hab gar nichts gesehen. Keine Klinge oder so. Aber er muß wohl ihre Schlagader getroffen haben. Weil, da war überall Blut.

ROBBIE Scheiße.

LULU Und er sticht bloß noch auf sie ein, und ich und die Fernsehzeitung, wir gehen einfach da raus und weg. Verschiedene Richtungen.

Und ich muß immer denken: Warum haben wir das gemacht?

ROBBIE Ach. Passiert ist passiert.

LULU Ich hätte bleiben können.

Bin ich sauber?

ROBBIE Alles weg.

LULU Ich hätte dazwischengehen können. Ihn aufhalten. Es ist ganz weg?

ROBBIE Ja.

LULU Das war, als wenn's nicht wirklich passiert – genau da, wo du bist, und genau jetzt. Du bist hier. Und es ist da. Und du guckst einfach zu.
Ich geh wieder hin.

ROBBIE Wozu?

LULU Jemand muß einen Krankenwagen rufen. Vielleicht liegt sie da noch.

ROBBIE Nein. Da wird schon jemand gewesen sein.

LULU Vielleicht kann ich ihn beschreiben.

ROBBIE Hast du sein Gesicht gesehen?

LULU Nein. Nein, hab ich nicht.

ROBBIE Er ist ein Penner. Wie sollen sie da draußen einen Penner finden?

LULU Weiß ich auch nicht.

ROBBIE Schau, sie haben bestimmt ein Video. Da gibt es immer so eine Überwachungskamera. Sie werden sein Gesicht haben.

LULU Und ich hab noch immer. Weißt du, ich hab nämlich.

Lulu holt den Schokoriegel aus ihrer Tasche.

Ich hab den Schokoriegel mitgenommen. Sie wird abgestochen, und ich stecke den ein und denke bloß für einen Moment: Ich kann mir den nehmen, und keiner hält mich auf. Warum hab ich das getan? Was bin ich?

Pause.

ROBBIE Die werden das schon kennen. Nachts in so einem Laden arbeiten, was erwarten die?
Jetzt geh nach Hause.

LULU Ich kann nicht.

ROBBIE Du stehst unter Schock. Du mußt dich ausruhen.

LULU Wir müssen das machen.

ROBBIE Ich weiß.

LULU Können nicht länger damit warten.

ROBBIE Du bist einfach nicht fit. Du mußt schlafen.

LULU Ich will nicht schlafen. Ich will das durchziehen.

ROBBIE Ich mach's.

LULU Wir müssen das zusammen machen.

ROBBIE Glaubst du, ich kann das nicht händeln? Ich schaff das.

LULU Natürlich schaffst du's.

ROBBIE Ich will das machen.

LULU Ganz allein?

ROBBIE Ich kenn mich aus. Ich weiß, was ich sagen muß. Ich hab die Zettel. Mehr als Verkaufen ist es nicht. Ich kann verkaufen. Geh nach Hause. Geh ins Bett.

LULU Du hast recht. Ich bin müde.

ROBBIE Dann schlaf.

LULU Mich werden sie auch auf dem Video haben. Mit der Schokolade.

ROBBIE Die suchen ihn. Nicht dich.

LULU Wahrscheinlich.
Alles hier drin.

Lulu gibt Robbie einen zerfledderten Plastikbeutel.

ROBBIE Also dann.

LULU Es gibt nur eine Regel, hörst du? Heißt es jedenfalls. Wenn du dealst. Lautet Regel Nummer eins: Er, der da verkauft, soll es selber nicht nehmen.

ROBBIE Ja. Klingt korrekt, oder?

LULU Eben. Also laß die Finger …

ROBBIE Natürlich. Regel Nummer eins. Ich bin kein Kind mehr.

LULU *(gibt Robbie Flyer)* Die zeigst du ihnen am Eingang.

ROBBIE Ich liebe dich.

LULU Hast du schon lange nicht mehr gesagt. Warum kann nicht alles wie früher sein? Nur du und ich.
Findest du, daß ich toll aussehe?

ROBBIE Im richtigen Licht. Und beim richtigen Wetter.

LULU Und wenn du was genommen hast.

ROBBIE … Ich geh jetzt besser.

Robbie ab.
Lulu betrachtet einen Augenblick lang den Schokoriegel. Dann ißt sie ihn sehr schnell auf.

Sechste Szene

Einzimmerapartment.
Gary reicht Mark die Champagnerflasche.

GARY Schrecklich, was? Kleiner Junge mit blutendem Arsch.

MARK Tut mir leid. Ich muß einfach gehen.

GARY Arsch wie 'ne Wunde.

MARK Das ist es nicht.

GARY Dachte, es wäre ausgeheilt.

MARK Ja, ja. Klar.

GARY Kommt in mein Zimmer, nach den Zehn-Uhr-Nachrichten.

MARK Nein, nicht. Bitte.

GARY Immer nach den Zehn-Uhr-Nachrichten. Und dann geht's los mit «Mein Sohn». Ich hasse den Scheiß, weil, ich bin nicht sein Sohn. Hab versucht, mich gegen ihn zu wehren, aber ich glaube, das macht ihn an.

MARK Klar, klar, ich versteh schon.

GARY Ich hab angefangen zu bluten.

MARK Nein.

GARY Aber ich dachte ... jetzt ... wär ich damit durch.

MARK SCHEISSE, HALT DIE KLAPPE, OKAY? HALT DEINE VERDAMMTE KLAPPE.

GARY Hörst dich an wie er.

MARK Hör zu. Ich möchte, daß du das verstehst, weil. Ich bin so, verstehst du? Ein Teil von mir wird süchtig. Tendenziell definiere ich mich ausschließlich über meine Beziehungen zu anderen. Ich definiere mich nicht über mich selbst, verstehst du? Also klammer ich mich an andere, als Vermeidungsverhalten, um zu vermeiden, mich selbst kennenzulernen. Was wirklich sehr destruktiv ist. Für mich – destruktiv für mich. Ich weiß nicht, ob du mir folgen kannst, aber, verstehst du, wenn ich das nicht abstelle, wiederhole ich diese Muster. Klammer mich an Leute, an diese Gefühle, und dann bin ich wieder da, wo ich angefangen habe. Und deshalb muß ich jetzt gehen, auch wenn das nicht nett aussieht.
Kommst du klar?
Tut mir leid, aber –

Gary weint.

He. He. He.

Mark trifft eine Entscheidung. Er nimmt Gary in den Arm.

Komm. Nein. Komm. Bitte. Ist ja okay. Alles wird gut. Du mußt nichts sagen.

GARY Ich möchte einen Dad. Ich möchte, daß jemand auf mich aufpaßt. Die ganze Zeit, jemand, der auf mich aufpaßt. Verstehst du?

MARK Glaub schon.

GARY Möchten alle das?

MARK Äh ... ja.

GARY Was möchtest du?

MARK Ich weiß noch nicht.

GARY Du mußt doch irgendwas wollen. Irgendwas hat schließlich jeder.

MARK Jahrelang war alles, was ich gefühlt habe ... künstlich. Chemie. Ich meine, bei allem, was du fühlst, denkst du, vielleicht ist es einfach der ...

GARY Der Stoff.

MARK Ja. Der Stoff, der Kaffee, na ja, oder die Kippen.

GARY Die Mikrowellen.

MARK Der Elektrosmog.

GARY Der Rinderwahnsinn. Muuuuh.

MARK Genau. Ich meine, sind da noch irgendwelche Gefühle übrig, ja?

Die Münzen klimpern.

Ich möchte rausfinden, ich möchte wissen, ob noch irgendwelche Gefühle übrig sind.

GARY *(bietet zwei 5-Minuten-Terrinen an)* Rindfleisch oder Curryhuhn?

Siebte Szene

Unfallambulanz, Wartezimmer.
Robbie sitzt, blutend und mit blauen Flecken. Lulu hält eine Flasche Jodtinktur.

LULU Ich hab die Schwester gefragt. Sie hat gesagt, ich darf das. Wird ein bißchen brennen. Aber mit Blut. Das kann sich entzünden. Wundbrand oder so was.

Lulu tupft das Jod auf Robbies Gesicht.

Halt still. Du möchtest doch nicht als – irgendwie Einäugiger enden, hmmm?
Sieht übrigens gut aus.
ROBBIE Klar.
LULU Echt, steht dir. Siehst irgendwie – na ja ... hart aus, so.
ROBBIE Gut.
LULU Ich könnte echt auf dich abfahren. Es gibt Leute, denen stehen blaue Flecken oder Wunden überhaupt nicht.
ROBBIE Nein.
LULU Aber bei dir – paßt es. Gehört dazu.

Lulu schiebt die Hand in Robbies Hose und spielt mit seinem Schwanz.

Ist das gut?
ROBBIE Mmmm.
LULU Ja, so. Komm schon. Ja, so.
Erzähl mir von ihnen.
ROBBIE Von wem?
LULU Den Männern. Angreifern.
ROBBIE Ach, die.
LULU Den Angreifern. Räubern.
ROBBIE Na ja –
LULU Beschreib doch mal, was die überhaupt gemacht haben. Wie eine Geschichte.
ROBBIE Nein.
LULU Ich will's wissen.
ROBBIE War halb so wild.

LULU Ich will's mir nicht bloß vorstellen.

ROBBIE So war das nicht.

LULU Na, dann komm.

ROBBIE Hör mal.

LULU Wie war das?

Pause.

ROBBIE Es war nur einer.

LULU Hast du nicht Bande gesagt?

ROBBIE Nein.
Bloß dieser eine Typ.

LULU Ein Messer?

ROBBIE Nein.

LULU Oh.
Also. Er hat dich festgehalten?

ROBBIE Nein.

LULU Das Geld genommen.

ROBBIE Ich hatte kein – es gab kein Geld, okay? Ich habe nie was eingenommen.

LULU Du hast nichts / verkauft?

ROBBIE Nein.

LULU Also, du warst noch nicht mal angekommen, als dieser Mann. Dich mit seinem Messer

ROBBIE / Es gab kein Messer.

LULU überfällt und dir die Pillen abnimmt.

ROBBIE Nein. Ich bin dagewesen. Ich war mit den Pillen da.

LULU Also?

ROBBIE Also.

Pause.

LULU Sie ist weg. *(seine Erektion)*

ROBBIE Ja.

LULU Du wirst mir schlapp.

ROBBIE Ja.

LULU Was ist denn los?

Pause.

ROBBIE Ich war da. Ich war bereit. Ich war bereit zu dealen.

LULU Okay.

ROBBIE Da sind noch ein paar andere Dealer. Um die Tanzfläche rum. Ich such mir meinen Platz. Ich bin bereit.
Und dieser Typ kommt zu mir rüber. Sieht echt total schön aus. Und er sagt: «Verkaufst du?» – «Ja», sag ich. «Fünfzehn Mäuse das Stück.» Und wie er mich so anguckt, weiß ich, er steht auf mich, weißt du?
Und er greift in seine Tasche und – ach, Scheiße. So blöd.

LULU Es war das Messer, ja?

ROBBIE Es gab kein Messer.

LULU Knarre?

ROBBIE Er. Also. Er greift in seine Tasche und sagt: «Scheiße, ich hab mein Geld in der anderen Jeans. Oh Scheiße, wie soll ich jetzt noch lustig sein?»

LULU Okay. Ja.
Weiter.

ROBBIE Und er sah so ... Er tat mir leid, ja?
Aber dann sagt er: «Wie wär's damit? Wie wär's, wenn du mir die Pillen gibst? Du gibst mir die Pillen jetzt, und später, nachher, kannst du mit zu mir kommen, und wir holen das Geld aus meiner Jeans.»

LULU Okay, also wollte er dich weglocken. Dich zu sich nach Hause / locken.

ROBBIE Nein.

LULU Dich zu sich kriegen, damit er die Knarre rausholen kann / oder was auch immer

ROBBIE Nein.

LULU und dir die Pillen abnehmen.

ROBBIE Nein, ganz anders. So war's nicht.

LULU Nein?

ROBBIE Nein.

Also hab ich ja gesagt. Abgemacht. Und ich hab ihm die Pillen gegeben, und er nimmt sie, und ich seh ihm zu, und er tanzt, und er schwitzt und lächelt und sieht – na ja – schön aus und einfach ganz, ganz glücklich.

LULU Wie viele?

ROBBIE Was?

LULU Du hast die erste Regel gebrochen – oder? Oder?

ROBBIE Ja.

LULU Wie viele?

ROBBIE Ich war ganz auf mich gestellt da draußen.

LULU Wie viele?

ROBBIE Drei. Vier vielleicht.

LULU Scheiße. Ich hab's dir gesagt. Regel Nummer Eins.

ROBBIE Ich weiß.

Aber dann, paar Minuten später. Kommt ein Typ. Sah noch besser aus, ja, noch besser als der letzte Typ. Und er sagt: «Hör mal, du hast meinem Kumpel paar Pillen gegeben, und ich hab gedacht, ich krieg meinen Lohn erst Ende der Woche, kannst du mir nicht ein paar Pillen geben, und ich geb dir meine Telefonnummer.»

LULU Du hast doch nicht etwa?

ROBBIE Ja.

LULU Scheiße.

ROBBIE Und das war toll, ich hab mich super gefühlt, bloß weil ich was geben konnte, verstehst du?

LULU Nein, nein, tu ich nicht.

ROBBIE Aber stell dir das bloß mal vor. Stell dir vor, du bist da, stell dir vor, wie sich das anfühlt.

LULU Nein.

ROBBIE Und dann – ist es irgendwie ins Rollen gekommen. Es ist total abgehoben.

LULU Du Arsch. Dreihundert.

ROBBIE Bis da überall Typen sind, und sie fragen, und ich gebe, und alle tanzen und lächeln.

LULU Dreihundert Stück. / Blöder Arsch.

ROBBIE Hör doch, hör mir doch zu. / So war das für mich.

LULU Will ich gar nicht wissen. / Du hast dreihundert verschenkt.

ROBBIE / Es ist wichtig

LULU Nein. Blöder. Scheiß. / Wichser.

ROBBIE Hör einfach mal einen Augenblick zu, okay?

Hör zu, jetzt kommt das Entscheidende. Wenn du gefühlt hättest ... was ich gefühlt hab.

Ich sah herab auf unsern Planeten. Raumfahrer über der Erde. Und ich seh dieses Kind in Ruanda, das weint und nicht weiß, warum. Und diese Oma in Kiew, die alles verkauft, was sie hat. Und diesen Präsidenten in Bogotá oder ... Südamerika. Und ich sehe all das Leid. All die Kriege. Und das Raffen, Raffen, Raffen.

Und ich denke: Scheiß aufs Geld. Scheiß drauf. Dieses Verkaufen. Dieses Kaufen. Dieses System. Warum scheißen wir nicht auf diese beknackte Welt und ... sind schön. Schön. Und glücklich.

Verstehst du?

Verstehst du?

Aber jetzt paß auf, jetzt hab ich nur noch zwei über, und dieser Typ kommt rüber und sagt: «Bist du der Typ, der Pillen verschenkt?» Ich geb ihm die zwei, aber er sagt: «Was, zwei? Zwei. Scheiße, zwei nützen mir gar nichts. Du mußt doch noch mehr haben.» Und er fängt an zu schlagen, er fängt an, mich zu boxen.

LULU Scheiß verschissenes Arschloch. Scheiße.

Bettnässer. *(Schlag)* Scheißefresser. *(Schlag)*

Weißt du, Jungs werden erwachsen und hören auf, einander an den Schniedeln rumzuspielen. Die Zukunft gehört Männern und Frauen. Normalen Menschen, die netten, sauberen Sex haben, wenn sie wollen. Und Jungs? Jungs ficken einander bloß.

Es gibt so viel Leid in der Welt. Daß ich auch leiden muß, war echt nicht geplant. Aber es wird uns beide treffen. Und das ist nicht gerecht. Oder?

Du siehst total scheiße aus. Jetzt kriegst du wahrscheinlich *(kippt ihm die Flasche Jod in die Augen)* Wundbrand.

Lulu ab.

ROBBIE Schwester. Schwester.

Achte Szene

Einzimmerapartment.
Mark und Gary.

GARY Ich wußte, daß das nicht richtig ist. Ich bin aufs Amt gegangen.
Und ich sag ihr: «Hören Sie, ganz einfach: Er fickt mich. Kommt einmal, zweimal, dreimal die Woche in mein Zimmer. Er ist kräftig. Hält mich fest und fickt mich.»
Sagt sie: «Wie lange schon?» Sag ich: «Seit ungefähr zwei Jahren. Er ist eingezogen», sag ich, «und ein halbes Jahr später fing das an.» Erzähl ich ihr das, und sie sagt: «Benutzt er ein Kondom?»

MARK Echt?

GARY Echt. Ich meine: «Benutzt er ein Kondom?»
So wie das läuft, wird er kaum ein Kondom benutzen, oder? Bloß Spucke. Alles, was er nimmt, ist ein bißchen Spucke.

MARK Auf seinem –?

GARY Spucke auf seinem Schwanz.

MARK Natürlich.

GARY Und dann sagt / sie –

MARK / Und dich –

GARY Das nächste / was sie sagt –

MARK Macht er / dich –

GARY Ich erzähl ihr das, und / sie sagt –

MARK Macht er dich auch mit Spucke naß?

GARY Hör zu. Ich erzähl ihr, daß er mich fickt – ohne Kondom – und was sagt sie? Weißt du, was sie sagt?

MARK Nein. Nein, weiß ich nicht.

GARY «Ich glaube, es gibt da ein Merkblatt. Möchtest du ihm ein Merkblatt geben?»

MARK Scheiße.

GARY Echt. Ihm ein Merkblatt geben.

MARK Also –

GARY Nein, ich will kein Merkblatt. Wozu soll denn so ein verschissenes Merkblatt gut sein, bitte? Ein verschissenes Merkblatt kann er nicht mal lesen, weißt du.

MARK Ja.

GARY Und dann guckt sie mich an, ja … so richtig panisch, und sagt: «Was soll ich denn tun?»

MARK Und?

GARY «Was soll ich deiner Meinung nach tun?»

MARK Und was hast du gesagt –?

GARY «Also, ich weiß auch nicht. Spritzen Sie ihm was, sperren Sie ihn ein, schneiden Sie ihm was ab. Tun Sie was.» Und ich – ich bin so sauer, ja? So richtig riesig scheißsauer – es steht mir bis hier. Ich meine, ich hasse sie jetzt richtig, ja?

MARK Also, bist du / auf sie los?

GARY Ich ruf: «Scheiße. Scheiße.»

MARK Vielleicht mit einem Messer oder so?

GARY Ich brüll nur noch tierisch rum. SCHEISSE.

MARK Bist du auf / sie los?

GARY So. In diesem kleinen Kasten, diesem kleinen weißen Zimmerkasten, steh auf dem Tisch und rufe: «Das ist nicht so schwer, oder? Ganz einfache Sache. Er ist mein Stiefvater. Hören Sie, er ist mein Stiefvater, und er fickt mich.» Und ich marschier raus und setz mich in den Bus und komm hierher, und ich werd nie wieder zurückgehen. Such mir wen anders.
Weil es diesen Typ gibt. Der nach mir Ausschau hält. Der wird kommen und mich mitnehmen. Mich in dieses große Haus mitnehmen.

MARK Hör mal, dieser Mensch, nach dem du suchst –

GARY Mmm?

MARK Also, das bin ich nicht.

GARY Natürlich nicht.

MARK Nein.

GARY Scheiße, du hast doch nicht etwa gedacht ... Nein. Das sollst doch nicht du sein. War nie geplant.

MARK Gut.

GARY Du und ich, wir suchen ganz verschiedene Sachen, stimmt's?

MARK Stimmt.

GARY Kumpel?

MARK Kumpel.

GARY Also – Kumpel – willst du hierbleiben?

MARK Ich weiß nicht.

GARY Bleib, wenn du willst. Auf dem Fußboden ist Platz. Wartet jemand auf dich?

MARK Nicht so richtig.

GARY Bleib ruhig hier, so lange du willst.

MARK Danke.

GARY Kannst dich nützlich machen, wenn du schon mal da bist. Bißchen helfen. Nachrichten aufschreiben, aufräumen. Die Psychofälle aussortieren.
Ich sag dir was, wenn du lange genug bleibst, können wir ...

Gary zieht eine Reisetasche hinter dem Sessel hervor.
Er öffnet ihren Reißverschluß. Die Tasche ist voller Fünfzig-Pence-Münzen. Er nimmt ein paar Handvoll und läßt sie durch die Finger gleiten.

Siehst du? Ich bin der totale Gewinner. Jedesmal. Und ich laß mich nicht mit Plastikchips abspeisen. Was ich haben will, kann ich auch bezahlen.
Bleib hier, dann können wir beide Shoppen gehen, okay?

MARK Ich weiß nicht.
GARY Ist doch bloß Shoppen.
MARK Also gut. Ja. Gehn wir Shoppen.
GARY Hör dir das an. Das tollste Geräusch der Welt.

Sie hören beide zu, wie die Münzen durch Garys Finger klimpern.

Neunte Szene

Wohnung.
Brian, Lulu und Robbie. Brian legt ein Video ein.

BRIAN Guckt euch das an. Das müßt ihr sehen.

Sie sehen sich eine Aufnahme von einem Schuljungen an, der Cello spielt. Eine Zeitlang schweigen alle. Dann weint Brian.

Tschuldigung. Tschuldigung.
LULU Möchten Sie ein – etwas zum Abwischen?
BRIAN Wie dumm. Ich, ein erwachsener Mann.
LULU Ein Taschentuch vielleicht?
BRIAN Nein. Nein.

Er reißt sich zusammen. Für eine Weile sehen sie wieder zu, aber dann fängt er erneut an zu weinen.

Ach Gott. Ich bin so – es tut mir wirklich leid.

LULU Nein, nein.

BRIAN Nur weil es so schön ist, versteht ihr? Weil es so schön ist.

LULU Logisch.

BRIAN Wie eine Erinnerung, wißt ihr, eine Erinnerung an alles, was wir verloren haben.

Pause.

LULU Wollen Sie ganz bestimmt kein –?

BRIAN Na ja –

LULU Macht gar keine Umstände.

BRIAN Ach, dann.

LULU *(zu Robbie)* Wärst du so lieb –?

ROBBIE Klar.

Robbie ab. Das Video läuft weiter. Robbie tritt mit einer Rolle Klopapier wieder auf und bringt sie Brian.

BRIAN Was ist das?

ROBBIE Das ist für – wissen Sie, zum Abwischen –

BRIAN Ich hab dich gefragt, was das ist.

ROBBIE Na ja.

BRIAN Also sag mir, was das ist. Was hältst du da in der Hand?

ROBBIE Na ja –

LULU Schatz.

BRIAN Ja?

ROBBIE Klopapier.

BRIAN Klopapier, genau. Klopapier. Und das gehört aufs –

ROBBIE Klo.

BRIAN Genau.

LULU Schatz, du solltest doch nicht … das –

BRIAN Und wir benutzen es zum –?

ROBBIE Na ja, Arsch abwischen.

BRIAN Genau. Zum Arsch abwischen. Während ich – was ist das? *(Wischt sich die Augen)*

LULU Du solltest doch kein Klopapier bringen.

ROBBIE Das sind – Tränen oder so.

BRIAN Es ist eine Träne. Ein kleiner Tropfen puren Gefühls. Und der erfordert ein –?

ROBBIE Na ja, Tempo.

BRIAN Taschentuch.

ROBBIE Taschentuch.

LULU Natürlich habe ich auch ein Taschentuch gemeint.

ROBBIE Ja.

LULU Also könntest du bitte ein – ?

BRIAN Das stört wirklich, wißt ihr das?

LULU Tschuldigung.

BRIAN Das ist doch kein – wir sind doch nicht im Supermarkt oder, oder in der Disco. Bei solcher Musik muß man zuhören.

LULU Ja.

Alle konzentrieren sich wieder auf das Video. Nach einer Weile beginnt Brian noch heftiger zu weinen.

BRIAN Oh Gott. Oh Gott. Gott.

LULU Er ist sehr gut.

BRIAN Es fühlt sich an wie – wie etwas, daß du mal gekannt hast. Etwas so Schönes, daß du es verloren hast, aber du hast den Verlust ganz vergessen. Und dann hörst du das.

LULU Sie sind bestimmt sehr stolz.

BRIAN Hörst das und weißt, was du verloren ha-ha-ha-sst.

Brian schluchzt haltlos.

LULU Hör mal, ich glaube, ich hab eins.

ROBBIE Ein Taschentuch?

LULU Ja. Ein Taschentuch. Im Schlafzimmer.

ROBBIE Soll ich es holen?

LULU Äh – ja. Ja, ich glaube, das solltest du.

Robbie ab.

BRIAN Denn früher lebten wir im Paradies, verstehst du? Und du konntest hören, wie die himmlischen Heerscharen sangen, ja? Himmlische Musik klang in deinen Ohren. Aber wir haben gesündigt, sind hingegangen und haben gesündigt, verstehst du, und der Herr hat sie uns genommen, hat uns die Musik genommen, bis wir vergaßen, daß wir sie je gehört hatten. Aber manchmal kriegen wir noch ein Fitzelchen davon zu fassen – in Musik oder einem Gedicht –, und das erinnert uns daran, wie es vor dem Sündenfall gewesen sein muß.

Auftritt Robbie, bietet Brian ein Taschentuch an.

Ist es sauber?

ROBBIE Ja.

BRIAN Noch mal – ist es sauber?

ROBBIE Ja.

BRIAN Noch mal – ist es sauber?

ROBBIE Ja.

BRIAN Sieh mir in die Augen. Genau in die Augen. Ja?

ROBBIE *(tut es)* Ja.

BRIAN Und noch mal – ist es sauber?

ROBBIE Nein.

BRIAN Warum hast du es mir dann angeboten?

ROBBIE Na ja –

BRIAN Ein schmutziges Taschentuch. Bietet mir ein schmutziges Taschentuch an.

LULU Schatz –
BRIAN Ein Taschentuch für die Nase.

Brian schubst Robbie. Robbie fällt zu Boden.

ROBBIE Ich bin – 'tschuldigung.
LULU Tu's weg.
ROBBIE Ja. Tschuldigung.

Robbie kriecht ab; die anderen setzen sich wieder vor das Video.

BRIAN Sein Lehrer sagt – und er geht auf eine religiöse Schule, eine sehr religiöse Schule –, sein Lehrer sagt: «Es ist eine Gabe Gottes.» Und das wird wohl stimmen. Ich glaube, das muß stimmen, denn von uns kann er es nicht haben. Von mir und seiner Mutter hat er es nicht. Also, woher soll es kommen, wenn nicht von Gott, was? Da nimmt so ein Kind, nettes Kind – ganz der Vater –, aber nichts Besonderes, nimmt ein Stück Holz und ein paar Saiten, und – na ja – erwachsene Männer weinen.

Auftritt Robbie. Brian zieht ein makelloses Taschentuch aus seiner Brusttasche und wischt sich vorsichtig die Augen.

(zu Robbie) Siehst du. Man wischt sich nicht mit etwas die Augen, das man in der Nase gehabt hat, okay?
ROBBIE Ja. Tut mir leid.

Sie gucken weiter Video.

BRIAN Ach, wie der leben wird! Denkt bloß.

Pause.

Weil, jetzt weiß er es natürlich noch nicht. Aber wenn er älter ist, wenn er weiß, was Sünde ist und alles, dann wird er Gott danken für diese Begabung, oder? Dieses kleine bißchen Reinheit.

LULU Faszinierend, nicht?

ROBBIE Ja. Ja. Echt – faszinierend.

LULU Das sieht alles so leicht aus.

BRIAN Aber es ist harte Arbeit.

LULU Natürlich.

BRIAN Hinter allem steckt harte Arbeit.

LULU Die müssen in einem fort üben, nicht?

BRIAN Seine harte Arbeit – ja.

LULU Richtig stundenlang – die ganze Zeit.

BRIAN Seine harte Arbeit – natürlich –, aber auch meine harte Arbeit.

LULU Natürlich.

BRIAN Denn wenn der Tag sich neigt, beim Jüngsten Gericht, hinter der Schönheit, hinter Gott, hinter dem Paradies, wenn du das alles wegnimmst, was findest du da? *(Zu Robbie)* Ich frage dich, mein Sohn.

ROBBIE Na ja –

BRIAN Komm schon, mein Sohn.

ROBBIE Na ja –

BRIAN Beantworte die Frage.

ROBBIE Na ja – einen Vater.

BRIAN Bitte?

ROBBIE Das gibt es alles irgendwie nicht ohne einen Vater.

BRIAN Nein. Nein. Denk noch mal nach. Versuch's noch mal.

ROBBIE Also, ich –

BRIAN Denk nach.

ROBBIE Nein.

BRIAN Nein, nein. Das reicht nicht – nein. Hinter der Schönheit, hinter Gott, hinter dem Paradies –

ROBBIE Geld.

BRIAN Ja. Gut. Ausgezeichnet. Geld.
Es braucht erst mal ein paar Schläge, nicht wahr, mein Sohn?
Mmmm.
Aber wir kriegen es eingebleut, nicht wahr, was? Lernen die Regeln.
Geld. Erst das Schulgeld und die Uniformen, die Klamotten, die Musik, Skifahren.
Deshalb halte ich die Zügel auch so straff, versteht ihr? Deshalb muß ich drauf achten, daß der Geldfluß weiterfließt, versteht ihr? Und deshalb geht es nicht, daß LEUTE. MICH. BESCHEISSEN. Versteht ihr das?

LULU Natürlich.

BRIAN Und deshalb bin ich jetzt gerade so traurig und irgendwie sauer. Ja?

LULU Ja.

BRIAN Ich mag Fehler nicht. Ich mag meine Fehler nicht. Und jetzt sagt ihr mir, daß ich einen Fehler gemacht habe. Also hasse ich mich. Tief drinnen. Meine Seele.
Wir haben ein Problem. Ein Dreitausend-Pfund-Problem. Aber wie sieht die Lösung aus?

Sie sitzen eine Weile lang da und denken darüber nach. Schließlich steht Brian auf, zieht das Video aus dem Recorder und legt es zurück in seine Hülle.

Das könnte ein Patt sein. Es sei denn, einer von uns gibt nach. Aber würdet ihr nachgeben? Könntet ihr überhaupt etwas geben?

LULU Nein.

BRIAN Also verstehe ich euch richtig – ich soll nachgeben?

LULU Ja.

BRIAN Ihr findet, ich sollte nachgeben?

Lange Pause.

Sieben Tage. Das Geld zu verdienen.

LULU Danke.

BRIAN Verstehst du? Mein Sohn? Klackklackklack.

ROBBIE Ja. Das Geld verdienen. Ja.

Pause. Brian holt ein zweites Video hervor.

BRIAN Ich möchte, daß ihr euch das anseht. Kamera wackelt ein bißchen. Manche Leute sagen ja immer, «Handwerk» ist das wichtigste. Aber mal im Ernst ... «Handwerk»? Ist gar nichts ohne ein gutes Sujet.
Das hier ist vor ein paar Monaten aufgenommen worden. Vormittags, 11 Uhr 53. An einem Mittwoch.

Brian legt das Video ein, drückt ‹Play›: Eine Black & Decker wird angeworfen.

Natürlich kann man das Gesicht nicht sehen, aber die Hand gehört einem aus meiner Gruppe.

Jetzt eine Einstellung von einem Mann mit Isolierband über dem Mund.

Der Mann mit dem Klebeband über dem Mund ist einer, der seine Prüfung nicht bestanden hat.

Der Bohrer bewegt sich auf das Gesicht des Mannes zu.

Es gibt so viel Furcht, so viel Verlangen. Aber wir sind alle auf der Suche.
Sind wir nicht alle auf der Suche?

Brian ab. Das Video läuft weiter, Lulu und Robbie sehen zu. Pause, falls gewünscht.

Zehnte Szene

Wohnung. Robbie am Telefon.

ROBBIE Jetzt komm. Greif zu.
Das ist … die Chance deines Lebens. Vielleicht gehen wir in die Geschichte ein.

Ein Handy klingelt. Auftritt Lulu.

Sag ich doch. Wir stehen im Garten: die gesamte Menschheit, die Weltgeschichte ist ein unbeschriebenes Blatt. / Guck doch, hier ist er. Du kannst ihn haben. Weil wir die ersten sind, weil wir die einzigen sind. Und ich möchte, daß du ihn nimmst.

LULU *(am Handy)* / Hallo. Hallo, Terry.
Nein. Ruf einfach an, so oft du willst.
Oh, gut. Ja, das ist eine gute Idee. Eine Schnur bis ans Bett. Gut.
Kannst du mir gerade noch mal die Nummer geben? Ja.
Und gültig bis wann? Ja.
Jetzt nehm ich dich woanders hin mit.
Ja. Ich nehm dich mit ins Schlafzimmer.

Lulu ab.

ROBBIE Hier in meiner Hand. Die Schale. Das Kerngehäuse. Rot. Rote Schale. Und Saft, siehst du? Du siehst den Saft und willst hineinbeißen.

Ein zweites Handy klingelt.

Hineinbeißen. Ja. Deine Zunge. Der Apfel. Gut. Die verbotene Frucht.

(am zweiten Handy) Ja? Wegen der ...? Könntest du ...? Sie ist gerade. Ja. Kommt schon. Gleich da. Ja.
(ins Telefon) Und es ist, als würdest du die ganze Welt neu sehen, als hättest du noch nie meinen Körper gesehen.
(ins Handy) Sekunde noch, bleiben Sie dran. Wir sind gerade wirklich sehr ... sicher, sicher. Nur ein paar Minuten.
(ins Telefon) Meinen, meinen Schwanz. Er ist steif. Und was du da zwischen deinen ... ja ... weil, schau nur, du hast auch einen ... den du noch nie bemerkt hast ... ja. Deinen eigenen großen Schwanz.
(ins Handy) Noch da? Noch dran? Ach so, schon fertig. Ein andermal. Natürlich.
(ins Telefon) Und du willst mich, und ich will dich, und es ist Mann gegen Mann, und ich bin Adam, und du bist Adam.

Das zweite Handy klingelt wieder.

Und du willst ihn tief in den ... ja ... oh ja ... / tief in den Baum der Erkenntnis stecken.

Auftritt Lulu, noch am ersten Handy.

LULU / Zack. Zack. Zack.
Gut. Gut. Ja. Ja.

Lulu legt das erste Handy ab und nimmt das zweite.

Hallo?
Der Name?
Und die Nummer.
Ah. Hinab. Ja.
Hinab, du flammenhufiges Gespann, zu Phöbus' Wohnung!
Solch ein Wagenlenker, wie Phäton, jagt euch ...
Ja ...

Öffne du deine …
Gut, so ist es recht.
Komm, ernste Nacht, du züchtig stille Frau, ganz angetan mit Schwarz. Komm, Romeo.
Ja, fast, oh ja.
Ich kaufte einen Sitz der Liebe mir, doch ach! besaß ihn nicht; ich bin verkauft, doch noch nicht übergeben.
Dreckiger verfickter Mösenficker.
Ja. Ja. Gut. Gut. Tschau dann. Tschau.

ROBBIE *(am Telefon)* Und ich sage dir, wir sind im Paradies. Dies ist der Himmel auf Erden. Und die Sphären wölben sich über uns, und der feste …
Gutgut.
Und jetzt sind wir im …? Turm zu … ah ja … im Turm zu Babel. Alle Zungen dieser Erde. Splaschinskisch. Mossambarisch. Bam bam bam. Paschka paschka paschka.
Na also. Bist du fertig? Gut gut. Das ist gut. Paß auf dich auf. Ja. *(zu Lulu)* Neunhundert Pfund und achtundsiebzig Pence.

LULU Warum gibt es auf dieser Welt so viele traurige Menschen?

ROBBIE Wir verdienen richtig Geld.

LULU Mmmm. Richtig Geld.

ROBBIE Wir werden's schaffen.

Elfte Szene

Umkleidekabine bei Harrod's. Mark probiert einen teuren Designeranzug an.

GARY *(aus dem Off)* Und wie läuft's so?

MARK Ja. Gut.

GARY Brauchst du noch die andere Größe?
MARK Nein. Der hier ist super.
GARY Na dann.
MARK Schau's dir an, wenn du willst.

Auftritt Gary. Er ist verwandelt: Designerklamotten von oben bis unten, beladen mit edlen Einkaufstüten.

GARY Oh ja.
MARK Gefällt er dir?
GARY Oh Mann. Macht was her. Steht dir total. Willst du ihn haben?
MARK Ich weiß nicht.
GARY Sag ja, und er gehört dir.
MARK Also, ich würde ihn bestimmt nie anziehen.
GARY Das weißt du doch gar nicht. Du fängst ein neues Leben an.
MARK Ich mag ihn schon sehr.
GARY Egal, was du machst. Neues Leben, neues Outfit. Klingt doch vernünftig. Na los.
MARK Hast du denn / so viel …?
GARY He. Laß das.
MARK Also gut. Ja.
GARY Gut, dann wollen wir mal …

Gary fächert eine Handvoll Kreditkarten auf wie Spielkarten.

Zieh eine Karte, irgendeine.

Mark zieht eine Karte. Liest den Namen vor.

MARK P. Harmsden.
GARY Weißt du noch? Gestern abend. Poppers. Hat immer auf sich selber eingeschlagen.

MARK Ah. P. Harmsden.

GARY Na dann. Zieh ihn aus, und nachher gehen wir essen. Ich lad dich ein.

MARK Warte doch kurz … draußen.

GARY Mir macht das nichts.

MARK Schau dich ein bißchen um. Ich brauch bloß ein paar Minuten.

GARY Zu spät. Ich hab ihn gesehen.

MARK Wen gesehen?

GARY Den Steifen.

MARK Ach ja. Den Steifen.

GARY Tut garantiert schon weh. Den ganzen harten Tag in Bereitschaft.
Macht das Shoppen dich so an?
Ist Shoppen so'n Ding von dir?
Oder ist das wegen mir?

MARK Ja. Genau. Es ist wegen dir.

GARY Wie alt schätzt du mich?

MARK Ich weiß nicht.

GARY Als du mich getroffen hast – was hast du gedacht?

MARK Ich weiß nicht … so sechzehn, siebzehn.

GARY Aha.
Was ist in deinem Kopf los?
Ich meine, was in deiner Hose los ist, kann ich ja sehen, aber da oben?
Sag doch mal.

MARK Nichts. Hör mal. Es ist rein körperlich, ja?

GARY Warum sagst du mir dann nicht, was du möchtest?
Möchtest du mich küssen?

MARK Ja.

GARY Auf geht's.

MARK Hör mal, wenn wir irgendwas … machen, darf es nichts bedeuten, verstehst du?

GARY Klar.

MARK Wenn ich merke, daß es anfängt, etwas zu bedeuten, höre ich auf.

GARY Du kannst mich ja einfach so ganz zart küssen. Meine Mutter, die kann nett küssen.

Mark küßt Gary.

Wie war's?

MARK Ja. War okay.

GARY Noch ein bißchen?

MARK Noch ein bißchen.

Mark küßt Gary noch einmal. Diesmal wird es sexueller. Irgendwann reißt Mark sich los.

Nein. Ich will das nicht.

GARY Ich hab's gewußt. Du bist verknallt in mich.

MARK Scheiße. Weißt du, ich hab wirklich gedacht, ich wäre drüber weg.

GARY Liebst du mich? Ist es das? Liebe?

MARK Ich weiß nicht. Wie würdest du das definieren? Ich hab da ein körperliches Ding, ja. Eine Art Bedürfnis, das ist nicht Liebe, oder? Nein. Das ist, na ja, Begehren. Aber ich hab da auch eine Art Bindung, glaube ich. Das ist auch da. Das heißt, ich möchte mit dir zusammensein. Na ja, also, wenn du bei mir bist, fühle ich mich wie ein ganzer Mensch, und wenn du nicht bei mir bist, fühle ich mich schon nicht mehr so ganz.

GARY Also, ist das jetzt Liebe?

Was glaubst du?

MARK Ja.

Ich liebe dich.

GARY Siehst du.

MARK Aber was ich möchte – nachdem ich so blöd war, das zu sagen –, ich möchte wirklich gern, daß wir von hier aus weitergehen und versuchen, eine Beziehung aufzubauen, die auf gegenseitigem Respekt basiert, daß wir wirklich auf die Bedürfnisse des anderen eingehen.

GARY Ich hab gar nichts gefühlt.

MARK Nein?

GARY Als du mich geküßt hast. Überhaupt nichts.

MARK Ach so.

GARY Und das heißt … ich bin der Stärkere, oder?
Also sag ich dir, was läuft. Du bist nicht das, wonach ich suche. So will ich das nicht.

MARK Aber nach einer Weile …

GARY Nein.

MARK Weißt du, du bist einfach noch nie geliebt worden –

GARY Liebe will ich nicht. Ich will jemandem gehören. Ich will, daß sich jemand um mich kümmert. Und ich will, daß er mich fickt. Richtig fickt. Nicht so, nicht wie er. Und, klar, es wird weh tun. Aber gut weh.

MARK Aber wenn du es dir aussuchen könntest.

GARY Dann würd ich mir nicht dich aussuchen. Ich möchte entführt werden. Von jemandem, der mich versteht.

MARK Ich seh aber keinen.

GARY Glaubst du, daß niemand so ist, bloß weil du anders bist? Da gibt es jede Menge Leute, die das verstehen. Und irgendeiner wird es machen.
Ich geh jetzt.

MARK Bleib, bitte. Bitte, ich …

Mark küßt Gary, der ihn wegstößt.

GARY Das mit meiner Mutter stimmt nicht. Die darf mich gar nicht küssen. Sie ist eine Schlampe. Jetzt geh nach Hause. Jetzt geh wieder zurück, wo du hingehörst.

MARK Ich möchte bei dir bleiben.
Gib mir noch einen Tag, ja? Einen Tag.

GARY Verschwende deine Zeit nicht mit mir.

MARK Du kannst doch ... ja, genau. Komm mit zu mir.

GARY Wozu? Ich bin nichts.

MARK Ich zeig dir, wo ich wohne, mit wem ich wohne.

GARY Du tust mir echt leid.

MARK Nur noch einen Tag. Gib der Sache einen Tag.

GARY Nimmst du mich mit nach Hause und fickst mich?
Also gut. Einen Tag. Nimm mich mit nach Hause.

MARK Lutsch mir den Schwanz.

GARY Nimmst du mich mit nach Hause?

MARK Lutsch mir erst den Schwanz. Nachher nehm ich dich mit.

GARY Da hängt eine Überwachungskamera.

MARK Macht nichts.

GARY Vierzehn.
Du hast falsch gelegen. Ich bin vierzehn.

Zwölfte Szene

Robbie und Lulu sehen die Telefone an.

ROBBIE Kommt schon. Klingelt. Klingelt.
Das gibt's doch nicht.
Was ist denn los?
Wir haben es fast geschafft, ja? Über zweitausend. Über zweitausend, das ist doch gut, oder? Wir haben es wirklich fast geschafft.
Wir haben hart gearbeitet. Der Rubel rollt. Wir sind gut, oder? Etwa nicht? Würdest du doch auch sagen, oder?

LULU Würde ich, ja.

ROBBIE Also kann es doch jetzt nicht aufhören. Das muß immer weiterlaufen.

Klingel, du Scheißteil, klingel.
Kacke. Das halt ich nicht aus.

LULU Es ist einfach ruhig. Flaute. Kommt vor.

ROBBIE Ist noch nie vorgekommen.

LULU Setz dich hin. Entspann dich.

ROBBIE Geht nicht.

LULU Wird schon wieder anfangen.

ROBBIE Wir haben keine Zeit. Das können wir uns nicht leisten.

LULU Einfach ein Augenblick Frieden. Mach das Beste draus.

ROBBIE Ich will leben. Ich will überleben, du etwa nicht?

LULU Ich weiß nicht.

ROBBIE Du willst sterben?

LULU Nein. Ich will frei sein. Ich will nicht so leben.

ROBBIE Hast ja recht. Noch einen Tag, ja?

LULU Ja.

ROBBIE Noch einen Tag, dann sind wir frei.

LULU Ja.

ROBBIE Wenn sie weiterklingeln.

Das ‹Ping› einer Mikrowelle.

LULU Essen ist fertig.

ROBBIE Mmmm.

LULU Ißt du was?

ROBBIE Ja.

Lulu ab.

Komm schon. Komm schon. Bitte.

Robbie hebt das Telefon ab und spricht in den Hörer.

Warum klingelst du nicht, du …?

Robbie merkt, daß die Leitung tot ist.
Er überprüft das Kabel und merkt, daß es aus der Dose gezogen wurde.
Er überprüft die Handys. Sie sind ausgeschaltet.
Er setzt sich.
Auftritt Lulu mit Fertiggerichten; sie bietet Robbie eins an.

Nein danke.
LULU Iß was.
ROBBIE Nein danke.
LULU Jetzt komm.
ROBBIE Ich hab keinen Hunger.
LULU Dann eben nicht.

Pause.

Nur einen Happen.
ROBBIE Ich will nichts.
LULU Solange es ruhig ist, können wir genausogut essen.
ROBBIE Findest du?
LULU In einer Minute geht's wieder los.
ROBBIE Und sie klingeln alle?
LULU Klar.
ROBBIE Glaub ich nicht. Du etwa?
LULU Klar werden sie das.
ROBBIE Nein. Ich glaub nicht, daß sie klingeln werden. Ich glaube, daß wir morgen sterben.
LULU Quatsch.
ROBBIE Weil ich glaube, daß hier jemand sterben will.
LULU Nein.
ROBBIE Nein?
LULU Nein.
ROBBIE Dann verrat mir mal, warum hier jemand die Telefone ausgestöpselt hat.

LULU Nur für einen Augenblick. Ich wollte einfach / einen Augenblick Frieden.

ROBBIE Und ich will leben. Das ist, was ich will.

LULU Ich wollte einfach was essen, ohne … all das.

ROBBIE Dafür haben wir nachher noch Zeit.

LULU Ich halt's nicht mehr aus. Ihre ganzen Geschichten.

ROBBIE Und was ist mit mir?
Wir müssen da zusammen durch.

Robbie will die Telefone wieder anschließen.

LULU Nein. Bitte. Noch nicht.

ROBBIE Wir müssen weitermachen.

LULU Wenn wir aufgegessen haben. Zehn, fünf Minuten.

ROBBIE Jetzt komm.

LULU Da war dieser Anruf. Ich hatte diesen Anruf. Vor zwanzig Minuten, einer halben Stunde. Junger Typ. Hörte sich sogar gebildet an. Und ich sag … du weißt schon … wo sitzt du? Im Wohnzimmer. Schön. Und du …? Ja, ja, spielt mit seinem Schniedel. Gut. Wunderbar. Bis dahin mit Autopilot. Und dann sagt er: «Ich guck mir dieses Video an.» Na, ist doch toll. Und dann fängt er an und … er beschreibt … weil, er hat dieses Video von seinem Kumpel, und der hat's von seinem Kumpel kopiert, und der hat's kopiert von Sowienoch. Und, ich meine, er wichst zu diesem Video, auf dem eine Frau ist, eine Studentin in der Tankstelle, arbeitet hinter dem Ladentisch. Und dann ist da dieser Penner, und … ja.

ROBBIE Scheiße.

LULU Mann. Er hat sich einen drauf runtergeholt.
Also könnten wir jetzt vielleicht. Bloß noch ein paar Minuten.

ROBBIE Nein. Wir machen weiter.

LULU Iß erst mal was.

ROBBIE Wir haben keine Zeit.

LULU Iß. Iß. Erst essen. Ein paar Minuten.

ROBBIE Ich esse nichts.

LULU Komm schon, wir haben die ganze Welt bei uns zu Gast. Alle Geschmäcker der Erde. Ein Empire in Cellophan. Schau mal, China. Indien. Indonesien. Früher hätte man da einmarschieren müssen, das annektieren müssen, bloß, um was davon zu kriegen, also mußt du jetzt –

Lulu hält Robbie fest, damit er die Telefone nicht wieder anschließt.

Iß das. Iß das. Iß das.

ROBBIE Dieses Zeug?

LULU Los. Du ißt das jetzt.

ROBBIE Nein. Das da? Das ist Scheiße. Das? Mit dieser Scheiße würde ich nicht mal einen scheiß querschnittsgelähmten / querschnittsgelähmten Krebskranken füttern.

LULU Iß das.

Lulu stößt Robbies Gesicht in das Essen.
Auftritt Mark und Gary.

MARK Hallo.

ROBBIE Wo bist du gewesen?
Du wolltest doch Schokolade holen. Vor einer Woche.
Schokolade oder einen Cheeseburger aus dem Laden.
Wozu hast du dann ihn mitgebracht?

MARK Damit er sieht, wo ich wohne.

ROBBIE Shoppen gewesen? Wie hast du das alles bezahlt?

MARK Er hat bezahlt.

GARY Stimmt. Hab alles ich bezahlt.

MARK Mit wem ich gelebt habe.

ROBBIE Und da sind wir. Ich bin Barney, das ist Betty. Pebbles spielt irgendwo draußen. Und du mußt Wayne sein.

GARY Wayne? Ich bin nicht Wayne. Wer ist Wayne?

LULU Wir essen gerade. Haben uns eben hingesetzt. Man kann die wirklich total schwer teilen, weil sie ganz exakt als Einzelportionen gemacht sind, aber ich kann noch einen Teller holen. Teller. Messer. Was ihr wollt.

MARK Nein nein nein. Ich glaube nicht, daß wir so hungrig sind.

ROBBIE Wir? Wir? Hör dir das an: Wir.

MARK Na ja, glaub ich jedenfalls nicht.

ROBBIE Gibt's dich im Sonderangebot?

GARY Gibt's was?

ROBBIE Billiger als Twix?

GARY Er muß mich nicht bezahlen.

ROBBIE Echt?

LULU Ist alles ein bißchen chaotisch hier.

MARK Gary, das ist Lulu.

LULU Alles ein bißchen außer Kontrolle geraten.

ROBBIE Wird er schon noch machen. Macht er doch immer. Es muß ein Geschäft sein.

GARY Bei mir nicht.

LULU Setzen wir uns, ja? Setzen wir uns doch einfach alle hin.

Sie setzen sich hin.

Jetzt seht euch dieses Chaos an. Wenn man nicht aufpaßt, regrediert man sofort, nicht? Landet wieder auf dem Spielplatz oder in der Kantine, und plötzlich gibt's nur noch Futterneid und Chaos.

Jetzt werden wir aber wieder erwachsen. Nicht viel da, aber ich glaube, ich kann doch … einen Happen. Möchte jemand? Schatz?

MARK Nein.

ROBBIE Also – du bist was Besonderes?

GARY Findet er.

ROBBIE Hat er das gesagt? Hat er dir das erzählt?

MARK Jetzt komm. Laß ihn in Ruhe.

GARY Ja. Hat er gesagt.

ROBBIE Ach. Erzähl.

MARK *(zu Robbie)* Laß ihn in Ruhe.

LULU Der Pudding wird echt eine Überraschung, das kann ich euch jetzt schon sagen. / Ich freu mich wirklich auf den Pudding.

ROBBIE Erzähl mir, was er dir gesagt hat.

GARY Er hat gesagt: «Ich liebe dich.»

MARK Nicht genau in diesen Worten.

GARY Oh ja. «Ich liebe dich. Ohne dich wär ich verloren.»

MARK So hab ich das nie gesagt.

ROBBIE *(zu Gary)* Du lügst. Scheißlügner.

Robbie springt Gary an und würgt ihn.

GARY Nein. Es stimmt. Bitte. Echt. Er liebt mich.

MARK Laß ihn in Ruhe. Weg von ihm. Weg.

Mark geht auf Robbie los, der auf Gary losgeht.
Lulu versucht die Fertiggerichte zu retten, aber das meiste wird im Gewühl zertrampelt.

LULU Hört auf. Aufhören. Sofort.

Mark zieht Robbie von Gary weg. Der Kampf flaut ab.

GARY Du Irrer. Du bist ein verdammter Psychofall bist du.

LULU Kommt schon, es reicht jetzt, es reicht.

GARY Scheiße, geht der auf mich los.

LULU Pssst … ruhig … ruhig.

Lange Pause.

ROBBIE «Ich liebe dich.»

LULU Vergiß es.

ROBBIE Hat er gesagt, hast du gesagt.

MARK Hab ich nie – weil – schau – ich tu's gar nicht.

Mark ab.

LULU Chaos. Guck dir das an. Warum ist alles so chaotisch?

Lulu kratzt so viel Essen wie möglich auf ein Tablett und geht ab. Robbie und Gary taxieren einander schweigend.

GARY Er liebt mich *doch.* Hat er *wohl* gesagt.

ROBBIE Hat er das bei dir auch gemacht – dich gefragt, ob du ihm die Eier leckst, während er kommt?

GARY Mmmm. Hast du ...?

ROBBIE Viel zu oft. Ich bin sein Freund.

GARY Ich steh nicht auf ihn, okay?

ROBBIE Nein? Nicht dein Typ?

GARY Er ist zu weich.

Pause.

Liebst du ihn?

ROBBIE Ja.

Pause.

GARY Mit ihm ist alles immer so zart. Darauf fahr ich nicht ab. Muß diesen Typ finden. Ich weiß, daß er irgendwo da draußen steckt. Muß ihn bloß finden.

ROBBIE Einer, der nicht weich ist?

GARY Ja, jemand Starkes. Fest, weißt du?

ROBBIE Ja.

GARY Du glaubst, er ist grausam, aber in Wahrheit paßt er auf dich auf. Ich werd irgendwo sein. Ich werde tanzen. Shoppen. Irgendwas. Und er holt mich. Bringt mich fort.

ROBBIE Falls es ihn gibt.

GARY Was war das?

ROBBIE Falls es ihn wirklich gibt.

GARY Behauptest du, ich lüge?

ROBBIE Hab ich nicht gesagt.

Ich glaube … Ich glaube, wir brauchen alle Geschichten, wir erfinden Geschichten, damit wir zurechtkommen.

Und ich glaube, vor langer Zeit gab es große Geschichten. Geschichten, die so groß waren, daß man sein ganzes Leben in ihnen verbringen konnte. Aber sie sind alle gestorben, oder die Welt ist erwachsen geworden oder vergreist oder hat sie vergessen, also erfinden wir jetzt alle unsere eigenen Geschichten. Kleine Geschichten. Aber wir haben jeder eine.

GARY Ja.

ROBBIE Das macht einsam. Kann ich verstehen. Aber du bist nicht allein. Ich könnte dir helfen. Ich biete dir meine Hilfe an. Wo willst du anfangen? Vielleicht weiß ich, wonach du suchst.

GARY Eine helfende Hand? Was versprichst du dir davon?

ROBBIE Eine Gebühr.

GARY Ja?

ROBBIE Ja. Bezahl mich, dann kriegst du, was du willst. Ich habe gute Instinkte. Ich weiß was über diesen Typ da.

GARY Wenn ich kriege, was ich will.

ROBBIE Bargeld. Es muß Bargeld sein.

GARY ’türlich.

ROBBIE Hast du das Geld?

GARY Klar. Ich hab das Geld.

Also. Was willst du machen? Um mir zu helfen.

ROBBIE Wir spielen ein Spiel.

Dreizehnte Szene

Die Wohnung.
Mark, Gary, Lulu und Robbie.

MARK Warum spielen wir das?

ROBBIE Weil er es so will.

MARK Ziemlich blödes Spiel.

ROBBIE Dein Freund. Etwa nicht?

GARY Doch.

MARK Warum willst du das spielen?

GARY Ich sehe dieses Bild, in meinem Kopf, okay?

LULU Ja.

GARY Na ja, so wie ein Bild, aber wie eine Geschichte, versteht ihr?

ROBBIE Ja?

GARY Wie eine Geschichte aus Bildern.

LULU Ein Film.

GARY Genau, eine Geschichte wie ein Film.

ROBBIE Mit dir?

GARY Ja.

LULU Du spielst in dem Film mit?

GARY Ja.

ROBBIE Du bist der Held – ?

GARY Na ja –

LULU Du bist der Protago – du bist die Hauptfigur in dem Film?

GARY Irgendwie. Ja.

ROBBIE Okay.

GARY Also, ich sehe diese Geschichte, diesen Film, und mich – da ist diese Treppe.

Pause.

ROBBIE Was?

GARY Nein. Hört mal, ich möchte nicht ...

LULU Du möchtest nicht –

GARY Ich dachte, ich könnte das, aber ich kann's nicht, okay? Ich kann nicht drüber reden. Tut mir leid.

ROBBIE Wie – du verschwendest bloß unsere Zeit?

GARY Tut mir leid.

ROBBIE Wir hätten erst das Geld kassieren sollen.

MARK Was für Geld?

LULU Du ziehst das jetzt nicht durch?

GARY Ich weiß nicht.

ROBBIE Du hättest vorher bezahlen sollen.

MARK Bezahlen für ...?

ROBBIE Bezahlen für das Spiel.

LULU Also, willst du's jetzt machen?

Pause.

ROBBIE Zwecklos. Verschwendet unsere Zeit. Wie alt bist du überhaupt? Weißt du, was du bist? Ein kleines Kind, das unsere Zeit verschwendet.

GARY Ich bin kein kleines Kind.

ROBBIE Du weißt nicht, was du willst.

GARY Ich weiß, was ich will.

LULU Also ...?

GARY Es sind bloß ... die Worte. Es ist das Beschreiben.

MARK Okay. Ihr könnt ja nachher mit ihm weitermachen.

ROBBIE Also, ich bin der Schiedsrichter, und ich –

MARK Fragt mich was – ich spiel jetzt «Sag die Wahrheit».

ROBBIE Das geht nicht. Das ist ganz klar gegen die Regeln.

MARK Aber wenn er noch nicht soweit ist.

ROBBIE Gut. Eine Buße. Irgendwas, was du tun mußt ... zur Strafe.

MARK Vergiß es einfach, okay?

GARY Scheiße, ich will nicht.

ROBBIE *(zu Lulu)* Fällt dir eine angemessene Strafe ein?

MARK *(zu Gary)* Ist ja gut. Ist ja gut.

GARY Scheiße.

Garys Weinen ist fast hysterisch.

MARK Ich mach's. Du bist dann nachher dran. Also – fragt mich was.

ROBBIE Nein.

MARK Kommt schon – fragt mich was.

LULU Na gut.

ROBBIE Er schummelt.

LULU Ich weiß. Meine Frage lautet … Meine Frage lautet: Wer war der berühmteste Mensch, den du je gefickt hast?

MARK Der berühmteste Mensch?

LULU Der berühmteste Mensch.

MARK Na gut, also gut.

ROBBIE Wenn du … du mußt die Wahrheit sagen.

MARK Ja, ja.

ROBBIE Sonst zählt's nicht.

MARK Ich weiß.

LULU Komm schon. Der berühmteste Mensch.

ROBBIE Nein, weil letztes Mal –

LULU Komm schon.

ROBBIE Nein, weil damals.

LULU Laß es ihn sagen.

ROBBIE Letztes Mal hast du auch was erfunden.

MARK Ich weiß, ich weiß.

ROBBIE Ich will damit nur sagen, daß –

MARK Ich weiß, was du sagen willst.

ROBBIE Ich sage, es muß wahr sein.

MARK Genau.

Blick.

ROBBIE Genau.

Blick.

LULU Also –

MARK Also. Ich bin im Tramps, okay? Tramps oder Annabelles, okay?

ROBBIE Wo jetzt –?

MARK Weiß ich nicht mehr.

ROBBIE Hör mal, du mußt –

LULU Weiter.

MARK Im Tramps oder Annabelles oder sonstwo, okay?

ROBBIE Wenn du nicht weißt, wo.

MARK Wo, ist egal, okay?

ROBBIE Wenn es wahr ist, dann –

MARK Der Ort und wie er heißt ist egal.

LULU Genau. Ist egal.

ROBBIE Du solltest eigentlich wissen –

MARK Scheiße, warum ist es wichtig, wo es war?

LULU Schon gut.

MARK Wo ihr doch gefragt habt, wer.

LULU Komm schon. Wer? Wer? Wer?

MARK Im Tramps oder Annabelles oder sonstwo. Sonstwo, weil der Ort nicht wichtig ist, okay? Weil der Ort egal ist. Also, ich bin an diesem Sonstwo-Ort –

ROBBIE Wann?

MARK Mein Gott.

LULU Ist doch egal.

ROBBIE Ich will wissen, wann.

LULU Jetzt komm, du bist da, und –

ROBBIE Ich will wissen, wann?

MARK Irgendwann. In der Vergangenheit.

ROBBIE Vergangene Woche? Vergangenes Jahr? In deiner Kindheit?

LULU Der vergangenen Vergangenheit.

MARK Also, ich weiß nicht –

ROBBIE Komm schon –

LULU Warum?

ROBBIE Für die Richtigkeit. Für die /

MARK / schon gut, schon gut /

ROBBIE / Richtigkeit.

MARK 84. 85. So um die Zeit. Okay?

ROBBIE Okay.

MARK Also, ich bin an diesem Ort – vielleicht das Tramps, vielleicht auch nicht –, und wir haben möglicherweise Neunzehnhundertfünfundachtzig –

ROBBIE Mehr wollte ich gar nicht wissen.

MARK Ich habe jede Menge Spaß.

ROBBIE Das heißt?

MARK Das heißt Spaß. Und zwar jede Menge.

ROBBIE Das heißt, du hattest jede Menge Stoff –

MARK Das heißt, ich hatte Spaß, und zwar jede Menge.

ROBBIE Weil du jede Menge Stoff –

MARK Nicht unbedingt.

ROBBIE Aber hattest du nun?

MARK Weiß ich nicht.

ROBBIE Jetzt komm. 84. 85. Da mußt du doch was genommen haben.

MARK Na gut, ja.

ROBBIE Ja.

MARK Wahrscheinlich ja.

ROBBIE Weil, wirklich, wann kannst du schon mal sagen, daß du nichts –

MARK Was? Red weiter, was?

ROBBIE Wann kannst du schon mal sagen, daß du nichts genommen hast?

MARK Jetzt.

ROBBIE Echt?

LULU Also bitte. Bitte.

ROBBIE Bist du sicher? Sicher, daß du nichts –

MARK Ja.

LULU Also jetzt – die Geschichte.

MARK Scheiße, ich bin clean, ja?

LULU Jetzt komm. 84. 85. Tramps. Annabelles.

ROBBIE Ja. Genau.

MARK Ich meine, Scheiße, warum muß ich hier –? Ich bin clean, okay?

LULU Bitte. Ich will wissen, wer's war.

MARK Okay. Laßt mich einfach – okay. Tramps. 84. Ich habe jede Menge Spaß.

ROBBIE Hast du einen Trip eingeworfen?

MARK Nein. Und ich muß pissen, ja?

LULU Auf dem Klo?

MARK Ja, pissen auf dem Klo.

LULU Das wird eine Klogeschichte.

MARK Also drängel ich mich zum Klo durch, ja? Und da steht diese Frau, ja? Diese Frau beobachtet mich irgendwie.

LULU Wer? Wer? Wer?

MARK Das hätte ich natürlich gleich merken müssen. Ich hätte sie erkennen müssen.

LULU Wer?

MARK Aber, Mann, ich bin völlig –

ROBBIE Du bist auf einem Trip.

MARK Nein.

ROBBIE Du hättest sie erkennen müssen, aber du bist auf einem Trip.

MARK Hör mal, ich war auf keinem Trip.

ROBBIE Du hast diese Berühmtheit nicht erkannt, weil du völlig weggetreten warst.

MARK Okay, okay, ich war völlig weggetreten.

LULU Und du bist auf dem Weg zum Klo.

MARK Weggetreten. Alles, was ich weiß, ist, daß diese Frau mich anguckt wie: Gib mir deinen blauädrigen Bumsknüppel.

LULU Schön gesagt.

MARK Also, ich pisse. Pißbecken. Ich pisse ins Pißbecken, und im Spiegel kann ich die Tür sehen, okay? Also, okay. Ich pisse, und die Tür geht auf. Tür geht auf, und da ist sie.

LULU Also du bist wo – im Damenklo?

ROBBIE Pißbecken im Damenklo?

MARK Nee.

ROBBIE Also ist es das –

MARK Pißbecken im Herrenklo.

ROBBIE Also ist sie –

MARK Sie ist im Herrenklo, okay? Steht im Herrenklo und guckt mir beim Pissen zu, okay? Und jetzt, ja?, weil wir im hellen – weil wir im vollen Neonlicht stehen, sehe ich –

LULU Wer? Wer? Wer?

MARK Noch nicht.

ROBBIE Warum nicht?

MARK Weil ich weggetreten bin, okay? Wie du schon gesagt hast, ich hab was genommen. Ich sollte wissen, wer das ist, aber ich erkenne sie nicht, okay?

LULU Also, helles Licht, und du siehst ...?

MARK Ich sehe, was sie anhat. Eine Uniform. Sie trägt eine Polizeiuniform.

LULU Scheiße. Wer? Wer? Wer?

ROBBIE Eine Männeruniform, oder –?

MARK Frauentruppe. Die Stiefel, die Strümpfe, die Jacke. Volle Montur. Das Käppi. Und sie sieht mir in die Augen –

GARY Eine Frau?

ROBBIE Du bist am Pissen?

MARK Sieht mir durch den Spiegel in die Augen, okay?

ROBBIE Okay, okay.

GARY Du hast es mit einer Frau gemacht?

MARK Sie guckt, sie, sie, sie streift an mir vorbei, und dann geht sie in eine der Kabinen, aber sie guckt mich die ganze Zeit an, ja? Geht in eine der Kabinen und läßt die Tür einen Spalt offen. Ich will sofort reinrennen, ja? Zur Sache kommen, aber, wie man das so macht, zähle ich bis zehn. Zähle bis zehn und geh dann so ganz cool vorbei. Und wie ich vorbeigehe, werf ich cool einen Blick nach rechts, gucke cool in die Kabine, in die Kabine, die einen Spalt offensteht, und – wow.

LULU Wow?

MARK Wow. Der Rock über die Hüften hochgeschoben. Der Rock ist hochgeschoben, kein Slip mehr, oder vielleicht hatte sie nie einen an – wer weiß? –, aber der Rock ist hochgeschoben, und sie hält mir diese wahnsinnige, zum Sterben schöne Komm-und-hol-mich-Fotze hin, okay?

GARY Du hast gesagt, du stehst nicht auf Frauen.

ROBBIE Mit dem Gesicht / zu dir?

LULU Wer war's?

MARK Also bin ich drinnen. Ich bin drinnen, auf den Knien. Ich bete. Meine Zunge betet diese Möse an wie einen Gott. Und da fängt sie an zu sprechen. Spricht, und ich weiß, wer sie ist.

LULU Wer?

MARK Sie sagt «Haaach. Haaach. Oooh, haaach.»

LULU Nein.

ROBBIE Was?

GARY Du meinst, eine Frau?

LULU Nein – das ist unmöglich.

ROBBIE Hab ich dir doch gesagt.

LULU Scheiße, das ist unglaublich.

ROBBIE Ja, ja, ist es auch.

LULU Diana?

MARK Geee-nau.

LULU *Die* Diana?

MARK Ich erkenne die Stimme. Guck ihr kurz ins Gesicht. Ja. Sie ist es.

ROBBIE Ach, komm –

MARK Also, ein paar Minuten später heißt es: Da bin ich und ficke Diana, immer stoßedistoß gegen den Wasserkasten.

ROBBIE Das glaubt dir kein Mensch.

MARK Stoßedistoß, und dann, dann öffnet sich langsam die Kabinentür.

ROBBIE Das ist doch lächerlich.

MARK Ich hab nämlich nicht abgeschlossen.

ROBBIE Die Wahrheit, haben wir gesagt. Es muß die Wahrheit sein.

MARK Regel Nummer eins. Immer abschließen.

ROBBIE Kein Mensch glaubt dir das.

MARK Die Tür öffnet sich, und noch eine Frau. Noch eine Polizistin quetscht sich irgendwie rein. Feuerrote Haare.

ROBBIE Du hörst jetzt besser auf.

LULU Was – Fergie?

ROBBIE Ach, komm.

MARK Fergie.

LULU Heilige Scheiße.

ROBBIE Glaubst du das etwa?

LULU Na ja –

ROBBIE Wie kannst du das bloß glauben?

MARK Fergie ist echt völlig entfesselt. Fergie geht gleich ran. Fergie will nur noch schlucken, was sie kriegen kann, ja? Ich meine, alle Fesseln, die da vielleicht mal waren, sind total weggefesselt.

ROBBIE Hör auf. Aufhören.

MARK Also, hier haben wir Fergie. Und da haben wir Di. Und ich bin steif, und Fergie würgt dran rum, und Di ist feucht, und ich arbeite immer so weg.

ROBBIE HALT DIE KLAPPE. HALT DEINE SCHEISS-KLAPPE.

Pause.

MARK Was? Ich dachte, ihr wolltet wissen …

ROBBIE Die Wahrheit.

MARK Hab ich doch …

ROBBIE Nein.
(zu Lulu) Glaubst du ihm?
(zu Gary) Du?

Pause.

Regel Nummer eins. Glaub nie einem Junkie.
Weil ein Junkie ein Wichser ist. Und wenn ein Junkie dir in die Augen blickt und sagt: «Ich liebe dich», genau dann weißt du, daß er dich voll einscheißt.

Pause.

GARY Warum hast du mir nie gesagt, daß du es mit einer Frau gemacht hast?

ROBBIE *(zu Gary)* Zurück zu dir.

GARY Okay.

ROBBIE Jetzt bist du dran.

MARK Du mußt nicht –

GARY Ich will aber.

LULU Wir helfen dir.

GARY Wirklich?

LULU Wir helfen dir, die richtigen Worte zu finden.

ROBBIE Also gut. Also. Deine Geschichte. Dein Film, ja?

GARY Mmmm.

ROBBIE Ich glaube, ich weiß, was du meinst. Ich seh's vor mir. Ich verstehe es.

GARY Wirklich?

ROBBIE Ja. Diese Bilder in deinem Kopf.
Also, wenn ich dir helfen soll – ja? Wenn ich dir helfen soll, diese Bilder zu beschreiben, dann –

GARY Ja.

ROBBIE Gut. Gut. Du bist da, und du ... Ich kann dich sehen ... es gibt Musik, ja?

GARY Musik. Ja.

ROBBIE Laute Musik. Bum bum bum. Wie / Techno.

GARY Techno. Ja.

ROBBIE Techno, und du bewegst dich, als wenn du – du tanzt, ja?

GARY Tanze, ja.

ROBBIE Tanzt auf einer Tanzfläche. Auf einer Tanzfläche in einem Club.

GARY Ja. Ja. Ein Club.

ROBBIE Und du tanzt mit diesem Typen.

GARY Nein. Nein, nicht so. Er ist einfach da.

ROBBIE Du tanzt allein. Aber jetzt ...

GARY Er beobachtet mich.

ROBBIE Dieser Typ beobachtet dich.

GARY Ich tanze.

ROBBIE Er beobachtet.

GARY Ja. Beobachtet mich.

LULU Und du lächelst.

GARY Nein. Ohne Lächeln.

ROBBIE Aber du weißt, du denkst, du hast keine Wahl.

LULU Keine Kontrolle.

GARY Keine Kontrolle.

ROBBIE Weil er ...

LULU Weil er ...

GARY Weil er mich / fortbringen wird.

ROBBIE Besitzen wird. Ich werde dich besitzen.

LULU Er wird dich besitzen.

MARK Also, jetzt laßt –

ROBBIE Nein.

MARK Das ist – das wird jetzt heavy.

GARY Nein.

ROBBIE Wir sind dicht an der Wahrheit.

GARY Ich will das sagen.

LULU Aber da ist noch einer – ein Fettsack.

GARY Ja? Ein Fettsack?

LULU Ein Fettsack, dem du gehörst.

GARY Von dem wußte ich gar nichts.

LULU Dem du gehörst, aber der dich nicht will.
Sagt der Fettsack:
Siehst du den, der da tanzt?

ROBBIE Ja. Ja. Ich seh ihn.

LULU Na ja, das ist meiner. Er gehört mir.

MARK Oh Scheiße.

LULU Er gehört mir, aber ich will ihn nicht mehr.

GARY Will mich nicht mehr.

LULU Weißt du was.
Er ist Dreck, und ich hasse ihn.

ROBBIE Haßt ihn.

GARY Genau. Haßt mich.

ROBBIE Sagt der Fettsack –

LULU Na, willst du ihn kaufen?

GARY Ja.

ROBBIE Sag / ich.

GARY Sagst du.

ROBBIE Wieviel?

LULU Haufen Dreck wie der da. Sagen wir zwanzig. Für zwanzig gehört er dir.

ROBBIE Und du siehst das Geld.

GARY Ich sehe das Geld. Sehe, wie du ihn bezahlst.

Robbie zieht einen Zwanziger aus der Tasche und gibt ihn Lulu.

ROBBIE Du hast das …

GARY Geschäft. Ich hab das Geschäft gesehen.

ROBBIE Das Geschäft.

GARY Ja, und ihr kommt und holt mich. Ihr sagt nichts. Bringt mich einfach fort.

ROBBIE Gut. Wir bringen dich fort.

GARY Großes Auto. Durch die Sicherheitsschleusen, und schon sind wir im Haus.

Mark steht auf.

MARK Okay, jetzt hört auf. Weil, ich glaube, wir haben … ich glaube, jetzt kennen wir die Wahrheit, oder?

GARY Und jetzt wird es dunkel. Ich kann nichts sehen, weil … ich trage eine, so was wie eine …

LULU Eine Augenbinde?

GARY Augenbinde. Ja … wie eine Augenbinde.

Lulu hat eine Augenbinde in der Hand.

MARK Nein.

Mark stößt Lulu weg und legt die Arme um Gary.

Siehst du? Das kannst du statt dessen haben. Das mußt du doch mögen. Einfach geliebt werden.

GARY Was machst du da?

MARK Ich halte dich bloß fest.

GARY Du hast mich nicht mal gefickt.

Gary stößt Mark weg.

Was tust du? Du willst mich wohl verarschen? Ich will das nicht.

MARK Ich will's dir bloß zeigen. Weil, ich glaube nicht, daß du schon jemals wirklich geliebt worden bist, und wenn die Welt uns auch nicht sagt, was Liebe sein soll, / in der Praxis.

GARY Was bist du?

MARK Ich kann mich um dich kümmern.

GARY Du bist nichts. Du bist nicht das, was ich will.

MARK Wenn du dich nur aus dieser Falle befreien könntest.

GARY Ich will dich nicht. Kapierst du das?
Du bist nichts.

Mark zieht sich zurück.

LULU Ist dir klar, was wir mit dir machen werden?

GARY Ja.

LULU Du weißt es, und du willst, daß wir es tun?

GARY Ja.

Lulu legt Gary die Augenbinde an.

ROBBIE Wir verbinden dir die Augen und

GARY ihr führt mich die Treppe hoch.

ROBBIE In mein Haus?

GARY In dein Haus.

Lulu und Robbie drehen Gary im Kreis.

ROBBIE Und du spürst ... daß du das Haus kennst. Weißt, daß du schon hiergewesen bist.

GARY Ja. Wann war das nur?

LULU Und jetzt. Ist da ein leeres Zimmer.
So so – du bist der neue Sklave?

ROBBIE Ja. Ja, alte Frau. Das ist der neue Sklave.

LULU Hüte dich! Hüte dich! Weißt du, woran der letzte Sklave gestorben ist?

GARY Nein. Es gibt keine Frau.

ROBBIE Jetzt.

LULU Psst. Er kommt. Der Gebieter kommt. Pssssst.

GARY Ich kenne dieses Haus. Ich weiß, wer er ist.

ROBBIE Der Türgriff. Der Türgriff bewegt sich.

Stille. Gary rührt sich nicht. Robbie nähert sich langsam von hinten. Lange Pause – Robbie steht Millimeter hinter Gary.

GARY Mach weiter.

ROBBIE Ja?

GARY Tu es.

ROBBIE Du willst das?

GARY Ja.

Robbie beginnt, Gary die Hose auszuziehen.

ROBBIE Ja?

GARY Ja.

Robbie zieht Gary die Hose herunter.
Robbie spuckt in die Hände. Langsam massiert er die Spucke auf Garys Arschloch.

ROBBIE Jetzt?

GARY Tu es jetzt.

ROBBIE Jetzt.

Robbie öffnet seinen Reißverschluß. Feuchtet seinen Penis mit Spucke an. Er penetriert Gary. Er fängt an, ihn zu ficken.
Stille. Robbie fickt Gary.

LULU Ist das gut? Magst du das?

Schweigen und Ficken.

ROBBIE *(zu Mark)* Willst du ihn haben?

MARK Ich …

ROBBIE Weißt du, was er ist? Dreck. Er ist Dreck, und ich hasse ihn. Wenn du ihn willst, kannst du ihn haben.

MARK Ja.

Robbie zieht sich aus Gary zurück. Mark vollzieht dasselbe Ritual – spuckt und penetriert Gary. Er fickt ihn brutal.

Du Wichser. Du Wichser.

LULU Tut es weh? Tut es dir weh?

GARY Bist du das? Bist du mein Dad?

MARK Nein.

GARY Doch. Du bist mein Dad.

MARK Ich hab dir doch gesagt – nein.

Mark schlägt Gary.
Dann zieht er sich aus Gary zurück.

GARY Schau. Schau. Ich weiß, wer du bist. Also bring es zu Ende.

MARK Nein.

Mark schlägt Gary immer wieder.

Ich. Bin. Nicht. Dein. Dad.

LULU Laß ihn. Laß ihn jetzt. Schluß. Es ist vorbei.

GARY Nein. Noch nicht aufhören.

ROBBIE Willst du weitermachen?

GARY Ja.

Robbie bringt sich in Stellung, um Gary weiterzuficken.

Warte. Das, das. Stimmt alles noch nicht.

ROBBIE Nein?

GARY Weil – schaut mal – dieser Teil. In meiner Geschichte. Meine Geschichte hört nicht so auf. Weil, in meiner Geschichte hat er immer irgend etwas. Er schafft mich in sein Zimmer, verbindet mir die Augen. Aber er fickt mich nicht. Also, nicht er, nicht mit seinem Schwanz. Es ist ein Messer. Er fickt mich – ja – aber mit einem Messer. Also …

Pause.

Ihr müßt doch was dahaben.

LULU Nein.

GARY In der Küche. Oder, oder ein Schraubenzieher. Oder so was.

LULU Nein.

GARY Scheiße, irgend so was muß da sein. So hört die Geschichte auf.

Robbie nimmt Gary die Augenbinde ab.

ROBBIE Nein. Das mach ich nicht.

GARY Du kannst doch nicht einfach so aufhören.

ROBBIE Das kann ich nicht machen.

LULU Du wirst bluten.

GARY Klar.

LULU Du könntest sterben.

GARY Nein. Mir macht das nichts. Ehrenwort.

ROBBIE Es wird dich umbringen.

GARY Ich möchte das aber.

LULU Geh jetzt nach Hause.

GARY Macht's einfach. Scheiße, macht's einfach. Ihr seid Versager – ihr seid Scheißversager, wißt ihr das?

ROBBIE Ja, sicher.

GARY Okay, hört zu. Wenn man bezahlt, will man was, und wenn man bezahlt wird, dann macht man das. Das ist nicht richtig. Das ist nicht falsch. Es ist ein Deal. Also macht es.
Ich dachte, ihr wärt echt.
Ihr spielt nur, oder? Bloß eine Geschichte.

ROBBIE Ja. Es ist bloß eine Geschichte.

MARK *(zu Robbie und Lulu)* Laßt uns jetzt bitte allein.

LULU Wir haben das Geld gebraucht.

MARK Ich weiß. Wenn ihr uns alleine laßt. Kümmer ich mich um die Sache. Ja?

LULU Komm schon, komm.

Robbie und Lulu ab.

GARY Wirst du's machen? Ich will, daß du's machst. Komm schon. Du kannst es.
Er ist nämlich nirgendwo da draußen.
Ich bin so unglücklich. So traurig, daß ich immer denke, ich platze gleich.
Ich bin krank, und ich werde nie gesund.

MARK Ich weiß.

GARY Ich will, daß es vorbei ist. Und es gibt nur ein Ende.

MARK Ich verstehe.

GARY In meiner Geschichte hat er kein Gesicht. Aber ich möchte ihm ein Gesicht geben. Dein Gesicht.

MARK Ja.

GARY Mach's. Mach's, dann sage ich: «Ich liebe dich.»

MARK Also gut. Du tanzt, und ich bringe dich fort.

Vierzehnte Szene

Die Wohnung.
Brian, Lulu und Robbie sehen sich das Video mit dem Jungen an, der Cello spielt. Alle haben Fertiggerichte auf dem Schoß. Neben Brian steht eine Reisetasche. Mark sitzt ein wenig abseits.

BRIAN Das Leben ist hart, wißt ihr. Auf dem blauen Planeten. Unberechenbar. Das kann ich euch sagen, weil ich es weiß. Ja, das habe ich immer gewußt, genauso wie ihr. Wir arbeiten, wir strampeln uns ab. Und dann sitzen wir da und fragen uns: Wozu? Hat das alles einen Sinn? Ich weiß, daß ihr ... Ich kann die Frage in euren Augen sehen. Ihr stellt euch diese Fragen. Gerade jetzt – oder?

ROBBIE Ja.

BRIAN Und du – wer wird mich auf meiner einsamen Reise führen?
Oder?

LULU Ja.

BRIAN Wir brauchen etwas. Einen Führer. Einen Talisman. Regeln. Einen Kompaß, der uns hilft, durch diese immerwährende Nacht zu steuern. Wir verbringen unsere Jugend mit der Suche nach diesem Führer, bis wir ... manche geben auf. Manche sagen, es gibt nichts. Nichts als das Chaos. Wir werden hineingeboren ins Chaos, wir existieren im Chaos, und schließlich werden wir aus dem Chaos erlöst. Aber das ist ... nein. Das tut zu weh. Das ist zu schrecklich, um darüber nachzudenken. Das leugnen wir. Habe ich recht?

ROBBIE Ja.

BRIAN Ja. Ich habe die richtige Saite angeschlagen. Gut, gut. Saiten werden angeschlagen und klingen.
Chaos oder ... Ordnung. Sinn. Etwas, das unserem Leben einen Sinn gibt.

Pause.

Mein Vater hat mal zu mir gesagt. Mein Vater hat es zu mir gesagt, und nun werde ich es zu euch sagen. Eines Tages sagt mein Vater zu mir: «Mein Sohn, was sind die ersten Worte der Bibel?»

ROBBIE Am Anfang.

BRIAN Nein.

ROBBIE Doch. Am Anfang.

BRIAN Ich sage dir doch, nein.

ROBBIE Steht da aber. Am Anfang.

BRIAN Nein, mein Sohn. Ich sage dir doch, nein. Und wenn ich dir sage, nein, hörst du mir zu, in Ordnung?

ROBBIE In Ordnung.

BRIAN «Sag mir, mein Sohn», sagt mein Vater, «was sind die ersten Worte der Bibel?» – «Ich weiß nicht, Dad», sage ich, «was sind die ersten Worte der Bibel?» Und er sieht mich an, sieht mir in die Augen, und er sagt: «Mein Sohn, die ersten Worte der Bibel sind … Das Geld zuerst. Das. Geld. Zuerst.»

Pause.

Das ist nicht perfekt, streite ich gar nicht ab. Wir haben noch keine Perfektion erreicht. Aber näher sind wir dem Sinn des Lebens auch noch nicht gekommen. Zivilisation ist Geld. Geld ist Zivilisation. Und Zivilisation – wie haben wir sie erreicht? Durch Krieg, durch Kampf, töten oder getötet werden. Und mit dem Geld – ist es genau dasselbe, versteht ihr? Es ranzuschaffen ist grausam, schwer, aber es zu haben ist Zivilisation. Dann sind wir zivilisiert. Sagt es. Sprecht mir nach. Geld ist …

Pause.

SAGT ES. Geld ist …

LULU UND ROBBIE Zivilisation.

BRIAN Ja. Ja. Ich spreche vor. Ihr sprecht mir nach. Geld ist Zivilisation. Und Zivilisation ist … SAGT ES. Nur keine Angst jetzt. Und Zivilisation ist …

LULU UND ROBBIE Geld.

Brian hält ihnen die Reisetasche hin.

BRIAN Hier. Nehmt es.

LULU Sie …?

BRIAN Das ist für euch.

LULU Es ist alles da.

BRIAN Ja.

LULU Bitte – zählen Sie nach. Dreitausend.

BRIAN Nehmt es, wenn ich euch sage, daß es für euch ist.

Lulu nimmt die Tasche.

Gut. Gut. Siehst du? Verstehst du? Ich gebe euch das Geld zurück. Siehst du?

LULU Ich … ja.

BRIAN Und nun – darfst du mir eine Frage stellen. Stell mir die Frage. Bitte. Stell mir die Frage.

LULU Warum?

BRIAN Wenn du die Frage ausformulieren würdest …

LULU Warum haben Sie das Geld nicht genommen? Warum haben Sie uns das Geld zurückgegeben?

BRIAN Und nun kann ich dir antworten. Ich antworte: Weil ihr gelernt habt. Ihr habt die Lektion gelernt, verstehst du. Ihr begreift, was das *(zeigt auf das Geld)* ist, und seid zivilisiert. Also – gebe ich es zurück. Ihr sollt es haben.

LULU Danke.

Brian steht auf, geht zum Videorecorder. Er wirft das Video von seinem Sohn aus. Zieht ein anderes Video aus der Tasche. Legt es ein. Drückt ‹Play›.

LULU *(auf dem Bildschirm)* Eines Tages werden alle wissen, warum das so ist, wofür wir leiden, dann gibt es kein Geheimnis mehr, aber bis dahin müssen wir leben ... wir müssen arbeiten, / nur arbeiten! Morgen fahre ich allein fort, ich werde unterrichten, und mein Leben wird denen gehören, die es vielleicht brauchen. Jetzt ist Herbst, bald kommt der Winter, der Schnee wird alles zudecken, und ich werde arbeiten, ich werde arbeiten ...

BRIAN Wir müssen arbeiten.
Vor allem müssen wir das Geld verdienen. Für sie. Meinen Jungen. Die kommenden Generationen. Wir werden sie natürlich nicht erleben – diese Reinheit.
Aber sie. Solange wir nur immer weiter das Geld verdienen.
Nicht mit Chemikalien. Zu unrein. Das Angebot ist nicht gut genug. Also stirbt ein Kind. Und dann gibt es Schlagzeilen und Pressekonferenzen. Und du siehst den Vater, du siehst einen erwachsenen Mann weinen und denkst: Zeit, sich aus dem Chemikaliengeschäft zurückzuziehen.

Brian hält das Band an.

Das ist die Zukunft, oder? Shoppen. Fernsehen.
Und jetzt, da ihr euch bewährt habt, möchte ich, daß ihr bei uns mitmacht. Ihr alle.

Brian geht zur Tür.

Unsere zweitliebste Stelle war der Schluß. Er hat nämlich inzwischen geheiratet. Und er hat selbst ein Kind. Ganz zum Schluß steht er alleine da. Er steht auf einem Felsen, und er sieht hinauf in die Nacht, er sieht hinauf, und er sagt: «Vater. Alles ist gut, Vater. Ich weiß es noch. Der Kreis des Lebens.» Müßt ihr sehen. Wird euch gefallen.

Brian ab. Mark tritt vor.

MARK Wir schreiben das Jahr 3000 nach Christus. Oder so. In der Zukunft. Die Erde ist tot. Gestorben, oder wir haben sie umgebracht. Das Ozon, die Bomben, ein Meteorit. Egal. Aber die Menschheit hat überlebt. Ein paar von uns … haben sich rechtzeitig abgesetzt. Und weiter geht's.
Also, es ist dreitausendundblablabla, und ich steh auf dem Marktplatz, so einer Art Basar. Ein kleiner Satellit, der um Uranus kreist. Markttag. Und ich guck mir diesen Mutanten an. Ein paar von denen hat die Strahlung so abartig häßlich gemacht. Aber dieser hier. Wow. Ihn hat sie … er ist blond und braungebrannt, durchtrainiert, und sein Schwanz ist einen Meter lang.
Da kommt diese fette Art Affending zu mir und sagt …
«Siehst du den Mutanten mit dem Ein-Meter-Schwanz?»
Klar. Seh ich.
«Also, er ist meiner, und er gehört mir. Er gehört mir, aber ich hasse ihn. Wenn ich ihn heute nicht verkaufe, bring ich ihn um.»
Also … wir handeln es aus, machen ein Geschäft, ich nehm meinen Mutanten mit nach Haus, und wir kommen nach Hause, und ich sag:
«Ich befreie dich. Ich lasse dich frei. Du kannst jetzt gehen.»
Und er fängt an zu weinen. Aus Dankbarkeit, denke ich.
Na ja, er sollte wirklich dankbar sein, aber es ist …
Er sagt – na ja, telepathisch – er spricht unsere Sprache nicht –, er sagt:
«Ich werde sterben. Bitte. Ich kann nicht … Mein ganzes Leben lang bin ich ein Sklave gewesen. Ich weiß nicht, wie man …

Ich kann mich nicht ernähren. Wie soll ich einen Platz zum Leben finden? Ich habe noch nie einen eigenen Gedanken gedacht. In einer Woche wäre ich tot.»

Und ich sage: «Das Risiko gehe ich ein.»

ROBBIE Hundert Zentimeter und nicht gevögelt?

MARK Richtig.

LULU Der Schluß gefällt mir.

ROBBIE Nicht schlecht.

MARK Was Besseres fällt mir nicht ein.

ROBBIE Hast du jetzt Hunger? Du mußt mal probieren. *(vom Fertiggericht)*

Robbie füttert Mark mit einer Gabel.

Gut?

MARK Mmmm.

ROBBIE Jetzt gib ihm was von deinem.

LULU Möchtest du was?

Lulu füttert Mark.

Schmeckt's?

MARK Lecker.

LULU Noch ein bißchen?

MARK Warum nicht?

Lulu füttert ihn.

ROBBIE Ich bin dran.

Robbie füttert Mark.
Mark, Robbie und Lulu füttern einander abwechselnd, während es langsam dunkel wird.

ENDE

MARINA CARR

Marina Carr, 1964 geboren und in Tullamore / Irland aufgewachsen, studierte Englisch und Philosophie am University College Dublin. Anschließend arbeitete sie ein Jahr lang in New York als Lehrerin und Schriftstellerin. Ihr erstes Theaterstück *Ullaloo* wurde 1989 in einer szenischen Lesung beim Dublin Theatre Festival vorgestellt und 1991 auf der Peacock-Bühne des Abbey Theatre in Dublin inszeniert. Ihr zweites Stück *Low in the Dark* hatte 1989 im Dubliner Project Arts Centre Premiere. Im Oktober 1994 wurde ihr Stück *Die Mai* am Peacock uraufgeführt und mit dem Best New Irish Play Award 1994 ausgezeichnet. Nach einer erfolgreichen Laufzeit am Glasgower Tron Theatre wurde es im Juni 1995 am Abbey Theatre wieder aufgenommen, diesmal auf der großen Bühne. In England wurde es erstmals im April 1997 am Londoner Tricycle Theatre gezeigt. Die Uraufführung von *Portia Coughlan* fand im April 1996 am Abbey Theatre statt, und die Produktion wechselte einen Monat später an das Londoner Royal Court Theatre. Gegenwärtig ist Marina Carr Writer-in-Association am Abbey Theatre und arbeitet an drei neuen Stücken: *On Raftery Hill*, *Ariel* und *By the Bog of Colts*.

Gespräch mit Marina Carr

Wie fängt das bei Ihnen an, wenn Sie ein neues Stück schreiben? Gibt es eine Initialzündung, die den kreativen Prozeß in Gang setzt? Und wie geht es dann weiter?
Es ist jedesmal verschieden. Bei den ersten drei oder vier Stücken war ich stark von Beckett beeinflußt. Ich war von dem Konzept des Absurden sehr fasziniert und bin es nach wie vor. Irgendwann würde ich gern noch mal darauf zurückkommen. *Die Mai* war sowohl Autobiographie als auch Erfindung. Man hakt sich an irgend etwas fest und fängt an, und dann schreibt man und schreibt und schreibt. Es ist ein ziemlich vertracktes Handwerk. In gewisser Weise braucht man nicht mehr als ein Bild oder ein paar in sich verschobene Bilder, und die versucht man zusammenzufügen. Bei *Portia Coughlan* war es die Geschichte einer Freundin aus meinen Kindertagen, von der ich gehört hatte. Wir sind uns mindestens fünfzehn Jahre nicht begegnet, aber ich hatte die Geschichte von meinem Bruder gehört, der noch ab und zu in die Gegend kommt, in der ich aufgewachsen bin, und sie war einer der Auslöser. Und *Der Kaufmann von Venedig*, das war das erste Shakespeare-Stück, das wir in der Schule durchgenommen haben. Es ist schwer zu sagen, was ein Stück in Gang bringt – die Geschichte von der Freundin, eine Textstelle bei Shakespeare, die Landschaft der Midlands. Man fängt an, sich eine Situation vorzustellen, und man überhöht sie ein bißchen oder setzt sie etwas tiefer an.
Ich entwickele meine Geschichten ziemlich lange erst mal im Kopf. *Portia Coughlan* war eine Auftragsarbeit für das National Maternity Hospital, ich hatte ein Zimmer im Krankenhaus, und normalerweise war es so: Um zehn oder elf stand ich auf, ging in die Stadt, saß zwei bis drei Stunden im Café und kam dann zurück ins Krankenhaus, um die Szene zu schreiben. Aber eigentlich «schrieb» ich schon die ganze Zeit über. Ich habe ein Café

entdeckt, in dem sie unheimlich nett zu mir sind. Sie lassen mich einfach stundenlang dasitzen und denken. Das eigentliche Schreiben der Szene dauert dann ungefähr eine bis anderthalb Stunden. Aber die Arbeit geschieht beim Grübeln. Es hat allerdings keine Logik im Sinne von: «Soundso sagt das, und dann sagt soundso dies.» Es ist eher wie freie Assoziation; Gedanken ziehen vorbei, Gedanken kommen und gehen.

Sind die Figuren schon genau konturiert, wenn Sie sich hinsetzen und schreiben?
Sollten sie jedenfalls sein. Es ist schon vorgekommen, daß sie es nicht waren, und das sieht man dann auch – wenn man sie nicht wirklich im Griff hat. Kennen Sie diesen Text von Ibsen über das Stückeschreiben? Bei der ersten Fassung sind ihm seine Figuren so vertraut wie nach einer gemeinsamen Bahnfahrt. Bei der zweiten sieht er alles klarer, als ob er eine Woche gemeinsam mit ihnen Ferien gemacht hätte, und bei der letzten Fassung sind sie wie enge Freunde, die er schon sehr lange kennt. So ungefähr ist es auch. Ich glaube, es ist alles in Ordnung, wenn man die erste Fassung hinkriegt ohne entscheidende strukturelle Fehler, ohne irreparable Fehler. Der Rest kommt von allein. Wenn die erste Fassung entscheidende strukturelle Fehler hat, kann man sie genausogut in den Papierkorb werfen. Und man kriegt das nur raus, indem man schreibt. Man kann nicht Anfang, Mitte und Ende planen. Also, ich kann das nicht, weil ich dann nichts mehr zu entdecken habe.

Es ist also eine richtige Reise.
Ja. Sollte es jedenfalls sein. Ich glaube, es ist das schwierigste, darauf zu vertrauen. Manchmal tut man es nicht und versucht zu manipulieren, zu drücken, und man sieht es immer. Man muß es schaffen, daß die Figuren sich selbst schreiben, daß man sich ihnen nicht aufdrängt.

Ihre Figuren verfügen über eine ungewöhnliche Bandbreite von Gefühlen, manche davon sehr dunkel. Woher stammt diese Tiefe?

Man könnte sagen, daß letztlich alles irgendwie von einem selbst handelt. Man führt so viele verschiedene Leben. So viele. Ich kann höchstens vielleicht vier oder fünf Gedanken, die durch mich irgendwann durchgegangen sind, zurückverfolgen. Wenn man sich nur mal einen Zeitraum von einer Stunde ansieht und was da an Gefühlen auftaucht, von dunkel bis hell, von den lustigen bis zu den ganz tragischen. Jeder von uns hat Tausende von Leben in sich. Es existiert ein riesiges Geschichtspotential, dessen man sich nur am Rande bewußt ist. Träume helfen mir viel. Es ist, als ob sich ein ganzes Leben abspielt, während man schläft. Wenn man aufmerksam genug wäre, sie alle zu speichern, würde jeder eine Geschichte liefern. Es scheint mir der beste Ausgangspunkt, wenn man aus dem Unbewußten schreibt, natürlich vermischt mit dem Bewußten. Beim Schreiben geht es nicht um Intellekt oder Bildung. Es wird oft mit Bildung verwechselt, aber die Quelle ist eine ganz andere. Natürlich hilft es, wenn man ein bißchen was gelernt hat und weiß, wo die eigenen Wurzeln liegen, aber es geht eigentlich mehr um die Dinge, die man nicht begreift, als um die, die man versteht.

Ihre Arbeiten haben eine starke, lyrische Qualität und sind im Kern nicht naturalistisch. Wieviel davon schreiben Sie Ihrem irischen Erbe zu?

Na ja, lyrische Sensibilität ist nicht nur etwas spezifisch Irisches. Es ist eine bestimmte Art zu schreiben. Es gibt Dramatiker, die sind die Dichter des Theaters, und es gibt welche, die sind es nicht, und was ich beim Schreiben erreichen möchte, ist lyrische Sensibilität: Tennessee Williams, Tschechow, Shakespeare. Viele zeitgenössische Dramatiker wollen gar nicht Dichter sein. Sie schreiben anders, eine Art von Theater-Prosa, die in sich sehr stichhaltig ist, nur mich spricht diese Art zu schreiben nicht an.

Aber natürlich ist es auch etwas spezifisch Irisches, wie wir eine Geschichte erzählen. Wir interessieren uns weniger für die Fakten, mehr für die Einzelheiten, das Drum und Dran. Die meisten Iren wissen instinktiv, wie man eine Geschichte erzählt und wie man sie gut erzählt. Man hat hier ein großes Bewußtsein für Metaphern und benutzt sie bei jeder Gelegenheit!

Die «Times» schrieb in ihrer Kritik zu *Portia Coughlan:* «Vermutlich wird *Portia Coughlan* als melodramatisch bezeichnet werden, aber nur deshalb, weil wir in einer Zeit leben, in der die Phantasie zaghaft geworden ist und Carr viel riskiert.» Was meinen Sie dazu?
Ich würde dem zustimmen. Alles ist so sachlich geworden. Die Magie ist aus dem Theater verschwunden. Man kriegt doch heute ganz oft nur Sitcoms oder Seifenopern zu sehen. Je mehr etwas vom Fernsehen beeinflußt ist, desto besser scheint es zu sein. Der Gott Fernsehen prägt alles, und wir haben die Grundlagen vergessen. Der Maßstab ist verlorengegangen. Ich finde das wirklich abscheulich, aber ich glaube auch, daß es genügend Menschen gibt, die merken, was los ist. Man muß seine Klassiker kennen. Man muß wissen, was die Grundlagen sind, und dann rauskriegen, wie man sich an ihnen messen kann.

In *Die Mai* beschreiben Sie den Kreislauf von Zerstörung in der Familie. Großmutter Fraochlan sagt: «Wir tun es immer, immer wieder. Auch wenn die Instrumente vielleicht andere sind, die Melodie bleibt immer dieselbe.» Was fasziniert Sie an diesem Gedanken?
Vermutlich der ganze Komplex von Schicksal und persönlicher Freiheit. Der verwirrt mich ein bißchen. Ich weiß nicht, wieviel freie Entscheidung es wirklich gibt und wie sehr man von denen bestimmt ist, die vor einem da waren. Ich finde ständig Sachen über mich heraus, die mir zeigen, wie ähnlich ich meiner Mutter und meinem Vater und meinen Großeltern bin, und ich möchte

darüber mehr wissen, einfach so fürs Leben, ganz zu schweigen vom Schreiben. Was wiederholt man ganz simpel?

Warum haben Sie Millie zur Erzählerin der Geschichte gemacht, einer Geschichte, die zwar einschneidende Wirkungen auf sie hat, in die sie aber nicht total involviert ist?
Warum ich Millie genommen habe? Weil für sie viel auf dem Spiel steht. Sie ist die erste, die anfängt, die Teile zusammenzufügen. Nicht in irgendeiner umfassenden Weise, aber sie fängt an, Dinge in Frage zu stellen, die die anderen Frauen in der Familie akzeptierten oder für selbstverständlich hielten. Ich behaupte nicht, daß sie recht hat, aber sie fängt an zu fragen. Ich wollte außerdem ein Stück mit einem Erzähler schreiben. Ich hatte *Die Glasmenagerie* gelesen, ein Stück, das ich liebe, und außerdem ein bißchen Tschechow. Leider war der Einfluß von beidem nicht stark genug. Ich habe einfach versucht, eine Geschichte aus vielen unterschiedlichen Perspektiven zu erzählen. Bei *Die Mai* wurde ich gefragt: «Wer ist die Hauptfigur, ist es Großmutter Fraochlan, die Mai oder Millie?» Ich finde diese Uneindeutigkeit eigentlich ganz gut. Man könnte das auch falsch finden, und das könnte ich nachvollziehen. Wenn ein Stück *Die Mai* heißt, sollte die Person des Stücktitels auch die Hauptfigur sein. Aber sie ist ja das Zentrum des Stückes, alle kommen zu ihr, und alle gehen von ihr weg. Es ist im wesentlichen ihre Geschichte. Ich wollte nicht, daß Millie übernimmt. Deshalb habe ich das Stück nicht mit der Erzählerin anfangen lassen. Das Stück sollte mit der Mai beginnen und mit der Mai aufhören, aber Millie sollte genauso zu Wort kommen. Letztlich ist sie nur eine Geschichten-Erzählerin, sie erzählt die Geschichte aus ihrer Sicht. In den ersten Fassungen war das noch anders, da erzählte Millie ganz sachlich Szene um Szene, und dann begriff ich, daß die Geschichten aus einer Perspektive erzählt werden müssen, die etwas verdeutlicht. Über das Ergebnis war ich ziemlich froh.

Großmutter Fraochlan sagt: «Ich hätte euch alle sieben ohne Zögern die Klippen zur Hölle hinuntergestoßen für eine Nacht mehr mit dem neunfingrigen Fischermann, und wenn ich in der Hölle verrotte für so ein unmütterliches Gefühl.» In fast allen Ihren Arbeiten schildern Sie Frauen, die sich in erster Linie als Geliebte empfinden und in zweiter als Mütter. Ist das ein Zufall, oder meinen Sie, daß nicht alle Frauen von Natur aus mütterlich sind und daß Muttersein nicht notwendigerweise das ist, als was es immer hochstilisiert wird?

Man kann nicht generell davon ausgehen, daß wir alle von Natur aus mütterlich sind. Es ist Quatsch, zu glauben, man müsse seinen Kindern alles opfern. Das führt nur zu schrecklich zerstörerischen Lebens- und Denkweisen und hat eine viel schlimmere Wirkung auf Kinder, als wenn man offen ist und sein eigenes Leben lebt. Wenn man seine Kinder immerzu in den Himmel heben soll und nichts Häßliches über sie denken darf, ist das Faschismus, und das Kind wird auf Kosten der Mutter vergöttert. Als würde ihr Leben seinen Wert nur daraus beziehen, daß sie die Bedürfnisse des Kindes stillt. Was ist mit all ihren Bedürfnissen, Sehnsüchten, Wünschen, Problemen? Irgendwann kommen sie sowieso hoch, da kann man sie doch lieber gleich ernst nehmen. Trotz alledem meine ich, daß Kinder beschützt und geliebt werden müssen. Irgendwie dazwischen muß man das hinkriegen. Die Beziehung von Eltern und Kind ist so schwierig und komplex. Von all den Gefühlen, die damit verbunden sind, wollen wir meist nur die positiven wahrhaben. Wenn wir über die anderen auch sprechen dürften, wären sie vielleicht weniger stark.

Die Mai sagt, daß Grandma Fraochlan sie mit zuviel Hoffnung erfüllt hat: «Und wegen ihrer Geschichten sehnten wir uns nach etwas Außergewöhnlichem in unserem Leben.» Das gilt für alle Ihre Figuren, die desillusioniert und mit gebrochenem Herzen enden.

Kann sein, ja. Gibt es denn jemanden, der nicht möchte, daß etwas Außergewöhnliches geschieht? Wir warten doch alle darauf. Wie schafft man es, im Heute zu leben? Immer ist alles Vergangenheit oder Zukunft. Mir ist das noch nicht gelungen. Ich glaube, die Menschen, die das können, sind außergewöhnliche, glückliche Menschen. Es ist eine innere Automatik in jedem Individuum, das Außergewöhnliche zu wollen, das Unerreichbare, das Unmögliche. Nur, ein gebrochenes Herz müßte nicht tödlich sein. Aber wir sprechen ja vom Theater. Wir sprechen von Überhöhung. Auf der Bühne wird alles viel intensiver gelebt.

Am Ende des Stücks, als ihre Träume erneut zerstört worden sind, spielt die Mai auf sich wie auf einem Cello, ein schönes Symbol für Sinnlosigkeit. Wie sind Sie darauf gekommen?
Na ja, wenn man sich den weiblichen Körper ansieht, ist er einem Cello sehr ähnlich. Und es war immer so ein Spiel zwischen den beiden, daß Robert, der Musiker, auf ihr spielt. Jetzt spielt sie sich selbst, um ihn zu verhöhnen. Es ist eine winzig kleine Attacke, irgendwie rührend. Sie versucht auf verzweifelte Weise, ihn zurückzuholen. Selbst wenn sie gegen ihn kämpft, will sie ihn haben, das ist der Kernpunkt des Stückes. Sie verläßt ihn nicht. Sie kann nicht. Auf allen anderen Gebieten ist sie unabhängig, erfolgreich. Sie hat sich dieses Leben geschaffen. Sie hat dieses wunderbare Haus gebaut. Nur, sie hat das alles für ihn getan. Wenn er nicht wäre, würde es ihr gutgehen, aber sie glaubt an Prinzen.

Portia Coughlan **vermittelt stark ein Gefühl von der Unausweichlichkeit des Schicksals, und in den meisten Ihrer Arbeiten geht es um Vorbestimmung und das quälende Aufscheinen der Vergangenheit im Heute. Was zieht Sie immer wieder zu diesen Themen?**
Mir gefällt die griechische Vorstellung von Tragödie, daß alles unkontrollierbar ist und daß es ein Schicksal gibt. Es geht mehr um die Reise, nicht so sehr um das eigentliche Ereignis. Aber ich

würde gern ein Stück schreiben, in dem ich die Heldin nicht beseitigen muß. Ich habe sie alle beseitigt, aber ich vermute, das sind Aspekte von mir, die beseitigt werden mußten, damit ich weitermachen kann, gesünder und befreiter. Ich habe einen Aufsatz von Tennessee Williams gelesen, über das Gespür für Tragik. Für Williams liegt es sowohl innerhalb als auch außerhalb der Zeit. So wie ich das verstanden habe, muß es nicht direkt mit deinem Leben zu tun haben; es existiert einfach, und bestimmte Menschen sind davon infiziert. Manche Menschen haben ein Gespür für Tragik, andere eins für Schauerromantik oder für Komik. Und mich reizt mehr die Tragik. Ich bin nicht ganz sicher, weshalb. Es hat in meinem Leben nichts Tragisches gegeben. Ich weiß nicht, es hat mit der Ästhetik des Tragischen zu tun. Es ist schön. Es hat auch etwas Enthüllendes. Es enthält die Möglichkeit des Entdeckens.

***Portia Coughlan* behandelt auch eines der stärksten Tabus, den Inzest zwischen Bruder und Schwester, und das Stück propagiert ihn auf vielfältige Weise als eine größere, höhere Liebe. Was hat Sie dazu angeregt? Und was hat Sie eigentlich an der außergewöhnlichen Beziehung von Zwillingen fasziniert?**
Es ist der Doppelgänger, der Schatten. Ich würde nie behaupten, daß es ein Stück über Inzest ist. Ich würde sagen, es geht um eine Liebesbeziehung zwischen einem Bruder und einer Schwester. Also, mein nächstes Stück, *On Raftery Hill*, das würde ich ein Inzest-Stück nennen. Jedes Tabu ist faszinierend. Eine der ältesten Geschichten handelt davon, daß die Welt durch einen Bruder und eine Schwester entstanden ist, jedenfalls die griechische Welt, in Ovids *Metamorphosen*, in der Geschichte von Byblis, als die Schwester sich in ihren Bruder verliebt.

Portia konfrontiert in dem Stück jeden mit der harten und grausamen Wahrheit, sie verbirgt nichts und läßt keinen aus, im Gegensatz zu den anderen, die ihre schrecklichen Geheimnisse ver-

bergen. Kann sie sich der Wahrheit stellen, weil sie ihrem eigenen Tod ins Auge blickt?
Ich denke schon, ja. Sie ähnelt einer Wilden im Wald. Sie lügt nicht, aber wenn sie es tut, dann, um auf eine größere Wahrheit hinzuweisen. Sie ist aber auch ein Mensch, der sich in Auflösung befindet, ihr bleibt keine Zeit mehr für irgend etwas anderes. Sie hat auch große Angst. Ich glaube, sie möchte leben, aber der Schatten ist zu stark. Es ist ihr zu sehr vorherbestimmt, sie kann nicht weitermachen. Es ist zu schmerzhaft. Sie sagt ja an einem Punkt über ihren Bruder: «Eigentlich habe ich ihn gar nicht besonders gut leiden können.» Es geht über Liebe hinaus. Es ist eine Kraft, die auf sie einwirkt, und sie kann nichts tun, außer sie abzuwehren. Sie ist auch ungeheuer egoistisch, das gefällt mir gut. Es ist viel ehrlicher. Da kann man aussprechen, was man will. Und ihre Grausamkeit hat auch einen gewissen Reiz. Aber es ist eben sehr reizvoll, auch wenn es grausam ist, Dinge auszusprechen, wenn sie wahr sind. Sie hat eine große Reinheit. Ich liebe sie. Ich kann verstehen, warum das anderen überhaupt nicht so geht, weil sie natürlich ein kleines Monster ist. Aber ich liebe ihren inneren Kampf, verstehen Sie? Und die Härte und die Gemeinheit. Und sie fickt rum und kriegt nichts auf die Reihe, aber sie hat eine schärfere Intelligenz als alle anderen. Sie hat ein sehr viel genaueres Gespür als die anderen, als es den anderen bewußt ist. Und sie ist ihnen ein bißchen peinlich. Sie wollen ihr sagen: «Halt's Maul, und tu das, was du tun sollst. Kümmere dich um deine Kinder, und sieh zu, daß dein Haus sauber ist.» Und sie sagt: «Nein, das hab ich alles schon probiert.»

Ihre Arbeiten entwickeln unglaublichen Sinn für Komik und emotionale Intensität. Wie kann ein Stück, das im Kern so tragisch ist, gleichzeitig auch so komisch sein?
Der irische Dichter Patrick Kavanagh sagt, daß die Tragödie eine unterentwickelte Komödie ist. Es gibt nur eine ganz schmale Trennungslinie dazwischen. Tragische Ereignisse sind oft rasend

komisch, wenn sie auf eine bestimmte Weise erzählt werden, aus einer besonderen Perspektive, mit einem bestimmten Funkeln. Komik ist für mich extrem wichig. Wenn ich in meiner Arbeit keine Komik entdecken kann, weiß ich, daß etwas nicht stimmt, weil die Leichtigkeit fehlt, und die ist beim Schreiben von Stükken, besonders bei Tragödien, so wichtig. Das Bedürfnis nach Lachen und Weinen entspringt derselben Quelle. Nur merkwürdigerweise funktioniert die Komik in der Tragödie eigentlich immer, aber die Tragik in der Komödie ganz selten.

Ihre Stücke vermitteln eine tiefe Achtung vor der Natur, die in *Die Mai* und in *Portia Coughlan* eine starke Rolle spielt, der Eulensee und der Belmont Fluß sind immer im Bewußtsein. Was macht diese starken Bilder so wichtig für Sie?
Mich fasziniert Natur im Zusammenhang mit Erinnerungen oder Assoziationen von Menschen. Bei Portia wird über den Fluß gesprochen, aber sie ist der Fluß. Sie und Gabriel. Wenn Natur einfach nur so in einem Stück auftaucht, interessiert mich das nicht, doch wenn Natur auf den Charakter einer Figur bezogen ist oder auf Erinnerungen, Assoziationen oder den Glauben, dann entsteht eine andere Dimension, wird es eine andere Metapher, die das Stück bereichert.

Ist es schwierig, Inszenierungen Ihrer Stücke in Irland durchzusetzen, weil die finanziellen Möglichkeiten dort so begrenzt sind? Wurden deshalb einige ihrer Stücke in England und inzwischen auch in den Vereinigten Staaten inszeniert?
Na ja, ich habe es geschafft, daß bis jetzt alle Stücke in Irland inszeniert worden sind, aber das kann sich ändern. England und Amerika, das sehe ich als Geschenke. Eine Inszenierung am Royal Court ist für mich eine große Sache und eine Produktion in Amerika natürlich genauso. Ich weiß nicht. Wenn hier überhaupt jemand Probleme hat, dann höchstens ich. Wenn das Stück gut genug ist, wird es von alleine laufen. Das glaube ich

wirklich. Zeig das Stück, und wenn es gut ist und du dein Bestes hineingelegt hast, wird es auch aufgeführt werden. Das ist irgendwie ein Gesetz. Wenn man ständig sagt: «Oh, so viele Probleme», dann wird es auch ständig welche geben. Ich bekam eine Menge Unterstützung, in der Hinsicht hatte ich viel Glück, und ich bin froh darüber, weil ich weiß, daß das nicht der Normalfall ist. Natürlich könnte sich in den kommenden fünf Jahren alles ändern. Vielleicht will man nichts mehr von mir wissen. Aber das ist mir dann auch recht. Es ist sowieso eine Reise. Eine Reise, die ein Leben lang dauert. Die Arbeit eines ganzen Lebens. Im Moment sieht es für mich sehr gut aus, aber in den Biographien von Autoren kann man ja nachlesen, daß die wirkliche Herausforderung darin besteht, ein Leben lang das durchzustehen, ein Stück nach dem anderen. Und dabei versuchen, immer besser zu werden, immer tiefer zu dringen. Und nicht schreiben, um zu gefallen. Wenn du schreibst, um zu gefallen, wirst du es nie durchstehen. Da kriegst du vielleicht ein paar Stücke hin, aber wenn es nicht um dich geht, wenn du nicht darin zu spüren bist ... das Publikum hat ziemlich gute Antennen. Das merken die.

(Aus «Rage and Reason – Women Playwrights on Playwriting» von Heidi Stephenson und Natasha Langridge, Methuen, London 1997; Übersetzung: Corinna Brocher)

Marina Carr

PORTIA COUGHLAN

Deutsch von
Chris Ohnemus

Portia Coughlan war ein Auftragswerk
für das National Maternity Hospital, Dublin.
Die Uraufführung war am 21. März 1996
am Peacock Theatre, Dublin (Regie: Garry Hynes).
Am 9. Mai 1996 hatte die Produktion
am Londoner Royal Court Theatre Premiere.

Für Dermot

Personen

Portia Coughlan, dreißig
Gabriel Scully, fünfzehn, Portias Zwillingsbruder, ein Geist
Raphael Coughlan, fünfunddreißig, Portias Ehemann, hat einen Hinkefuß
Marianne Scully, etwa fünfzig, Portias Mutter
Sly Scully, etwa fünfzig, Portias Vater
Maggie May Doorley, etwa fünfzig, Portias Tante, Mariannes Schwester
Senchil Doorley, etwa fünfzig, Maggie Mays Ehemann
Blaize Scully, achtzig, Portias Großmutter
Stacia Diyle (der Zyklop von Coolinarney), dreißig, Portias Freundin
Damus Halion, etwa dreißig, Portias Geliebter
Fintan Goolan, etwa dreißig, der Barmann des «High Chaperal»

Bühne

Das Stück spielt im Belmont-Tal in den Midlands. Auf der Bühne sollten sich drei Räume befinden: das Wohnzimmer von Portia Coughlans Haus, das Flußufer des Belmont, die Theke im «High Chaperal».

Zeit

Die Gegenwart.

ERSTER AKT

Erste Szene

Licht wird in zwei getrennten Bereichen aufgezogen. In einem: Portia Coughlan in ihrem Wohnzimmer. Sie trägt ein Nachthemd und ein Sweatshirt. Aufgelöst und barfuß steht sie da, starrt vor sich hin, einen Drink in der Hand, die Vorhänge sind geschlossen. Der andere Bereich wird gleichzeitig hell und zeigt Gabriel Scully, ihren toten Zwillingsbruder. Er steht am Ufer des Belmont und singt. (Musik nach eigener Wahl.) Beide spiegeln die Körperhaltung und Bewegungen des anderen in sonderbarer Weise, unbewußt. Portia steht da und trinkt, sieht verloren aus, lauscht Gabriels Stimme mit großer Sehnsucht.
Auftritt Raphael Coughlan, Portias Ehemann. Er hat einen Hinkefuß. Er bleibt unbeachtet von Portia stehen, beobachtet sie, Autoschlüssel baumeln, Handy. Als er zu sprechen beginnt, verlöscht Gabriels Stimme, und das Licht auf ihn wird eingezogen.

RAPHAEL Herrgott noch mal.

Portia dreht sich um, ihn anzuschauen, schaut weg, schenkt sich nach.

Zehn Uhr in der Früh, und du bist schon wieder dabei.
PORTIA Ich hab gedacht, du wärst arbeiten.
RAPHAEL War ich auch.
PORTIA Kommst zurück und kontrollierst mich.
RAPHAEL Eigentlich nicht. *(Hält die Cognacflasche hoch, schaut nach, wieviel noch drin ist, sieht Portia an)* Und in der Küche steht Geschirr, das hat die ganze Woche noch keinen Tropfen Wasser gesehn.

PORTIA So so.

RAPHAEL Und die Kinder, hast du die in dem Aufzug zur Schule gefahren?

PORTIA *(zündet sich eine Zigarette an)* Stacia hat sie hingebracht.

RAPHAEL Haben sie gefrühstückt?

PORTIA Ja sicher, wofür hältst du mich eigentlich.

RAPHAEL Frag ja nur, Portia.

PORTIA Laß es sein, ja! Und wenn du dich so um sie sorgst, dann kümmer dich doch selber!

RAPHAEL Und du gehst los und verdienst das Geld.

PORTIA Auch wenn du gar nichts mehr verdienen würdest, wären wir immer noch reich ... Tee?

RAPHAEL *(verneinend)* Mm-Mm.

PORTIA Viel los in der Fabrik?

RAPHAEL Hmm.

PORTIA Ist mein Geburtstag heute.

RAPHAEL Ach ja.

PORTIA Dreißig ... mein halbes Leben ist vorbei.

RAPHAEL Du tust mir wirklich leid.

PORTIA Trink einen mit mir ... an meinem Geburtstag.

RAPHAEL Um die Zeit, du bist wohl nicht bei Trost.

Portia gießt sich trotzig nach.

PORTIA Prost. *(Hebt das Glas)*

Raphael nimmt ein Päckchen aus der Tasche und wirft es ihr zu.

RAPHAEL Wegen dem bin ich zurückgekommen, heute morgen. Herzlichen Glückwunsch, Portia.

PORTIA Ich dachte, du hast es vergessen.

RAPHAEL Ah ja.

Portia öffnet das Päckchen. Ein ordinäres Diamant-Armband, sie ist irgendwie abgestoßen von seiner Protzigkeit, ihr Geschmack ist besser.

PORTIA Diamanten.

RAPHAEL Warum nicht.

PORTIA Danke, Raphael … es ist wunderschön. *(Steht da und schaut das Armband an)*

RAPHAEL Portia?

PORTIA Was.

RAPHAEL Was ist los mit dir?

PORTIA Nichts.

RAPHAEL Nichts … na dann, besser, ich geh wieder zurück. Pack das wohin, wo's sicher ist, hat mich fünf Tausender gekostet.

Raphael ab.

Gabriels Stimme ertönt wieder, Portia hört eine Minute zu, legt eine CD auf, um die Stimme zu übertönen, dreht die Lautstärke auf, Gabriels Stimme verklingt. Portia ab.

Zweite Szene

Auftritt Maggie May Doorley, eine alte Prostituierte, schwarzer Minirock, schwarze Strumpfhosen, weiße Stöckelschuhe, sexy Bluse, jede Menge Modeschmuck, Kippe im Mund, sie trägt ein großes Paket. Ihr folgt Senchil Doorley, ihr Ehemann, die Hälfte ihres Umfangs, mager, umständlich, liebenswert.

SENCHIL *(folgt ihr, halb tänzelnd, halb rennend)* Laß mich das tragen, Spatz.

MAGGIE M *(mit der Kippe im Mund)* Ist gut, Spatz! Ich hab's schon, und dein Arzt hat sowieso gesagt, daß du auf dein Herz aufpassen mußt. *(Ruft)* Portia!

SENCHIL Bist du sicher, Spatz? *(Paket)*

MAGGIE M Ja, Spatz.

SENCHIL Hier, stell's hin, Spatz.

MAGGIE M Ist gut, Spatz, Portia!

SENCHIL Du sollst deine Stimme schonen, Spatz!

MAGGIE M Ja gut, Spatz. Portia! Nimm mir die Zigarette aus dem Mund, Spatz, das qualmt mir in die Augen.

SENCHIL *(nimmt die Zigarette aus ihrem Mund)* Willst du noch 'n Zug, bevor ich sie ausmach, Spatz?

MAGGIE M Hmm. *(Zieht an der Zigarette)* Meinst du, sie ist weggegangen?

SENCHIL Ihr Auto ist jedenfalls draußen, setz dich hin, Spatz, deine Krampfadern, du sollst die hohen Dinger nicht anziehen, Spatz, wie oft ich dir das schon gesagt hab.

MAGGIE M Portia!

PORTIA *(off)* Was?

SENCHIL Sie ist da, Spatz!

MAGGIE M Nur deine alte Tante!

PORTIA Setzt euch hin, ich komm gleich raus.

MAGGIE M Zünd mir mal 'ne Zigarette an, Senchil.

SENCHIL *(zündet umständlich eine an)* Du rauchst zuviel, Maggie May, und deine Lunge hast du auch schon fünf Jahre nicht mehr untersuchen lassen.

MAGGIE M Kommt schon noch, Spatz, kommt schon.

SENCHIL Wann?

MAGGIE M Bald, bald.

SENCHIL Ich hab's satt, immer wieder für dich Termine zu machen, Maggie May.

MAGGIE M Das weiß ich, Spatz, ich versteh dich ja.

SENCHIL Solang du auch weißt, daß man mich nicht ausnutzen darf, Maggie May.

MAGGIE M *(hört ihm nicht zu, raucht)* Ich weiß, Spatz.

SENCHIL Und tot hab ich nichts von dir, Maggie May, und das ist die Wahrheit.

MAGGIE M Ich bin nicht am Sterben, Senchil, kein bißchen.

Portia kommt herein, trägt Rock, Sandalen und einen weiten Pullover. Die gleiche Kleidung im ersten und im dritten Akt.

Da bist du ja.

PORTIA *(küßt Maggie May)* Wie geht's dir, Senchil?

SENCHIL Mir geht es sehr gut, danke, Portia, und dir, schöner Tag, schön, sehr schön, an so einem Tag läßt man den Bullen zu den Kühen, und der Bock springt auf die Schafe.

MAGGIE M *(schaut ihn an)* Hmm, ist aber kein Bulle oder Bock zu sehen, Portia, zu deinem Geburtstag. *(Gibt ihr das Paket)*

PORTIA Ach, das war doch nicht nötig, Maggie May.

MAGGIE M Patenkind bleibt Patenkind, richtig, Senchil?

SENCHIL Richtig, Spatz.

PORTIA Was ist es?

SENCHIL Mach's auf und schau nach.

Portia holt ein etwa ein Meter großes, weißes, sich aufbäumendes Pferd aus Delfter Porzellan aus der Verpackung.

PORTIA *(lacht)* Allmächtiger, wer weiß, eines Tages spring ich auf und reite auf ihm davon.

MAGGIE M Das hab ich auch gedacht, als ich es gesehen habe.

SENCHIL Wir haben's aus dem Gartencenter.

PORTIA Ich finde es wunderschön, Maggie May, du bist sehr lieb zu mir.

MAGGIE M Och, Senchil hat auch was dazugegeben.

SENCHIL Soll ich mal Tee machen, Spatz?

MAGGIE M Mach du dir welchen, Spatz, ich möchte einen Cognac, wenn Portia mir einen anbietet.

PORTIA Aber ja.

SENCHIL *(holt eine Packung Vollwertkekse aus seiner Tasche und bietet sie an)* Willst du einen, Portia?

PORTIA Ich nicht, Senchil.

MAGGIE M Nein, danke, Spatz.

SENCHIL Es stört dich doch nicht, wenn ich meine eigenen Kekse mitbringe, Portia?

MAGGIE M Aber warum denn, Spatz, Portia weiß doch, daß dir alles andere aufs Herz schlagen würde.

SENCHIL Es ist nämlich so, wenn ich einen Schokoladenkeks essen würde, dann würde sich die Schokolade nämlich in einen Pfropfen verwandeln, und genau dieser Pfropfen würde zu meinem Herz hinaufwandern, und *(bedeutungsvolle Pause)* aus wär's.

MAGGIE M Halt dich an deine Vollwertkekse, Senchil, mehr sag ich dazu nicht.

SENCHIL Mach ich, Spatz, mach ich.

Senchil ab.

MAGGIE M Bist sehr in dich gekehrt, Portia.

PORTIA *(trinkt)* Findest du?

MAGGIE M An deinem Geburtstag und überhaupt.

PORTIA So.

MAGGIE M Ist Raphael gut zu dir?

PORTIA Hmm.

MAGGIE M Das freut mich, und die Kinder?

PORTIA Sind fast schon richtige Männer, Jason wird zwölf nächsten Dezember, Peter zehn, und Quentin ist schon in der Schule ... ich war zu jung, Maggie May ... mit siebzehn verheiratet, Jesus, was hab ich mir dabei gedacht?

MAGGIE M Ja, Spatz.

PORTIA Und ich weiß noch, wie du's mir gesagt hast.

MAGGIE M Auf mich hat noch nie jemand gehört, außer Senchil, und schau ihn dir an ... vielleicht bist du ja besser dran, verheiratet mit einem von den reichsten Männern der Gegend, schönes Haus, schöne Kleider, alles rundum schön.

PORTIA Und ich wollte auf die Hochschule, ich hab schon meinen Studienplatz gehabt, aber Papa sagt nein, heirate Raphael.

MAGGIE M Der alte Sly Scully, den hab ich nie ausstehen können, Gott verzeih mir, daß ich so über deinen Vater rede.

PORTIA Ich kann ihn auch nicht leiden.

MAGGIE M Die ganzen Jahre hat der deine Mutter gegen mich aufgehetzt.

PORTIA Mutter ... die war immer sehr schwach.

MAGGIE M War sie nicht immer, Portia. Wir hatten tolle Zeiten zusammen, ich und sie, wir haben richtig einen draufgemacht. Aber dein Vater und seine alte Mutter, die zwei haben alles aus ihr herausgeprügelt, was man rausprügeln kann, und dann verliert sie noch ihren Sohn.

PORTIA Ja.

Auftritt Senchil.

MAGGIE M Hast du dir Tee gemacht, Spatz?

SENCHIL Ja, Spatz, soll ich jetzt abwaschen, Portia?

PORTIA Was? *(Gabriels Stimme ist erklungen und hat sie mitgenommen.)*

SENCHIL Abwaschen.

PORTIA Herrje nein, Senchil, ist lieb, aber laß gut sein.

MAGGIE M Senchil kann fabelhaft abwaschen.

SENCHIL Ich find das schön, wenn ich aus dem Fenster schaue, auf Maggie Mays Ringelblumen, und das Geschirr abwasche, was, Spatz?

MAGGIE M Genau.

PORTIA Der Tag ist so jung, und ich steck hier fest bis in alle Ewigkeit. Ich muß raus, Maggie May.

MAGGIE M Komm mit uns in die Stadt.

SENCHIL Ja, komm.

PORTIA Ich glaub, ich geh spazieren, macht die Tür hinter euch zu.

Portia ab.

SENCHIL Wiedersehn, Spatz!

MAGGIE M Die ist aber komisch beieinander.

SENCHIL Sie ist eben allein mit sich, ja, Maggie May Spatz?

MAGGIE M Ja, das ist sie.

SENCHIL Also, falls du dich jemals allein und ganz von der Welt verlassen fühlst, da hoffe ich aber, daß du genug Anstand hast und es mir sagst.

MAGGIE M Aber sicher, Spatz.

SENCHIL Und ich würde alle Wolken ganz schnell wegpusten.

MAGGIE M Aber bestimmt, Spatz. Gehn wir jetzt, oder trink ich noch einen?

SENCHIL Ist zu früh, Spatz.

MAGGIE M Jetzt fang nicht wieder mit deinem Vortrag übers Trinken an, Spatz, das halt ich nicht aus.

SENCHIL Nein, nein, Spatz, aber es bekommt dir einfach nicht, Cognac zum Frühstück, wo ich dir doch alles brate, was da ist, aber meinst du, du ißt es, nein, du doch nicht. Mußte es wieder der Katze geben.

MAGGIE M Spatz! Spatz! Sei still! Sei still!

SENCHIL *(folgt ihr)* Ein Benehmen, Maggie May! Ein Benehmen!

Dritte Szene

Auftritt Damus Halion, dunkelhäutig, gutaussehend. Er pflückt ein Büschel Veilchen am Ufer des Belmont Flusses, arrangiert sie zu einem Strauß.
Auftritt Portia.

DAMUS *(küßt sie, steckt ihr ein Veilchen ins Haar)* Für das Geburtstagskind. *(Gibt ihr die Blumen, tritt zurück und bewundert Portia)* Bald bist du eine alte Schachtel, Portia Coughlan.

PORTIA Scheint dich jedenfalls nicht abzuschrecken.

DAMUS Wo warst du so lang?

PORTIA *(setzt sich ans Ufer)* Besuch gehabt.

DAMUS Ich sag mir, entweder sie hat mich mal wieder verlassen, oder aber der alte Hinkepeter ist endlich draufgekommen.

PORTIA Du sollst ihn nicht Hinkepeter nennen, das kann ich nicht ausstehen, es ist nicht seine Schuld, daß sein halber Fuß weg ist.

DAMUS Na ja, es gibt viele, die sagen, er hätt's absichtlich gemacht, wegen dem Schmerzensgeld.

PORTIA Lauter Lügen, und das weißt du genau! Wer hackt sich denn selber den Fuß ab, bei klarem Verstand, für das bißchen Geld?

DAMUS Ich kenn genug, die's für eine halbe Million machen würden, aber wie du deinen Gatten verteidigst, das ist wirklich umwerfend, finde ich, und ein bißchen überspannt. Wenn du mir gehören würdest, Coughlan, und du würdest so über mich reden, wie du über deinen Mann, diesen Waschlappen da, redest, ich würd dir den Kopf abhacken und mir zum Nachtessen braten.

PORTIA Also, ich gehör weder dir noch sonstwem, Damus Halion.

DAMUS Ach, so ist das also.

PORTIA Hast du mal eine Zigarette? *(Er steckt ihr eine an, sie legt sich auf den Rücken und raucht.)* Wunderschön hier.

DAMUS *(küßt sie, ein langer, leidenschaftlicher Kuß)* Los komm, rauf ins Bootshaus.

PORTIA Ja, gleich.

DAMUS Ich muß in einer Stunde zurück sein.

PORTIA Dann geh, wenn du Schiß hast.

DAMUS Wieder mal sehr launisch.

PORTIA Herrgott noch mal, Damus, können wir nicht einfach hier sitzen und reden, oder willst du nicht mit mir reden. Warum muß es immer das verschwitzte Gerammel im Bootshaus sein?

DAMUS Gnädige Frau, Sie haben mich doch angemacht, und jetzt wollen Sie nur reden?

PORTIA Soweit ich weiß, ist es eine ganze Weile her, daß ich dich so was wie angemacht habe.

DAMUS Tatsächlich … Warum kommst du dann noch her?

PORTIA Ich komme hierher, weil ich immer hierhergekommen bin, und ich glaube, ich werde noch hierherkommen, wenn ich schon lange tot bin. Ich werd noch als Geist hier liegen und Geisterzigaretten rauchen und euch Sterblichen zuschauen, wie ihr eure sinnlosen Tage verbringt.

DAMUS Du bist genauso übergeschnappt wie dein Zwilling.

PORTIA Und du bist genauso verblödet wie der ganze Rest hier. Ich hab mal gedacht, ich hol dich raus aus diesem Dreck, aber du kannst den einfach nicht loswerden.

DAMUS Du bist auch nicht weit vom Dreck aufgewachsen, Portia Coughlan. Deine Tante ist die Dorfmatratze, und dein Vater macht den alten Tim Lahane betrunken und stiehlt ihm sein Land.

PORTIA Mein Vater hat das Land offen und ehrlich gekauft.

DAMUS Ja ja, und der alte Tim Lahane ist untern Tisch gekrochen und hat's ihm überschrieben, der hätte doch nüchtern nie verkauft.

PORTIA Du weißt ja gar nicht, was du redest, also halt dein großes blödes Maul, bis du's wieder weißt.

DAMUS Du machst mehr Ärger als sonstwer, Portia Coughlan, immer schon. Es gab mal eine Zeit, da wolltest du mich heiraten, aber dann war ich dir nicht mehr gut genug, ja, wie dein gieriger Blick auf Raphael Coughlan gefallen ist. Mit seinem großen Auto und seiner großen Fabrik und dem vielen Geld, das ihm sein Goldesel scheißt.

PORTIA Genau, spuck's nur aus, dann geht's dir besser, Jesus, wie verbittert du bist.

DAMUS Du bist auch kein Bild von Seligkeit, schau dich doch an.

PORTIA Du hast recht, ich bin nicht zufrieden, und ich war's schon lange nicht mehr.

DAMUS Los komm, ins Bootshaus, noch ist Zeit.

PORTIA Ich muß gehen.

DAMUS Morgen.

PORTIA Wenn mir danach ist.

Sie nimmt die Blumen aus ihrem Haar und wirft sie in den Fluß.

DAMUS Ich weiß nicht, was du von mir willst.

PORTIA *(im Abgehen)* Ich weiß es auch nicht.

DAMUS Leck mich! *(Geht ab)*

Vierte Szene

Das High Chaperal. Auftritt Stacia, der Zyklop von Coolinarney, und Portia. Sie setzen sich an die Theke des High Chaperal.

STACIA Und Quentin hat sich die Augen ausgeheult, ich mußte ihn vom Auto bis ins Klassenzimmer tragen.

PORTIA *(hört kaum zu)* Ist sehr schwierig, der Quentin.

STACIA Er ist doch noch ein Kind, Portia, du könntest schon weniger hart mit ihm sein.

Auftritt Fintan, der Barkeeper, Cowboystiefel, Sporen, Reiter-Abzeichen.

FINTAN Meine Damen, Sie sehen aber besonders schön aus an diesem schwülen Sommertag.

STACIA Portia hat Geburtstag.

PORTIA Da hast du doch einen Grund, mich zu küssen. *(Bietet ihre Wange an)*

FINTAN Geh mir mit deiner Backe weg. Die ist was für Omas und alte vertrocknete Tanten. Ich küsse Frauen grundsätzlich nur auf die Lippen, oder auf die Beine.

STACIA Hör dir den an, so eine Frechheit!

PORTIA *(bietet ihm ein Bein an)* Dann eben das Bein, meine Lippen gehören Raphael, Gott steh ihm bei. *(Das Bein wird geküßt.)* Jetzt geh weg und laß mein Bein los, bevor du's verschluckst.

FINTAN Ich hab schon Schlechteres verschluckt.

STACIA Eine Flasche Most, Fintan, und was willst du, Portia?

PORTIA Dasselbe wie immer.

FINTAN Cognac und Ginger, kommt sofort.

STACIA Der geht aber ran. Wie findest du meine neue Augenklappe, Portia?

PORTIA Steht dir.

STACIA Schweinsleder. Ich hab vier Stück, eine blaue, eine grüne, eine gelbe und eine schwarze, für die Kirche und die Beerdigungen. Hab ich alle in England bestellt.

PORTIA Ich weiß nicht, Stacia, manchmal denk ich, wenn man mein Auge ausgestochen hätte, ich würde überhaupt keine Klappe drüberziehn.

STACIA Nein, nein, Portia, da würden sich die Kinder ja fürchten, so schämen sie sich nur ein bißchen für mich.

PORTIA Schande über sie.

Auftritt Fintan mit den Getränken.

FINTAN Das geht aufs Haus, meine Damen, sagen wir, ein Geburtstagsgeschenk, wie alt bist du eigentlich?

STACIA Du weißt genau, wie alt sie ist, wenigstens müßtest du wissen, daß du eine Klasse unter ihr warst, bei Mrs. Sullivan in der Schule. Du laberst ja nur, weil du sie rumkriegen willst.

FINTAN Weißt du was, Stacia Diyle, du wirst immer scharfäugiger, seit du dein Auge verloren hast.

STACIA Weil ich dich besser durchschauen will, Fintan Goolan. Hast du keine Arbeit, die auf dich wartet, daß du zwei verheirateten Frauen dauernd um die Röcke schnüffelst.

FINTAN Nicht, daß du dir was einbildest, Stacia Diyle, wem ich hier den Hof mache, und daß du's weißt, ich schnüffle nur da, wo's was zu riechen gibt. *(Schaut Portia an und geht)*

STACIA Bleib weg von dem, Portia, mit dem gibt's nur Ärger.

PORTIA War doch bloß Spaß, du bist viel zu streng, Stacia.

STACIA Ich sag's dir, Portia, der Kerl legt dich flach, und am nächsten Tag weiß es die ganze Stadt, der hat einer Kusine von mir was in den Ofen geschoben und es dann hundertprozentig abgestritten, den kann ich überhaupt nicht leiden.

PORTIA Na trotzdem, Prost! *(Trinkt)*

STACIA Geht Raphael heut abend mit dir feiern?

PORTIA Feiern … ich und Raphael … das kann ich mir nicht vorstellen.

STACIA Führt er dich nicht zum Essen aus oder irgendwas?

PORTIA Nein, solche Späße haben wir hinter uns, ich jedenfalls.

STACIA Gott, Justin und ich, wir gehen regelmäßig aus, man braucht doch Zeit miteinander, Portia.

PORTIA Und über was redet ihr dann, du und dein Justin, wenn ihr Zeit miteinander habt?

STACIA Was meinst du, über was wir dann reden?

PORTIA Ich meine, ist das ein Unterschied, ob du ihm gegenübersitzt und eine Kerze ist zwischen euch oder ob ihr daheim seid in euren Sesseln und euch anschaut.

STACIA Natürlich ist das ein Unterschied.

PORTIA Dann erklär ihn mir.

STACIA Herrje, also, ich weiß nicht, ob ich das jetzt so richtig sagen könnte.

PORTIA In letzter Zeit, da schau ich Raphael oft an, wie er mir gegenüber im Sessel sitzt. Er ist dauernd müde, sein schlimmes Bein liegt auf dem Hocker, er macht die Buchführung für die Fabrik, ganz in sich versunken, und ich denke, wir zwei, wir könnten genausogut tot sein, bei der Freude, die wir aneinander haben. Die Kinder schlafen, das Haus knarrt wie ein Sarg, all die Türen und Böden aus Holz. Manchmal, da kann ich überhaupt nicht mehr atmen.

STACIA Du mußt mehr machen, Portia, geh raus aus dem Haus, geh weg von dem Fluß, warum bringst du ihn nicht dazu, daß er mit dir in Urlaub fährt. Wann hast du das letzte Mal Urlaub gehabt?

PORTIA Ich hab noch nie einen gehabt, Stacia.

STACIA Herrje, genau, du hast noch nie Urlaub gehabt. Haarsträubend ist das! Portia, haarsträubend!

PORTIA Ich will gar keinen, ich glaub nicht, daß ich eine Nacht weg vom Belmont-Tal überleben würde.

STACIA Spinn doch nicht, natürlich, wahrscheinlich würd es dir sogar gefallen.

PORTIA Ach, sicher, ich könnte das aushalten, was für andere Leute Urlaub ist, aber ich würde immer an den Belmont-Fluß denken müssen. Ich würde mich fragen, ob er wild oder sanft fließt, ob das Ufer dreckig ist oder trocken, ob die Lachse ihre Reise ins Meer anfangen, ob die Frösche bei den Wasserlilien laichen, ob der Reiher zurück ist, all das würde ich mich fragen und noch tausend andere Fragen, die der Fluß über mich schwemmt.

STACIA Ich weiß, Portia, ich weiß.

PORTIA *(leert ihr Glas)* Noch einen?

STACIA Die Schule ist gleich aus, die Kinder werden warten, ich geh nur noch aufs Klo.

Stacia geht ab. Die Stimme von Gabriel ist zu hören, schwach. Auftritt Fintan.

FINTAN Du könntest eine bessere Gesellschaft vertragen als den Zyklop von Coolinarney.

PORTIA Nenn sie nicht so vor mir, und wenn du mich vögeln willst, Fintan Goolan, dann zeig Anstand und frag mich wie ein Mann, statt daß du ein Getue um mich machst wie eine alte Glucke.

FINTAN Mächtig überzeugt von dir, was.

PORTIA Ich hab gesehen, wie du schaust, fast jedesmal, wenn ich hier hereinkomme.

FINTAN So so.

PORTIA Tu nicht so unschuldig.

FINTAN Also, ich hätte Zeit heute abend.

PORTIA Das kann ich mir denken ... um sieben ... am Belmont-Fluß.

FINTAN Ich führ dich zum Essen aus.

PORTIA Essen kann ich daheim, ich will dich nur ficken, ich will herausfinden, ob du irgendwas taugst, ich will sehen, ob irgendwas dahintersteckt, hinter dem Cowboy-Getue und dem Süßholzgeraspel.

Portia geht ab. Stacia ist zurückgekommen, um ihre Tasche zu holen, hat Fintan und Portia zugehört.

STACIA Schaust, wo du ihn reinstecken kannst, Goolan? *(Klappt ihre Augenklappe hoch)* Na los, mach! Mach schon, du Wichser!

Stacia geht ab.

FINTAN *(schaut ihr nach)* Jesusmaria! *(Ab)*

Fünfte Szene

Auftritt Gabriel Scully, er geht am Belmont-Fluß entlang, singt, es muß gespenstisch wirken. Portia ist in ihrem Wohnzimmer, die Augen geschlossen, sie lehnt an der Tür und lauscht. Bleibt so eine Weile. Es klingelt an der Haustür. Portia bewegt sich nicht. Es klingelt wieder. Immer noch keine Bewegung. Und noch einmal klingelt es, ungeduldig, aggressiv, immer noch bewegt sich Portia nicht. Auftritt Marianne Scully, Portias Mutter, sie betrachtet Portia, wie sie mit geschlossenen Augen an der Tür lehnt.

MARIANNE Du hältst es also nicht mal mehr für nötig, die Tür aufzumachen.

PORTIA *(die Augen immer noch geschlossen, Gabriels Lied wird schwächer)* Ich hab an dem verhexten Klingeln erkannt, daß du es bist und daß du gleich hier reinplatzen wirst, weil du nie gelernt hast, Mutter, einem Menschen Raum und Ruhe zu geben.

MARIANNE Wieder eine von deinen miesepetrigen Launen. *(Fängt an aufzuräumen)*
Wie das hier aussieht! Schau dir das an!

PORTIA Laß es!

MARIANNE *(räumt weiter auf)* Man könnte meinen, du hättest nie gelernt, wie man ein Zimmer staubsaugt oder einen Sims abwischt, man muß sich ja schämen für dich.

Sie räumt weiter auf in hilfloser Wut, Portia macht alles wieder rückgängig.

Hör jetzt auf damit! Und wo sind deine Kinder? Spielen wahrscheinlich unten am Belmont-Fluß. Du kannst froh sein, wenn sie nicht eines Tages reinfallen und ertrinken.

PORTIA Das würde dir gefallen, ja, am Grab von einem deiner süßen Enkel weinen. Die Geschichte würde sich wiederholen, ja, als würde man Gabriel noch einmal begraben. Ich weiß, wie dein verbittertes Hirn arbeitet, du denkst, wenn einer von meinen Söhnen ertrinkt, das könnte vielleicht erklären, wie mein Zwilling verlorenging. Nur, Mutter, nichts wird das jemals erklären, nichts.

MARIANNE Ach, hör auf mit diesem Unsinn, ich weiß gar nicht, was du meinst, du bist so schwierig, Portia, immer schon gewesen.

PORTIA Ich weiß, Mutter, was hinter den zufälligen Worten steckt, den verdeckten Andeutungen, den abgebrochenen Sätzen, und ich kenne jede Windung deines Gehirns, so wie ich jede Ecke, jeden Graben und jede Grube auf dem Belmonthof kenne, also komm hier nicht reingeplatzt und wünsch meinen Söhnen den Tod, nur weil du deinen eigenen nicht hast retten können. Meinen Söhnen wird es gutgehn, weil ich sie wenigstens in Ruhe lasse, auch wenn ich sonst nichts mache, und keine Erziehung ist besser als eine schlechte.

MARIANNE Du hast kein Recht, mich so finster und vorwurfsvoll an Gabriel zu erinnern.

PORTIA Er wäre heute auch dreißig geworden … manchmal denke ich, nur eine Hälfte von mir, die schlechtere, blieb übrig … Weißt du, warum ich Raphael einzig und allein geheiratet hab? Nicht weil du und Papa es gesagt habt, nicht weil er reich war, ich mach mir nichts aus Geld, nein, nur wegen seinem Namen hab ich Raphael geheiratet, ein Engelsname wie der von Gabriel, und ich dachte, durch Osmose oder weil ich's mir einfach wünschte, daß der eine die guten Seiten vom anderen annehmen könnte. Aber Raphael ist nicht Gabriel und wird es nie sein … und ich habe wieder von ihm letzte Nacht geträumt, einer von den Träumen, die so wirklich sind, daß du denkst, es geschieht jetzt tatsächlich. Gabriel war zum Abendessen hergekommen, und danach stand er auf, weil er gehen wollte, und ich sage, Gabriel, bleib übers Wochenende, aber Gabriel zaudert, aus lauter Höflichkeit mir und Raphael gegenüber. Und ich sage, Gabriel, ich bin's, Portia, dein Zwilling, sei nicht so höflich, das mußt du bei mir nicht sein … da dreht er sich um und lächelt, und ich weiß, daß er bleiben wird, und mein Herz bricht auf, und Sterne fallen aus meiner Brust, wie das in Träumen geschieht … wir waren uns sehr ähnlich, ja, Mutter?

MARIANNE Wie gespuckt, am Anfang konnte ich euch kaum auseinanderhalten.

PORTIA Wir sind Hand in Hand aus dem Mutterleib gekommen … als Gott die Seelen verteilt hat, muß er meine und die von Gabriel verwechselt haben, entweder das, oder er hat einfach für uns beide nur eine gehabt, und die ist mit ihm in den Belmont-Fluß gegangen … Oh Gabriel, du hattest kein Recht, mich so aufzugeben, mich in der Welt schwimmen zu lassen, als wär ich ein Stück Treibgut. Du hattest kein Recht … *(Beginnt unkontrollierbar zu weinen)*

MARIANNE Hör auf! Hör auf! Hör sofort auf! *(Schüttelt sie)* Es reicht jetzt! Wenn dein Vater dich hört! Nimm dich zusammen! Wenn du deinen Tag wie jede normale Frau rumbringen würdest, gäb's so was gar nicht. Hör auf! Hör auf!

Auftritt Sly und Blaize.

BLAIZE Läßt du wohl meinen Stuhl in Ruhe! Du ruinierst meine Bremsen!

SLY Marianne, mach irgendwas mit der, ich werd wahnsinnig.

MARIANNE Warum hast du sie nicht im Auto gelassen!

SLY Jesus, fang du auch noch an!

MARIANNE Alles in Ordnung, Mrs. Scully?

BLAIZE Ja, Mrs. Scully.

SLY Herzlichen Glückwunsch zum Geburtstag, Portia.

BLAIZE Geburtstage, ein Haufen Scheißdreck.

SLY Mutter, ich hab dir gesagt, du sollst nicht fluchen.

BLAIZE Und ich hab dir gesagt, daß ich die ersten achtzig Jahre von meinem Leben das Maul gehalten und ins Kissen geflucht hab, und wenn Gott findet, ich soll noch mal achtzig kriegen, dann sage ich in denen auch, was ich denke.

SLY Deine Mutter und ich haben nachgedacht, was sich unsere Portia zum Geburtstag wünschen könnte, wir haben uns das Hirn zermartert, was, Marianne?

MARIANNE Und wie.

SLY Es gibt nichts, was das Mädchen braucht oder sich wünscht, das war unsere einzig logische Schlußfolgerung.

BLAIZE Sly kann sich wieder mal nicht von seinem Geld trennen.

MARIANNE Von wem er das wohl hat.

BLAIZE Weiß Gott, du würdest lieber zur Hölle fahren, wenn sie umsonst wär, bevor du irgendein lumpiges Eintrittsgeld für den Himmel bezahlst.

SLY Gibt's irgend etwas, das du dir wünschst, Portia?

PORTIA Nein.

SLY Na bitte, sag ich doch, es gibt nichts, was das Mädchen braucht oder sich wünscht.

PORTIA Und du meinst, es reicht, daß ihr gekommen seid.

MARIANNE Gestern hab ich in der Boutique ein Kleid gesehen, purpurrot mit goldenen Sprenkeln, ich hab dir gesagt, wir hätten es ihr kaufen sollen, Sly.

SLY Dann kaufen wir's dem Mädchen, Marianne, bitte, wir kaufen es.

BLAIZE Komm los, nach Hause.

SLY Noch nicht, Mutter.

BLAIZE Wenn ich nur wieder Kraft in meinen Beinen hätte! Warum laßt ihr mich nie mehr allein? Angst, daß ich ins Feuer falle, ich wollte mich ja nur ausruhen am Ofen und den Grafen John McCormack singen hören. Aber das laßt ihr ja nicht zu, ihr Arschlöcher!

Portia schenkt sich ein Glas ein, versucht, so gut es geht, die anderen zu ignorieren.

MARIANNE Um die Zeit! Sly!

PORTIA Ihr wißt ja, wo die Tür ist, wenn euch mein Anblick zuviel wird ... will sonst noch jemand?

SLY Ja, Tee.

PORTIA Fühl dich ganz wie zu Hause, Papa.

MARIANNE Ich werd mich drum kümmern, weil deine Tochter ja kein Benehmen hat.

Marianne ab.

SLY Ich hab gesehen, wie du mit dem jungen Halion geredet hast, unten am Belmont-Fluß.

PORTIA Spionierst du mir wieder nach.

SLY Gehört zu meiner Arbeit, unten am Ufer die Zäune ausbessern. Portia, was hast du mit ihm vor? Der Kerl und wo der herkommt, das taugt nichts.

BLAIZE Der Graf! Legt den Graf auf!

SLY Ich rede mit dir, Mädchen!

PORTIA Er kannte Gabriel.

SLY Gabriel. Vergiß Gabriel, dieses unnatürliche Kind, eine Schande für mich und deine Mutter.

PORTIA Gabriel vergessen? … Er ist überall, Papa, überall. Es gibt nicht einen Winkel auf keinem deiner vierzig Felder, der mich nicht an Gabriel erinnert. Ich hör seinen Namen im Gezwitscher der Stare, die über den Belmont Hügel sausen, in kalten Winternächten brüllen die Kühe in der Scheune nach ihm. Der Fluß selbst erzählt mir, daß er einmal da war und nicht mehr ist. Und du sagst, ich soll ihn vergessen. Wenn ich mich hinlege, am Ende von noch so einem unerträglichen Tag, dann bete ich, daß es bald Zeit … Papa, du verstehst überhaupt nichts.

SLY Red nicht so auf mich herunter. Ich hab lang und schwer dafür gearbeitet, damit du hinkommst, wo du jetzt bist, auf acht Hektar Sumpf und Gestrüpp hab ich den Belmonthof zu einem der besten Höfe in der Gegend gebaut, mit diesen Händen hier. Das passiert nicht einfach mal so! Und glaubst du, Raphael Coughlan hätte dich ein zweites Mal angeschaut, wenn nicht Land und Geld dagewesen wären. Und daß du mit einem wie Damus Halion herumhängen mußt. Diese Halions kämen ja morgens nicht aus dem Bett, um die Kühe zu melken. Das sind doch Kümmerlinge! Die könnten eine Kuh nicht von einem Esel unterscheiden.

PORTIA Papa, ich hab nur mit ihm geredet.

SLY Nur geredet, ich hab mehr gesehen! Ich sag dir eins, du legst deinem herumwackelnden Arsch jetzt die Zügel an.

PORTIA Ich hab es satt, daß du mir hinter jeder Hecke, jedem Graben und jedem Erdhügel auflauerst. Ich bin eine erwachsene Frau, und was ich tue, geht dich überhaupt nichts an. *(Will weggehen)*

SLY Du bleibst hier, wenn ich mit dir rede! Und es geht mich sehr wohl etwas an, wenn der Name Scully im Spiel ist. Weißt du nicht, daß alle uns beobachten, andauernd beobachtet haben. Wo ist dein Anstand, Mädchen, deine Moral und dein Anstand, was ich und deine Mutter versucht haben, dir beizubringen.

BLAIZE Der Graf John, wo bleibt er!

Auftritt Marianne mit dem Tee. Portia will abgehen.

MARIANNE Und wo rennst du jetzt hin, wo Gäste im Haus sind?

PORTIA Gäste! Herrje, das ist doch mehr wie festes Inventar!

Abgang Portia.

MARIANNE Manchmal frag ich mich, Sly, ob das Mädchen sich noch mal fängt.

BLAIZE Ich hab dich gewarnt, Sly, laß die Finger von den Joyces aus Blacklion, das sind alles Kesselflicker.

MARIANNE Nie sind wir Kesselflicker gewesen, und das weißt du ganz genau.

BLAIZE Oh doch, doch, das wart ihr! Drei Generationen ist das her, daß ihr hier in die Gegend gekommen seid, und nichts habt ihr gehabt, nichts außer roten Haaren und fetten Ärschen. Und die Kreisverwaltung, die hat euch Häuser gebaut, von unserem hart verdienten Geld. Wir wissen nicht mal, wo ihr herkommt, niemand kennt die Herkunft von eurem Blut. Ich hab dich gewarnt, Sly! Aber du gibst ja einen Scheiß auf meine Meinung! Ein Teufel ist drin im Joyce-Blut, der war in Gabriel, und der ist auch in Portia drin. Gott schütze uns vor dem schwarzäugigen Zigeunerstamm, mit seinem schwarzen Blut und seinen schwarzen Seelen!

MARIANNE Du stehst einfach da und läßt sie so mit mir reden!

SLY Ach komm, Marianne, sie meint es nicht so.

MARIANNE Sie meint jedes Wort genau so! Und du, was warst denn du, bevor du mich geheiratet hast! Einer von den Inzüchtigen, einer von den kranken, grindigen McCoverns warst du. Man sagt, daß dein Vater dein Bruder wär!

BLAIZE Du verdammte Hure, du!

SLY Um Himmels willen, ihr Weiber, um Himmels willen.

BLAIZE Die McCoverns, die sind alle anständig gezeugt worden, das ist mehr, als man von den Joyces sagen kann!

SLY Mutter, ich sag dir, hör mit dem Scheiß jetzt auf!

BLAIZE Du halt dein Scheiß-Maul!

SLY Also gut, ich sag nichts mehr, bringt euch doch um, mir doch egal.

BLAIZE *(versucht, aus dem Rollstuhl herauszukommen)* Du eingebildete Kuh!

SLY So ist's recht, Mutter, brich dir nur die Hüfte, noch eine bezahl ich nicht!

MARIANNE Sie braucht mich nur anrühren, dann brech ich sie ihr.

BLAIZE Ich weiß, was an dir nagt, und ich hab gesehen, wie es dir das Herz zerfrißt, die ganzen fünfzehn Jahre lang!

MARIANNE Nichts weißt du!

BLAIZE Deinen Sohn hast du umgebracht, deinen wunderschönen Sohn, der eine Stimme gehabt hat wie Gott persönlich …

MARIANNE Ich hab nie auch nur die Hand gegen ihn erhoben, und das weißt du genau, du willst mich bloß aus der Fassung bringen, du gemeiner, bösartiger Trampel, du!

BLAIZE Pah, Hand! Wer redet denn von der Hand, wenn die ganze Welt weiß, daß du einen Menschen umbringen kannst, bloß wenn du ihn anschaust, wenn du lange genug und falsch genug schaust. Ich kenn doch deinen alten schwarzen Scheiß-Joyce-Einschlag und was der mit einem …

SLY Mutter, das reicht, ich warne dich, ja!

MARIANNE Sie soll mir nie mehr vor die Augen treten. Von jetzt an darfst du dich um sie kümmern. Ich werd im Schlafzimmer sitzen, wenn's sein muß, so wie sie mich gezwungen hat, als ich frisch verheiratet war, weißt du noch, du alte Hexe, wie du mich immer hochgeschickt hast in mein Zimmer, wenn die Arbeit gemacht war, und Portia und Gabriel mit mir. Um sechs Uhr abends, im Sommer, aufs Zimmer geschickt, die

Sonne hat geschienen, als wenn es Mittag gewesen wär, weil du es nicht ausgehalten hast, mit einer Joyce deine Küche zu teilen. Und du hast sie machen lassen und hast deinen Kopf eingezogen, deine Buchhaltung erledigt und vom Ackerland geträumt, und was nützt es dir jetzt, niemand hast du, dem du es vererben kannst, und die Zwillinge und ich oben im Zimmer, zu heiß zum Schlafen, und wir wissen nicht, was wir getan haben, daß man uns aus der eigenen Küche verbannt. *(Will abgehen)*

SLY Marianne.

MARIANNE Ruf mich nicht in diesem selbstmitleidigen Ton, Sly, lange genug hat mich das krank gemacht. Bring deine Mutter nach Hause und kümmer dich um sie, so wie du dich um mich und deine Kinder hättest kümmern sollen, weil, deine grobe Fürsorge, die brauchen wir nicht mehr. *(Geht ab)*

SLY Jetzt bist du zufrieden, ja! Warum kannst du die Frau nicht in Ruhe lassen!

BLAIZE Bring mich nach Hause zu John McCormack, und mach dir um die keine Sorgen, die ist zäh wie ein altes Boot, die steht in der Tür, mit verkniffenem Gesicht, und tut sich leid, noch bevor es Abend wird.

Die zwei gehen ab.

Sechste Szene

Auftritt Raphael Coughlan. Ruft.

RAPHAEL Portia. *(Keine Antwort)*

Er beginnt das Zimmer aufzuräumen. Macht Musik an. Richtet den Tisch für zwei, zündet Kerzen an. Öffnet eine Flasche Wein.

Parallel dazu am Belmont-Fluß: Auftritt Portia. Raucht. Wirft Blätter in den Fluß. Abenddämmerung. Eine Eule ruft. Sie sitzt in der Hocke und schaut in den Fluß. Auftritt Fintan. Steht da. Beobachtet sie eine Weile.

FINTAN Bist zwei Stunden zu spät.

PORTIA *(wie aus einem Traum erwacht)* Was.

FINTAN War um sieben da, wie du's gesagt hast.

PORTIA Ach so, ja.

FINTAN Sie konnte nicht weg, hab ich mir gesagt. Ein Glück, daß ich zurückgekommen bin. *(Holt einen Flachmann heraus)* Whisky?

PORTIA Warum nicht.

FINTAN *(gießt Whisky in zwei Plastikbecher)* Prost.

PORTIA Ja.

FINTAN Verflucht nah dran an daheim ... fängt hier nicht das Land von deinem Vater an?

PORTIA Ja, und stell dir vor, ich wohn auch gleich um die Ecke.

FINTAN Du gehst am liebsten gleich auf jeden los, was?

PORTIA Ich schwör dir hoch und heilig, Fintan, ich hab dich vollkommen vergessen. Ich kam hier runter, weil ich immer hier runterkomme.

FINTAN Mich vergessen! Du machst es einem Mann nicht leicht, Portia Coughlan.

PORTIA *(hört kaum zu)* So so.

FINTAN Ja, allerdings.

Er legt eine Hand auf ihren Arm, sie schaut auf die Hand, er zieht die Hand wieder zurück.

Sehr still hier.

PORTIA Du kannst die Lachse hören, wie sie stromaufwärts schwimmen, wenn du genau hinhörst, wie sie sich durchzappeln zum Shannon, bis hinauf zur Mündung ins Meer, und von dort in einer langsamen Seefahrt nach Hause ziehen, zu den Laichgründen des Indischen Ozeans.

FINTAN Tatsächlich.

PORTIA Sie haben diese Strecke noch nie zurückgelegt, sie werden geboren und wissen einfach, wohin die Reise geht.

FINTAN *(völlig desinteressiert)* Spannend, sehr spannend.

PORTIA Hast du jemals die Geschichte gehört, wie der Belmont-Fluß zu seinem Namen kam?

FINTAN Oft genug, die Sullivan hat uns das dauernd in der Schule erzählt. Dieses Scheiß-Englisch und der ganze Scheiß mit der alten Dichtung, den sie uns dauernd reingehämmert hat … ging's nicht um irgend so einen alten Flußgott, der Bel hieß, und so eine verrückte geile Hexe, die allerhand böse Sachen gemacht hat hier in der Gegend, aber sie haben's ihr dann ordentlich gezeigt, weiß Gott, und wie.

PORTIA Sie war keine verrückte geile Hexe! Und sie war nicht böse! Einfach nur anders, und die Leute hier haben sie auf einem Pfahl aufgespießt und da sterben lassen. Und Bel hörte ihre Schreie und kam das Belmont-Tal herunter und nahm sie mit, und so war der Fluß entstanden. Und die Leute sagen, Bel hätte noch mehr als das Mädchen mitgenommen, wie er durch das Tal fegte. Ich weiß nicht genug darüber, aber ich glaube, sie haben recht, weil hier ist bestimmt der Kerker der sündigen Welt.

FINTAN Der was?

PORTIA Gabriel konnte das Mädchen hören, wenn der Fluß niedrig stand, er sagte, es klingt wie eine Arie, die aus einer Höhle kommt.

FINTAN Ein Haufen Scheißdreck, wenn du mich fragst, diese alten Geschichten.

PORTIA Ich frag dich nicht.

FINTAN Es gibt eine Geschichte, die würde mich interessieren, Portia Coughlan, die Geschichte, wo du keinen Schlüpfer anhast, das wär 'ne Geschichte, der würd ich 'ne Weile zuhören.

PORTIA Du Scheiß-Torfkopf, du! Mach, daß du runterkommst vom Land meines Vaters, Fintan Goolan, du bist genauso ein blöder Bauer, wie deine Leute schon vor dir waren und wie die sein werden, die du in einer feuchten Nacht in einem feuchten Graben sinnlos betrunken in die Welt hineinlaichen wirst.

FINTAN Was du für Reden schwingen kannst, Portia Coughlan, da würde ja ein Leichenzug kehrtmachen! Und eine Art hast du, also wenn du mir gehören würdest, deine Hochnäsigkeit, die würde ich, weiß Gott, rausprügeln aus dir.

PORTIA Ich hab keine Angst vor dir, also verschwende deine Zeit nicht mit Drohungen ... ich glaube, ich werd am Flußufer nach Hause waten ... Nacht.

Abgang Portia.

FINTAN Scheinheiliges Flittchen! *(Stürmt weg)*

Siebte Szene

Licht auf Raphael, der eine Flasche Wein geleert hat. Die Kerzen sind heruntergebrannt. Er geht ungeduldig umher. Portia erscheint in der Tür, barfuß, Sandalen in der Hand, steht da.

RAPHAEL Und wo warst du bis um die Zeit?

PORTIA *(schaut auf den Tisch)* Die Kerzen und der Wein. *(Sie lehnt sich erschöpft an den Türrahmen.)*

RAPHAEL Ja ... hab für dich gekocht, Abendessen ... ist jetzt verdorben.

PORTIA Abendessen ... tccch. *(Seufzt)*

RAPHAEL Fast schon Mitternacht, Portia.

PORTIA Ach ja.

RAPHAEL Bin seit sieben zu Hause, die Kinder haben nur Dreckszeug gegessen und sich Videos angeguckt, keine Hausaufgaben gemacht, kein Mittag-, kein Abendessen gehabt, wo warst du?

PORTIA Ach, Raphael, laß mich in Ruh.

RAPHAEL Quentin heult sich den ganzen Abend die Augen nach dir aus.

PORTIA Er wird schon irgendwann über mich wegkommen.

Sie trocknet ihre Beine mit einem Kissen.

RAPHAEL Herrgott noch mal, Portia, er ist erst vier.

PORTIA Ich weiß, wie alt er ist, und ich will so wenig wie möglich mit ihm zu tun haben, ja. *(Schenkt sich den letzten Wein ein, sitzt da und raucht)*

RAPHAEL Deine eigenen Söhne.

PORTIA Ich wollte nie Söhne oder Töchter, und ich hab dir nie was anderes vorgemacht, ich hab's dir von Anfang an gesagt. Aber du dachtest, du könntest mich in die Mutterschaft lokken. Das ist nicht ganz aufgegangen. Jetzt hast du deine drei Söhne, also kümmer dich auch um sie, denn ich kann sie nicht lieben, Raphael, ich bin einfach nicht fähig dazu.

RAPHAEL Portia, ich weiß, daß du gerade heute besonders traurig bist, und ich weiß auch, warum. Also, ich behaupte nicht, daß ich dich und Gabriel ganz und gar verstehe. Ich hab gehört, daß die Verbindung von Zwillingen immer sonderbar und unerklärlich ist, aber es ist bestimmt Zeit, daß du damit aufhörst und versuchst, dein Leben ohne ihn zu meistern.

PORTIA *(explodiert wie eine Wahnsinnige)* Gabriel! Gabriel! Du wagst es, seinen Namen zu erwähnen! Das Problem ist nicht Gabriel, ich bin schon lange über ihn weg! Das Problem bist du! Ich hasse dich! Schleimst dich ran an mich mit deinen schlauen Theorien darüber, was mit mir los ist! Du hast ja keine Scheiß-Ahnung, du vernagelter alter Scheiß-Krüppel, du! Ich kann's nicht mehr sehen, wie du um mich rumhumpelst in deinen maßgefertigten Cowboystiefeln.

RAPHAEL Halt! Portia! Halt! Halt!

PORTIA Und wenn du mich nachts anfaßt, manchmal bin ich gerade eingeschlafen, oft der erste Schlaf seit Wochen, und ich sinke in einen Traum, der mich wegbringt aus dieser Lebenshölle, und du faßt mich an und reißt mich zurück ins Belmont-Tal, du kannst oft froh sein, daß ich dich nicht in Stücke reiße oder ein Brotmesser in dein unschuldiges Herz stoße.

RAPHAEL *(geht zu ihr hinüber)* Portia, du meinst das alles nicht so, du bist durcheinander, du kannst das nicht meinen, was du da sagst.

PORTIA *(zittert vor Zorn)* Faß mich nicht an! Du glaubst, ich mein das nicht so! Dann hör jetzt zu, das wird uns für immer von allen Illusionen befreien. Ich verachte dich, Raphael Coughlan, mit deinem Hinkefuß, deinen billigen Anzügen und deiner schwerfälligen Art. Ich verachte dich durch und durch für das, was du bist, aber noch mehr für das, was du nie sein wirst. Und jetzt laß mich in Ruh. Und zünd keine Kerzen mehr für mich an, sonst könnte es sein, daß ich dich damit blende.

Sie löscht heftig die Kerzen aus.

RAPHAEL Portia, bitte, sprich nicht so mit mir, bitte, überleg dir, was du sagst, das bist nicht du …

PORTIA Dieser Trottel hat noch immer nicht genug, also, es gibt noch mehr! Du hast mich gefragt, wo ich diese Nacht war, also, ich erzähl's dir jetzt. Ich hab den Barmann aus dem High Chaperal gevögelt. Wirst du jetzt wütend, ja? Gut. Fängst an, mich zu hassen? Noch besser. Ich will deine wässrige Liebe nicht, Raphael Coughlan, und wo wir gerade dabei sind, er war lausig, wie ich's mir gedacht habe, lausig, genauso lausig wie du! Na los, heul dich aus, zerreiß dir dein Herz, Raphael Coughlan, es wird wieder heilen, sei unbesorgt, es wird heilen, und ich schwör dir, wenn es einmal geheilt ist, dann wird es nichts mehr auf der Welt geben, das jemals seine harte Haut durchdringen kann.

Licht einziehen.

ZWEITER AKT

Erste Szene

Am Belmont-Fluß. Abend. Ein Suchscheinwerfer schwenkt über den Fluß. Raphael, Marianne, Sly, Stacia, Damus, Fintan, Senchil und Maggie May. Sie stehen schweigend da, als Portia mit einem Seilzug aus dem Wasser gezogen wird. Sie wird in die Höhe gezogen und bleibt dort hängen, Wasser tropft herunter, Moos, Algen, Froschlaich und Wasserlilien aus dem Fluß.
Gabriel Scully steht im Profil abseits am anderen Ufer und singt.
Ensemble-Choreographie.
Alle treten gleichzeitig einen Schritt zurück, als Portia aus dem Fluß gezogen wird.
Alle halten inne, wenn der Seilzug seine Höhe erreicht hat.
Alle schauen zur toten Portia hinauf.
Portia schaukelt dort oben, der Seilzug knarrt, Gabriel singt, das Wasser tropft.

MARIANNE Oh nein.
MAGGIE M Armer Jesus am Kreuz.
SENCHIL Herrgott, kann sie nicht einer zudecken.

Portia trägt nur einen Schlüpfer. Niemand bewegt sich, weil alle vor dem erhöhten Bild der toten Portia erstarrt sind. Senchil zieht seine Jacke aus, versucht sie zu bedecken, sie ist zu hoch, die Jacke fällt, bleibt an ihrem Fuß hängen.
Für einen Moment so stehenlassen. Dann den Seilzug herablassen. Raphael geht los, um sie in seine Arme zu nehmen. Fintan geht, um zu helfen.

RAPHAEL *(ein deutliches Knurren)* Nimm deine Pfoten weg von meiner Frau.

Fintan geht zurück. Sly Scully kommt vor und nimmt das Seil vom Zug. Portia liegt jetzt in den Armen von Raphael.

MARIANNE Es ist wieder passiert! Es ist wieder passiert! Oh Maggie May, was geht sie hin und tut so was.

RAPHAEL *(ein Flüstern)* Portia. Portia.

MAGGIE M Ich weiß nicht, Spatz, ich weiß es nicht.

RAPHAEL Ich nehme an, ich kann sie jetzt ins Haus raufbringen. *(Er schaut sich verzweifelt um.)* Was?

SLY Ja. *(Ein schwacher Laut)*

Raphael geht weg, alle folgen ihm, außer Damus und Fintan.

Zweite Szene

Fintan und Damus sind zurückgeblieben. Sie zünden sich Zigaretten an, stehen schweigend da und rauchen, halten das brennende Ende der Zigarette verdeckt in der Hand. Nach einer Weile.

DAMUS Ein komischer Vogel … die Portia Coughlan.

FINTAN Hmm.

DAMUS Der Zwilling auch.

FINTAN Hmm.

DAMUS Ja.

FINTAN Gabriel.

DAMUS Ja, ja.

FINTAN War erst fünfzehn.

DAMUS Genau hier hat man ihn auch rausgezogen.

FINTAN Wohl wahr.

DAMUS Sah aus wie ein Mädchen.

FINTAN Sang auch wie eins.

DAMUS Ja ... eine Sache fand ich immer merkwürdig bei den Scully-Zwillingen.

FINTAN Was war das?

DAMUS Du hast sie was gefragt, und beide haben dieselbe Antwort gegeben ... zur selben Zeit, gleicher Tonfall, gleiche Pausen, alles genau gleich.

FINTAN Weiß ich gar nicht mehr.

DAMUS Du hast sie in verschiedene Zimmer gesteckt, immer noch dieselbe Antwort.

FINTAN Ja ... jetzt weiß ich wieder.

DAMUS Erinnerst du dich an den Schulausflug?

FINTAN Welchen?

DAMUS Den nach Betty's Town.

FINTAN Nein.

DAMUS Portia und Gabriel saßen vorne im Bus, hatten rote Shorts an und weiße T-Shirts.

FINTAN Ja.

DAMUS Sie waren die ganze Zeit am Flüstern, wie sie's immer gemacht haben. Wir kamen in Betty's Town an, ich hab noch das Foto von der ganzen Klasse, ich kann sie heute noch nicht auseinanderhalten ... jedenfalls, wie's Zeit war, wieder in den Bus zu steigen, da waren Portia und Gabriel weg. Alle haben wie verrückt gesucht, nirgends eine Spur von ihnen, die Küstenwache wurde alarmiert, Hubschrauber, Rettungsboote und was nicht noch. Gefunden hat man die zwei dann in einem Ruderboot, meilenweit draußen auf dem Meer. Die sind einfach eingestiegen und losgerudert. Die arme alte Sullivan war ganz außer sich: «Was soll das denn, Kinder, was habt ihr euch dabei gedacht?» – «Wir wollten einfach nur weg», sagt der eine. «Weg! Wohin denn weg, um Gottes willen», sagt die Sullivan. «Irgendwohin», sagt der andere, «einfach irgendwohin, irgendwo anders als hier.»

FINTAN Irgendwohin, irgendwo anders als hier, Jesus.

DAMUS Hmm.

FINTAN Klar, der alte Hinkefuß konnte nicht mit ihr fertig werden.

DAMUS Kann froh sein, daß er sie gekriegt hat, obwohl, jetzt möcht ich nicht in seiner Haut stecken.

FINTAN Was hat die bloß in dem gesehen?

DAMUS Hätte jeden haben können, die Portia Coughlan.

FINTAN Ja ... genau.

DAMUS Jeden ... aber jeden.

Beide gehen in verschiedene Richtungen ab.

Dritte Szene

Licht auf Blaize und Stacia, die Blaizes Rollstuhl in Portias Wohnzimmer manövriert.

STACIA Geht's jetzt wieder?

BLAIZE Ja, Mrs. Diyle, vielen Dank.

STACIA Ich laß sie jetzt hier und geh die Fressalien fertig machen, bevor die von der Beerdigung zurück sind.

BLAIZE Leg zuerst den Graf auf.

STACIA Ich weiß ja nicht, ob heute so der richtige Tag dafür ist.

BLAIZE Na los, Mädchen. Portia mochte den Gesang. Na los, liegt doch vor deiner Nase.

STACIA Wenn jemand was sagt, dann sind Sie aber schuld!

Die Stimme von McCormack ertönt, Blaize lauscht, hingerissen, summt leise mit.

BLAIZE Ist er nicht herrlich, er ist hier geboren, gleich die Straße rauf, aber er hat sich davongemacht. Bei uns zu Hause, als ich klein war, da gab's ein Grammophon und eine einzige Schallplatte. Der McGovern aus Boston, der hat sie mitgebracht, eine Platte vom Grafen war das, und ich hab die Platte gehört, bis sie fast schon Zwiebelringe war, und meine Mutter hat sie auch immer gehört … immerzu … ja.

Beide hören dem Grafen einen Moment zu.

Stell ihn jetzt ab, Stacia, sonst werfen sie uns noch vor, wir hätten keinen Respekt vor den Toten. Sie werden bald hier sein mit ihren Totenblicken und nach dem Knochenacker stinken. Ich hasse den Geruch von Särgen, du nicht auch, Stacia?

STACIA Ich weiß nicht, Mrs. Scully, ich hab noch nicht so viele gerochen.

BLAIZE Ein sehr besonderer Geruch, eine Mischung aus Geißblatt und frischer Verwesung.

STACIA Wenn Sie bloß freundlicher von der toten Mrs. Scully reden würden.

BLAIZE In meinem Alter, Stacia, gibt's nichts mehr, worüber man freundlich redet. Da bist du nur noch bitter und zahnlos.

STACIA Portia war meine Freundin, Mrs. Scully, meine einzige Freundin, und jetzt merke ich, daß ich sie überhaupt nicht gekannt habe. Ich hab schon gewußt, daß sie unglücklich ist, aber wer ist das nicht heutzutage, man muß in einem furchtbaren Zustand sein, wenn man das tut, was sie getan hat, und Maggie May hat mir das von Sly und Marianne erzählt, aber irgendwie erklärt das auch nicht, was da …

BLAIZE Was hat sie dir von Sly und Marianne erzählt?

STACIA Na ja, sie hat mir eben erzählt, daß die beiden …

BLAIZE Glaub bloß nicht, was die sagt! Eine Lügnerin! Maggie May Doorley! Ein rostiges Fuhrwerk und sonst nichts! Es wär besser für dich, Stacia Diyle, wenn du dich um deine eigenen Sachen kümmerst und nicht auf das hörst, was eine Nutte sich ausdenkt.

STACIA Tut mir leid, Mrs. Scully, ich wollte Sie nicht aufregen.

BLAIZE *(beruhigt sich wieder)* Ich reg mich nicht auf, Kindchen, überhaupt nicht, du mußt die einfach nicht mehr beachten.

Auftritt Raphael, gefolgt von Senchil, Marianne, Maggie May. Alle tragen Schwarz, wie Stacia und Blaize.

STACIA Setz dich, Raphael, und überlaß mir die Bewirtung.

RAPHAEL In der Küche gibt's zu essen und zu trinken und all so was.

Auftritt Maggie May aus der Küche, mit einem Tablett voll Gläsern. Senchil läuft hin, um zu helfen, stößt sie beinahe um.

SENCHIL Laß mich das tragen, Spatz.

MAGGIE M Herrje, Senchil, paß doch auf, was du machst, du hättest mich fast umgerannt.

BLAIZE *(zu niemand Bestimmtem)* Ist sie unter der Erde?

MAGGIE M Ja … Gott hab sie selig.

BLAIZE *(zu Raphael)* Und du, der trauernde Hinterbliebene? Beschissene Unverschämtheit von dir, daß du sie überhaupt geheiratet hast! Wer glaubst du denn, wer du bist, hä!

RAPHAEL *(ruft hinaus)* Sly! Könntest du mal herkommen und deine Mutter übernehmen.

BLAIZE Keiner von uns hat jemals was mit Neureichen zu tun gehabt, bis du runter ins Tal geschlichen kommst, mit nichts, was für dich spricht, außer dem Scheck von der Versicherung in deiner Arschtasche!

RAPHAEL Das muß ich mir nicht bieten lassen, Mrs. Scully.

SLY Mutter, benimm dich. Tut mir leid, Raphael, sie ist ein bißchen durcheinander.

BLAIZE *(zu Marianne)* Hör auf zu heulen, Mädchen, seit fünfzehn Jahren hat man das kommen sehn. *(Zu Sly)* Ich hab dich gewarnt, und ich hab's dir gesagt! Aber du hörst ja nicht! *(Zu Maggie May)* Whisky! Black Bush, den besten!

MAGGIE M Kennst dich aus mit Whisky, Oma.

BLAIZE Für dich immer noch Mrs. Scully.

Stille, sie trinken alle verlegen, einige sitzen, einige stehen, voll Kummer, erschöpft, wie auch immer.

SENCHIL Schöne Predigt. *(Er schaut sich um, ein wütender Blick von Blaize, die anderen schweigen, Maggie May kommt ihm zu Hilfe.)*

MAGGIE M Ja, Spatz, ja.

BLAIZE Und was versteht ihr zwei schon von Predigten, schön oder nicht schön. *(Zu Maggie May)* Dein Anblick in einer Kirche, der brächte ja die Hostie zum Erröten und den Wein zum Erblassen. Scheiß-Kesselflicker, diese Joyces, immer und ewig, mit ihrem schlechten Blut und ihren schwächlichen Seelen. Dreckiges, dumpfes Blut, wie man's in Belmont noch nie gehabt hat. Prost! Auf die Joyces! *(Trinkt)* Auf Portia im schweren Lehm vom Belmont-Friedhof, auf den sie vom ersten Tag ihres Lebens an zugesteuert ist, weil, wenn man Tiere mit Menschen paart, bringt man nur arme, gequälte Monster hervor, die kein Gefühl haben für Gott oder Mensch. Portia und Gabriel. Wechselbälger. Prost. *(Leert ihr Glas und wirft es gegen die Wand)* Bring mich heim, die nächste Beerdigung ist meine!

SLY *(zu Marianne)* Bin bald wieder zurück.

MARIANNE Wozu sagst du mir das.

SLY *(es bricht aus ihm heraus)* Für alles gibst du mir die Schuld! Für Gabriel und jetzt für Portia. Ich war nie hart zu dem Jungen! Nie! Ich hab ihn machen lassen, was er wollte, wo ich ihn hätte zurechtstutzen müssen für den Hof.

MAGGIE M Ach, jetzt beruhige dich wieder, Sly.

SLY Nein! Laß mich in Ruhe! Ich hab das Kind zweimal die Woche, Woche für Woche, nach Dublin zu seinen Singstunden gefahren, in der Heuernte, als die Kühe kalbten, als es mehr wie genug zu tun gab daheim. Ich hab ihn gefahren, weil du gesagt hast, ich muß, wie ein Scheiß-Sklave, siebzig Meilen pro Strecke, und er sitzt hinten im Auto, liest seine Musikbücher und summt vor sich hin, der hätte mir nie seine Zeit geopfert, und wenn sein Leben davon abgehangen hätte. Gott verzeih mir, aber manchmal, wenn ich ihn im Rückspiegel ansah, ging mir der Gedanke durch den Kopf, daß da hinten kein Menschenkind sitzt, sondern eine kleine Ausgeburt der Hölle. Und dann hat er auf dem langen Weg nach Hause gesungen, und ich wußte, daß ich etwas höre, was sehr schön und sehr selten ist, obwohl er nie für mich gesungen hat ... Herrgott, ich hab seinen Gesang geliebt, ich stand oft in der Sakristei von der Belmont-Kapelle und hab einfach zugehört, wie er übt ... die hohen Gottesnoten hat er am liebsten gesungen.

MARIANNE Jetzt hast du große Gefühle, jetzt, wo sie nicht mehr gebraucht werden. Das hier ist Portias Begräbnis! Gabriel ist vor fünfzehn Jahren gestorben. Dieser Tag gehört Portia. Portia ist tot. Portia ist tot! Und du trauerst nicht mal um sie.

BLAIZE Sag was, Sly, zeig dieser Aufsteigerin, wo sie hingehört, ein für allemal.

RAPHAEL Schaff jetzt einer diese Frau aus meinem Haus.

MAGGIE M Mach ich. *(Schiebt Blaize außer Hörweite)* Eines schönen Tages, da steig ich bei dir durchs Fenster und zünd dich in deinem Bett an ... und übrigens, hab ich dir je erzählt, wie ich deinem Gatten einen geblasen hab, drunten in der Mohia Lane.

BLAIZE *(ein Zischlaut)* Lüge! Ich glaub dir kein Wort!

MAGGIE M Oh doch, du glaubst mir, weil, du weißt so gut wie ich, was hier eigentlich los ist. Du weißt so gut wie ich, wann der ganze Scheiß angefangen hat und wie.

BLAIZE Weiß nicht, wovon du redest, du Hure.

MAGGIE M Ja, ich hab ihm einen geblasen, drunten in der Mohia Lane, dem alten dreckigen Hund. Er hat mich von deinem Eiergeld bezahlt, fünfzig Pfund, und weißt du, was er über dich gesagt hat!

BLAIZE Nichts hat er gesagt! Du erfindest das alles.

MAGGIE M Er hat gesagt, du wärst ein verhärmtes altes Weib, und lieber würd er einen Sack Ratten auf einem Bett voller Nesseln bumsen als wie dich.

BLAIZE Hört nur, so ein Dreck von einer Hure, die nicht alle Tassen im Schrank hat! Wir waren sehr glücklich, das kann ich dir sagen.

MAGGIE M Glücklich, ihr wart glücklich? Wie kommt's dann, daß er dich windelweich geprügelt hat, jedesmal, wenn er dich nur sah … wie kommt's dann, daß Woche für Woche verstrichen ist, und keiner hat Blaize Scully mehr draußen gesehen, weil ihr Gesicht wieder zu Brei geschlagen war. Wie kommt's dann, daß er dich vor allen Leuten die Straße runtergetreten hat …

BLAIZE Sly, bring mich heim, Sly.

SENCHIL *(ißt einen Keks aus seiner Tasche)* Was hast du zu ihr gesagt, Spatz?

STACIA *(bietet Raphael ein Sandwich an)* Na komm, Raphael, iß was.

RAPHAEL Die Kinder.

STACIA Denen geht's prima, die sind drüben bei mir, meine Schwester paßt auf sie auf.

RAPHAEL Quentin?

STACIA Es geht ihm prima … wirklich prima.

Sie essen und trinken schweigend, Gabriels Stimme ertönt. Licht einziehen.

DRITTER AKT

Erste Szene

Licht auf Portia Coughlans Wohnzimmer. Es sieht aus wie am Ende des ersten Aktes. Portia döst auf der Couch oder am Tisch, sie trägt dieselben Kleider wie am Ende des ersten Aktes. Es ist der Morgen nach ihrem dreißigsten Geburtstag. Man hört Gabriel Scullys Stimme. Portia erwacht dabei. Die Stimme wird schwächer, sie lauscht angestrengt. Die Stimme ist weg. Portia, halb im Sitzen, halb im Liegen, zündet sich eine Zigarette an.
Auftritt Raphael Coughlan, neuer Anzug. Er humpelt durchs Zimmer, um seine Rechnungsbücher einzusammeln, schaut zu Portia, sie erwidert seinen Blick, wendet sich dann ab. Er geht und will die Vorhänge öffnen.

PORTIA Laß.

Er läßt es.

RAPHAEL Machst du die Kinder für die Schule fertig, oder soll ich?

PORTIA Mach du's ... bitte.

Raphael schaut auf seine Uhr, steht da.

RAPHAEL Portia.

PORTIA Was.

RAPHAEL Ich wäre bereit zu vergessen, was du letzte Nacht gesagt hast, du müßtest es nur zurücknehmen.

PORTIA Möchtest du heute abend ein Essen?

RAPHAEL Was?

PORTIA Essen.

RAPHAEL Essen ... ja.

PORTIA Was möchtest du.

RAPHAEL Zum Essen?

PORTIA Ja.

RAPHAEL Egal, irgendwas.

PORTIA Ja gut.

RAPHAEL Also dann. *(Steht immer noch herum)* Willst du für ein paar Stunden in die Fabrik kommen?

PORTIA Nein.

RAPHAEL Wär aber gut, da kämst du mal aus dem Haus ... irgendwie.

PORTIA Ich kann's da nicht aushalten, Raphael, das weißt du.

RAPHAEL Ja ... *(Steht da und schaut sie an)* Also, kann ich denn irgendwas tun, Portia ... irgendwas?

PORTIA Mir geht's prima, ehrlich.

RAPHAEL Quentin will, daß du ihn für die Schule anziehst.

PORTIA Hör auf damit! Laß mich in Ruhe! Ich hab dir gesagt, daß ich nicht kann. Also! Ich hab Angst vor ihnen, Raphael! Daß ich ihnen was antue! Verstehst du denn nicht? Herrgott! Meinst du, ich wollte nicht eine ganz normale Mutter sein, eine, die sich um ihre Kinder kümmert, die mit ihnen spielt und all das macht, wofür eine Mutter da ist. Wenn ich meine Söhne anschaue, Raphael, sehe ich Messer und Unfälle und schreckliche Verstümmelungen. Ihre Spielzeuge sind für mich Waffen, mit denen ich sie verletze, wenn ich sie bade, könnte es sein, daß ich sie ertränke. Ich muß vor ihnen weglaufen und mich wegschließen, damit all diese schrecklichen Sachen nicht durch mich geschehen. Quentin ist am sichersten, wenn ich ihm nirgendwo nah bin, also bring ihm bei, daß er nicht mehr nach mir jammert, damit ich seinen Kopf nicht gegen die Wand schlage oder ihn aus dem Fenster werfe.

RAPHAEL Portia, dir ist nicht wohl.

PORTIA Mir geht's gut, und hör auf, mich so anzuschauen, als ob ich euch alle gleich umbringen würde in euren Betten, weil ich das nicht mache, solange ihr mich in Frieden laßt.

RAPHAEL Das ist nicht normal, so wie du redest und denkst, überhaupt nicht normal.

PORTIA Schau, wenn ich vorhätte, etwas Furchtbares zu tun, glaubst du, ich würde dir davon erzählen. Nein, ich würd's einfach machen. Daß ich darüber rede, heißt doch, ich mach's nicht.

RAPHAEL Und was ist das für eine Logik?

PORTIA Meine, die einzige Logik, die ich kenne.

RAPHAEL Bleibst du den ganzen Tag daheim?

PORTIA Vielleicht.

RAPHAEL Soll ich Stacia anrufen, daß sie die Kinder von der Schule abholt?

PORTIA Was weiß ich.

RAPHAEL Portia.

PORTIA Was.

RAPHAEL Jetzt hast du mir richtig angst gemacht, du würdest ihnen doch nichts antun?

PORTIA Du weißt es, ich habe sie nicht angerührt, und ich werde es nicht tun, niemals ... ich will nur, daß sie nichts von mir wollen, das ist alles.

RAPHAEL Gut, dann ... versuch ein bißchen zu schlafen ... bis heut abend.

PORTIA Ja.

Zweite Szene

Der Gesang von Gabriel Scully. Portia hört ihn, rennt aus dem Wohnzimmer. Gabriel Scully erscheint am Ufer des Belmont-Flusses. Er verschwindet, als Portia völlig außer Atem ankommt. Der

Gesang wird schwächer. Sie schaut sich um. Es ist alles still bis auf den fließenden Fluß und den Vogelgesang. Damus Halion steht da und beobachtet sie, von ihr unbemerkt.

PORTIA Kannst du mich nicht in Ruhe lassen oder dich mir zeigen. Ist der Himmel doch nicht so schön? Sind seine Straßen nicht mit Gold und Alabaster gepflastert? Sitzen die Engel nicht an den endlosen Prachtstraßen vom Paradies, trinken Kaffee und putzen ihre Flügel? Vermißt du mich überhaupt?

DAMUS Redest du jetzt mit den Toten, Coughlan?

PORTIA *(bemerkt ihn)* Und wenn schon.

DAMUS Manche sagen, er geht noch um.

PORTIA Die haben recht ... von wem hast du das?

DAMUS In stillen Nächten kann man ihn singen hören, mit seiner hohen Mädchenstimme. Der alte Mahon schwört, daß er ihn gehört hat, als er nachts heimlich fischen war, oben am Fluß bei der O'Connor-Morris-Biegung, wie er von da nach Hause ging.

PORTIA Ach, der alte Mahon, für den geht doch jeder um, der einmal gestorben ist.

DAMUS *(legt einen Arm um sie)* Also, ich bin lebendig und sterbe für dich, mein hübsches kleines Gespensterliebchen, und auch, wenn ich dich nicht verfolgen kann wie ein Gespenst, kann ich trotzdem meine Spuren auf dir hinterlassen.

Er küßt sie. Sie verweigert sich nicht, fügt sich aber auch nicht.

Wenn du weniger über deinen dummen kleinen Bruder nachdenken würdest und mehr darüber, wie ich dich befriedigen könnte, dann wärst du eine glückliche Frau.

PORTIA *(schüttelt ihn ab)* Die körperlichen Freuden hab ich hinter mir, Damus, schon lang.

DAMUS Ach so, ja.

PORTIA Und wenn du es wirklich wissen willst, Sex, das war

für mich immer eine große Enttäuschung, dieses ewige Lutschen und Schwitzen und irgendwas in den anderen reinstekken, das finde ich inzwischen sinnlos. Ein Puzzle oder eine gute Oper wären mir lieber, jederzeit, oder der Belmont-Fluß. Lieber würde ich fünf Sekunden am Belmont-Fluß sitzen als dich oder irgendeinen anderen Mann neben mir im Bett haben.

DAMUS Starke Worte von so einer kleinen Aufgeilerin wie dir. Hat es doch immer geil gefunden, wie die Männer sabbern, wenn sie vorbeikurvt, und sogar dann, wenn sie behauptet, daß Sex für sie immer eine große Enttäuschung war, drückt sie sich an mich, und eine Hitze steigt ihre Kehle hinauf, den ganzen langen Weg aus ihrem kleinen heißen Arsch.

Portia geht weg von ihm, schaut in den Fluß, reißt Grasbüschel aus, wirft sie ins Wasser.

Sind wir jetzt beleidigt, ja?

PORTIA Ich bin nicht gekommen, weil ich dich sehen wollte, Damus Halion. Ich bin gekommen, weil das hier das Land von meinem Vater ist. Das ist unser Teil vom Belmont-Fluß. Also mach dich weg, du mit deiner groben Lesart von der Welt und ihren Bewohnern.

DAMUS Ach, Portia, komm, pluster dich nicht so auf wegen nichts.

PORTIA Die Discos und die Hotels sind voll von jungen Dingern, die wären mehr als froh, wenn du sie hernimmst. Laß mich in Ruh. Ich werd dich nie mehr wiedersehen, also brauchst du auch nie mehr hierherzukommen.

DAMUS Portia, seit sechzehn Jahren komm ich ab und zu hierher.

PORTIA Ich weiß, wie lange du schon kommst.

DAMUS Zählt das überhaupt nichts? Es gab eine Zeit, da wolltest du mich haben und sonst keinen, oder hast du das vergessen, ja?

PORTIA Du warst nie mehr als eine Ablenkung, Damus Halion.

DAMUS Das glaub ich dir nicht.

PORTIA Glaub, was du willst, es ist die Wahrheit.

DAMUS Und wer kann schon sagen, ob nicht einer von deinen jungen Kerlen meiner ist. Wie wär's, wenn ich ihn besuche, deinen lahmen Sack, und ihm erzähle, daß seine Söhne nicht seine Söhne sind, sondern vielleicht meine.

PORTIA Sie sind alle von Raphael, Gott helf ihnen, da hab ich aufgepaßt.

DAMUS Schau, Portia, ich will dir dein Leben wirklich nicht schwerer machen, als es ist. Ich will bloß mit dir zusammensein. Warum verläßt du ihn nicht, wie du's immer gesagt hast.

PORTIA Hab ich immer gesagt, daß ich ihn verlasse?

DAMUS Ja.

PORTIA Wo wollte ich denn hin ... es ist sowieso kein Unterschied, ob ich mit dir oder mit Raphael zusammen bin.

DAMUS Herrgott, wenn ich dich bloß nie getroffen hätte! Ich hab mir dein Durcheinander schon viel zu lange gefallen lassen, dein Hin-und-her-Gerenne zwischen mir und Raphael und deinem Zwilling. Du widerst mich an, Coughlan, und komm ja nicht und such mich, wenn du wieder in Stimmung bist, weil ich nicht für dich dasein werde. Eine geile Sau! Mehr bist du nicht und wirst du nie sein!

Abgang Damus.

Dritte Szene

Portia sitzt am Ufer des Belmont-Flusses. Man hört Maggie Mays Stimme.

MAGGIE M *(off)* Portia.

PORTIA Hier drüben.

MAGGIE M *(sieht Damus weggehen)* Halion, ja?

PORTIA Genau.

MAGGIE M Also wegen einem kleinen Seitensprung mach ich ja keinem einen Vorwurf, aber was Besseres als der dürfte es schon sein. Weiß Raphael davon?

PORTIA Raphael. Raphael weiß nur eins, wie man Geld macht und wie man's behält. Genau wie Papa.

MAGGIE M Ah ja. Zigarette?

Sie zünden sich Zigaretten an, Portia legt sich zurück und raucht.

Ich bin mit meinem Vater früher nachts zum Fischen hierhergekommen.

PORTIA Früher, ja.

MAGGIE M Hab hier mal einen Hecht gefangen, der war größer als ein trächtiges Schaf.

PORTIA Weißt du noch, wie …

MAGGIE M Was.

PORTIA Ach nichts … ich denk nur laut.

MAGGIE M Na komm, erzähl.

PORTIA Ich denk nur gerade, wie damals die Friedhofstore auf Gabriel gefallen sind.

MAGGIE M Ja, jeder hat gedacht, es wär aus mit ihm.

PORTIA Ich glaube, das war ein Zeichen … danach war er nie wieder richtig.

MAGGIE M Nein, nie wieder.

PORTIA Was, glaubst du, hat es bedeutet, Maggie May? Folgt unser Leben einem genauen und sorgfältigen Plan, der ganz oben entworfen wird, oder flattern wir nur von Zufall zu Zufall?

MAGGIE M Na ja, es gibt welche, die sagen, es wär einem Menschen nicht möglich, anders zu sein, als er ist, aber dann gibt es wieder andere, die würden behaupten, du wählst dir dein Leben und das, was du daraus machst. Ich persönlich glaube lieber, daß alles, was ich getan habe, von jemand anderem bis ins kleinste Detail geplant war. Ich bin eine fette, alte Hure mit kaputten Beinen, Portia, und es wäre furchtbar, wenn ich auch noch an allem selber schuld sein soll.

PORTIA Als ich klein war, haben Mutter und Papa dich immer als abschreckendes Beispiel hingestellt. Jahrelang hab ich gedacht, das Schlimmste, was mir passieren könnte, wär, einmal zu enden wie du. Jetzt wünschte ich, es wär so.

MAGGIE M Wie ich, Spatz, für mich spricht doch nichts, außer Senchil. Hab ich dir jemals erzählt, wie ich ihn kennengelernt hab?

PORTIA Nein.

MAGGIE M Die Leute haben ihn immer ausgelacht, dachten, er wär ein Schwachkopf, vielleicht ist er's ja. Also, ich war in London, hab in der Gegend von King's Cross gearbeitet, lauter fette geile Säcke mit zuviel Geld und ohne Respekt. Eine Nacht hatte ich diesen brutalen Kunden, spielt sich auf wie ein verbrühter Pavian, zeigt mir seine Fäuste, schiebt seine Nummer, nimmt mein Geld und die Schuhe, daß ich nicht hinter ihm her kann. Und wie ich so daliege, im Toreingang von einer alten Lagerhalle, und mir ein bißchen leid tu, da kommt Senchil an. Er ist Nachtwächter. Er bringt mich zu seinem Häuschen, macht mir Tee, und es stellt sich raus, er ist keine zwanzig Meilen vom Belmont-Tal aufgewachsen. Wir reden die ganze Nacht, und am anderen Morgen kauft er mir ein Paar Schuhe. Es waren die Schuhe, die haben's gemacht.

PORTIA Ich hab Senchil immer gut leiden können, obwohl er so pingelig ist.

MAGGIE M Senchil ist nicht geboren worden, den haben sie an einem nassen Sonntagnachmittag gestrickt, ich fühl mich sicher, wenn er da ist, weil er so scheiß-langweilig ist, daß nie was passiert.

PORTIA Wahrscheinlich ist er nicht da, wenn ich gehe.

MAGGIE M Gehen, wohin? Was redest du da, Spatz?

PORTIA Früher war ich mir immer sicher, es war das einzige, was mich am Laufen hielt ... jetzt weiß ich nicht mehr und weiß doch, daß er irgendwo lebt und daß ich dort sein möchte.

MAGGIE M Und wo ist das, Portia?

PORTIA In meinem Herzen wächst ein Wolfszahn, und der treibt mich weg von allen und allem, was ich bin. Wenn doch der Wind oder irgendwas mich von hier forttragen würde, und ich müßte nichts selber dazu tun.

MAGGIE M Spatz, jetzt red nicht so, ich bekomm eine Gänsehaut.

PORTIA Ich wußte, daß er es tun würde, wir wollten es zusammen tun, und ganz zum Schluß habe ich Angst bekommen, und er ging einfach weiter hinein, und ich rief ihn zurück, aber er hörte mich nicht, wegen dem Rauschen, und ist einfach weitergewatet, und ich steh am Ufer, genau hier, und ich schrei, daß er zurückkommen soll, und im letzten Moment dreht er sich um, weil er denkt, daß ich hinter ihm bin, sein Gesicht, Maggie May, der Blick in seinem Gesicht, und er versucht ans Ufer zu kommen, aber die Strömung hat ihn erfaßt, und eine Welle spült über ihn weg ...

MAGGIE M Jesus, Spatz, hast du deiner Mutter und deinem Vater davon erzählt?

PORTIA Sie wollen nicht über Gabriel reden.

MAGGIE M Ach so.

PORTIA Keiner will das. Ich weiß nicht, ob irgend jemand

weiß, was es heißt, ein Zwilling zu sein. Alles ist vertauscht und durcheinander, und du bist entweder zwei oder niemand. Er nannte mich immer Gabriel und ich ihn Portia. Manchmal waren wir so verwirrt, daß wir nicht mehr sagen konnten, wer von uns wer war, und wir mußten warten, daß es uns jemand sagt und uns wieder zurückholt. Ich konnte ihn zum Weinen bringen, nur wenn ich ihn Portia nannte. Eigentlich haben wir uns gar nicht besonders gut leiden können. Oh, warum sind alle lebendig, nur er nicht? Wenn ich ihn bloß sehen könnte, nur einmal, alles wäre wieder gut, ich weiß es.

MAGGIE M Aber das ist nicht möglich, Spatz.

Pause.

PORTIA Ich muß die Kinder von der Schule abholen. *(Will abgehen)* Kommst du?

MAGGIE M Ja.

Beide gehen ab.

Vierte Szene

Das High Chaperal. Fintan Goolan macht einen Tisch sauber. Auftritt Stacia, gefolgt von Portia, mit einer Tüte voll Lebensmitteln. Mittlerweile ziemlich aufgelöst.

FINTAN *(lässig)* Meine Damen.

STACIA Eine Flasche Most, Portia?

PORTIA Nichts.

Stacia geht zur Musicbox, sucht sich Country & Western-Musik aus.

FINTAN *(versucht zu flirten)* Zuviel Whisky gestern abend?
PORTIA Ich trinke nie Whisky, Fintan Goolan.
FINTAN Gestern abend aber schon.
PORTIA Mir dir trinken zählt nicht ... *(mustert ihn)* weil du zu den Männern gehörst, die sich in Luft auflösen, sobald sie auftauchen, das Auge bemerkt dich einfach nicht ... du bist einer von den Cowboys in schlechten Western, die gleich am Anfang erschossen werden.
FINTAN Weißt du, was du brauchst, Portia Coughlan?
PORTIA Was brauch ich denn?
FINTAN Du brauchst jemand, der dir die Zunge rausreißt und deinen Arsch abzieht.
PORTIA Weißt du, was wir beide brauchen?
FINTAN Jedenfalls nichts, was du zu bieten hättest.
PORTIA Hol einfach Stacia ihren Most.
FINTAN Oh, man kann alles kaufen, außer gutes Benehmen.
PORTIA Du weißt ja viel über gutes Benehmen.
FINTAN Ein Stück Scheiße, mehr bist du nicht, Coughlan, ein verlogenes Stück Scheiße.

Er stürmt davon, Stacia beginnt sehr gekonnt Swing zu tanzen.

STACIA Na komm, Portia.

Portia macht mit, die beiden tanzen gekonnt einen Swing, wild. Fintan kommt mit dem Getränk für Stacia, steht herum, wütend wie ein Stier.

FINTAN Eins neunzig! *(Preis des Getränks)*
STACIA Stell's auf den Tisch.
PORTIA Brandy und Ginger!

FINTAN Hast dir's anders überlegt!
PORTIA Ja.

Auftritt Maggie May und Senchil.

MAGGIE M Ich hab dein Auto draußen gesehn, da wollte ich einen mit dir trinken.
SENCHIL Aber nur einen.

Ein Blick von Maggie May.

MAGGIE M Portia, Spatz, schön, daß du's dir gutgehen läßt, auch wenn's erst zwei Uhr mittags ist.
PORTIA Komm und tanz mit uns.
STACIA Du auch, Senchil.

Senchil legt als Antwort die Hand auf sein Herz. Maggie May zieht ihre Schuhe aus und tanzt mit den beiden.

SENCHIL *(zu Fintan)* Eine Teekanne, den Teebeutel ...
FINTAN Ich weiß, ich weiß. Eine Teekanne, den Teebeutel extra, kochendheißes Wasser und einen Cognac mit Ginger Ale für sie! *(Zeigt auf Maggie May)*
SENCHIL Ja, danke sehr.

Portia kommt herüber an den Tisch, um zu trinken, ihre Stimmung hat sich wieder verändert. Sie steht da und schaut in den Raum, hält ihren Drink, eine Zigarette, schaut zum Fluß, Gabriel ist dort.

Alles in Ordnung, Spatz?

Sie schaut Senchil an, kippt den Drink hinunter, teuflisches Glitzern, wirft das Glas Fintan zu, der sie beobachtet hat.

PORTIA Dasselbe noch mal! Auf geht's, Senchil. *(Nimmt ihn an der Hand, sie tanzen.)*

SENCHIL Weil du's bist, Spatz.

Maggie May und Stacia setzen sich, trinken, schauen Portia und Senchil eine Weile beim Tanzen zu.

MAGGIE M Du bist sehr gut zu ihr, Stacia.

STACIA Portia war immer gut zu mir ... als ich das Auge verlor *(berührt die Augenklappe)*, niemand hat mir mehr ... Es geht ihr nicht gut, Maggie May.

MAGGIE M Ich weiß.

STACIA Und ihre Kinder sind in einem furchtbaren Zustand. Ich sag das nicht als Vorwurf, aber sie werden nicht versorgt, außer was Raphael tut, sie sind sehr gewalttätig und zerstörerisch, und ich weiß nicht, wie ich es Portia sagen soll. Aber vielleicht kümmert sie sich ja bald ... vielleicht mach ich mir zuviel Sorgen. Portia war ja selber ein Teufel von einem Kind, aber sie ist doch auch irgendwie geworden ... oder, Maggie May ... obwohl sie ein bißchen komisch ist.

MAGGIE M Portia war das leiseste Kind, das ich kenne, wie eine Maus ... hast du gewußt, daß Portias Mutter Marianne auch ein Zwilling ist.

STACIA Nein, davon wußte ich nichts.

MAGGIE M Es wissen nur wenige, ich bin mir nicht einmal sicher, ob Marianne es weiß. Marianne und Sly sind Bruder und Schwester. Derselbe Vater, verschiedene Mütter, im Abstand von einem Monat zur Welt gekommen.

STACIA Himmel, wie kommt das?

MAGGIE M Meine Mutter hat mir auf ihrem Sterbebett erzählt, daß Marianne das Kind vom alten Scully ist, um dieselbe Zeit war Blaize mit Sly schwanger. Sie weiß es. Die alte Hexe! Hat es immer gewußt. Davon bin ich überzeugt.

STACIA Und sie hat sie heiraten lassen.

MAGGIE M Sie hat alles versucht, es zu verhindern, aber sie hat nie zugegeben, warum sie sich querstellt. Sie war eben zu stolz, und meine Mutter, die hat sich zu sehr geschämt, außerdem hätte mein Vater sie umgebracht, wenn er es herausgefunden hätte, tatsächlich umgebracht. Der junge Gabriel Scully, der war nicht ganz richtig im Kopf, wegen der vielen Inzucht, und ich könnt beinah schwören, daß er nur aus Versehen in den Fluß gegangen ist. Entweder das, oder er war zu empfindlich, das Haus hat ihn erstickt.

STACIA Weiß Portia das alles?

MAGGIE M Nein, aber ihr Blut weiß es, mir geht dauernd durch den Kopf, ob ich's ihr sagen soll, ob das irgendwas nützt, aber ich glaube, ich komm ungefähr dreißig Jahre zu spät ... Ich muß dir nicht extra sagen, Stacia, daß du's für dich behältst.

STACIA Ich werd's nicht mal Justin erzählen, und dem erzähl ich alles.

MAGGIE M Braves Mädchen.

Lichtwechsel auf Portia und Senchil, die tanzen, Wechsel vom Lied aus der Jukebox zu Gabriel, der das Lied aufnimmt. Portia verharrt, schließt die Augen vor Senchil, Fintan wiegt sich von einer Seite auf die andere und beobachtet sie, Maggie May und Stacia wiegen sich, trinken, rauchen, in sich versunken. Senchil nimmt einen Keks aus seiner Hosentasche und knabbert daran, mit der anderen Hand tätschelt er liebevoll Portias Kopf. Portia schaut ihn an.

PORTIA Beim Jüngsten Gericht, Senchil, wirst du deine Kekse im Angesicht Gottes essen.

SENCHIL Vielleicht biete ich ihm sogar einen an.

PORTIA Wie bist du nur so unverdorben geblieben, Senchil?

SENCHIL Unverdorben, so würdest du mich beschreiben.

PORTIA Ja.

SENCHIL Bin doch bloß ein alter Schwachkopf, Portia, einen Versager würde man das nennen.

PORTIA Wäre das so schrecklich?

SENCHIL Es wäre … ich hab noch nie jemand getroffen, der nicht eine Spur, irgendein Zeichen, hat hinterlassen wollen, daß es ihn gegeben hat, auch wenn's noch so klein ist, ein Fleck in der Weltgeschichte. Es gibt welche, die hinterlassen eine gute Spur, andere, die hinterlassen eine schlechte, wir Menschen im Schatten hinterlassen überhaupt keine Spur.

PORTIA Würdest du sagen, daß ich eine von denen im Schatten bin?

SENCHIL Nein … aber selbst wenn, wärst du trotzdem wichtig, wichtig als Hintergrund für die Riesen, die in dieser Welt wandeln und vielleicht in der nächsten. *(Beißt von seinem Keks ab)*

STACIA Portia, wir müssen uns beeilen. Die Kinder sind längst aus der Schule.

FINTAN *(während Portia und Stacia hinausgehen, wütend)* Erst so eingebildet, und jetzt will nicht mal wer die Getränke bezahlen.

PORTIA Da!

FINTAN Auf fünfzig Pfund kann ich nicht rausgeben!

PORTIA Dann behalt den Rest. Kauf dir ein neues Reitabzeichen.

Abgang Portia und Stacia.

MAGGIE M Boaaa! Ich kann wechseln! *(Greift sich die Fünfzig-Pfund-Note)* Senchil! Ein Fünfer!

Senchil holt im Nu einen Fünfer hervor. Fintan schnappt ihn sich, stürmt davon. Abgang Maggie May und Senchil.

Fünfte Szene

Portias Wohnzimmer.
Gabriels Stimme, schwach, Portia strengt sich an, sie zu hören, es klingt wie von weit oben. Sie steigt auf den Tisch, hört mit nach oben gerichtetem Kopf zu. Sie hockt auf dem Tisch, hört zu. Auftritt Marianne Scully. Sie schaut sie an.

MARIANNE Portia.

Keine Antwort von Portia, außer einem unwillkürlichen Schaudern.

Ich rede mit dir.

PORTIA *(Augen geschlossen)* Schhh.

MARIANNE Was in Gottes Namen ist los mit dir?

PORTIA Horch.

MARIANNE Was. *(Schaut nach oben)* Maggie May hat mich angerufen, sie sagt, du seist nicht ganz bei dir, wann ist sie das schon, sag ich. Komm sofort runter vom Tisch, junge Frau!

PORTIA *(schaut Marianne eine Weile an)* Ich wollte dich immer gern haben, Mutter, aber ich konnte es nie.

MARIANNE Ach, red doch nicht so einen Unsinn! Jetzt komm runter. *(Freundlich)* Soll ich dir helfen, Portia? *(Reicht ihr die Hand)*
Ist es Gabriel?

PORTIA Nein, nicht! Ich will nicht hören, wie du über ihn redest. Du machst ihn immer schlecht vor mir.

MARIANNE Gabriel war sehr schwierig, er war besessen von sich und dir.

PORTIA Ich hab gesagt, du sollst nicht über ihn reden!

MARIANNE Das tue ich aber, und er war besessen von dir!

Kam aus dem Mutterleib und hat dein Bein festgehalten, und er hält dich immer noch fest, wo auch immer er ist. Portia, du wirst dich fangen müssen. Dein Zuhause ist verwahrlost, deine Kinder sind mutterlos. Alles muß Raphael machen.

Portia schaut Marianne an, ein Blick voll abgrundtiefem Haß.

Und hör auf, mich so anzuschauen! Wenn ich nicht wüßte, daß du meine Tochter bist, ich könnt schwören, daß da ein böser Kobold hockt, der mich anfunkelt.

Portia springt, ein Wildkatzensprung, vom Tisch auf ihre Mutter, wirft sie um, landet auf ihr.

Mein Rücken! Bist du völlig übergeschnappt?!

PORTIA *(schlägt wild auf Marianne ein, die unter ihr feststeckt)*
Du hast mich so erstickt, daß ich nicht mehr atmen kann!

MARIANNE Laß mich los! Laß mich los! Portia, bitte, deine Mutter!

PORTIA Warum konntest du uns nicht einfach in Ruhe lassen. Wir haben nichts getan!

MARIANNE Du bist nicht ganz richtig im Kopf! Laß mich los!

PORTIA Uns immer nachspioniert!

Gebrüll von Marianne.

Dich in unsere Spiele eingemischt! Nach uns gerufen mit deiner ekelhaften hysterischen Stimme! Warum konntest du uns nicht einfach in Ruhe lassen! Warum!

MARIANNE Euch in Ruhe lassen, mit eurer unnatürlichen Art und eurem dummen Benehmen!

PORTIA Wir haben niemandem weh getan, ich und Gabriel, eingesperrt in diesem Zimmer …

MARIANNE Ich war da auch eingesperrt …

PORTIA Ja, hast ins Kissen geschluchzt. Dieses Geräusch, dieses Geräusch, ich glaube, die Hölle, das ist ein Korridor mit lauter Zimmern wie diesem, und aus jedem kommt dieses Geräusch, und dann bist du auf uns losgegangen, weil wir schwächer und kleiner waren als du, aber das war gar nichts, verglichen mit deinen kümmerlichen Versuchen, uns zu lieben. Dein Zorn wäre uns lieber gewesen, immer! Und deine hysterischen Picknicks, mit dem Orangensaft und dem Knabberzeugs …

MARIANNE Schon recht, spotte du nur! Ich wünsch mir bei Gott, du wärst nie geboren.

PORTIA Das haben wir uns auch gewünscht.

MARIANNE Und ich habe nur Gabriel geliebt, dich nie!

PORTIA Furchtbar schade, daß du ihm nichts bedeutet hast …

MARIANNE Er hatte alle Begabung, und du hattest keine!

PORTIA Er hat dich gehaßt! Weißt du, wie wir dich immer genannt haben! Die Quiek-Sau!

MARIANNE Du warst nur sein Schatten, bist hinter ihm hergetrottet wie ein unterwürfiges Hündchen!

PORTIA Du Scheiß-Lügnerin, du! Kommst hier herein und redest über Gabriel, als ob er dir gehörte! Zuerst gehörte er mir! Und ich hab ihn zuerst verloren! Und ich war die einzige, die für ihn wichtig war!

MARIANNE Für ihn wichtig! Ich hab doch gesehen, was er mit dir gemacht hat! Wie er dich zur Weißglut brachte mit seiner Art, dich anzuschauen! Wie er dich bis aufs Blut reizte, wenn du versucht hast, dich ihm zu widersetzen!

PORTIA Mutter, er hat diese Sachen sich selber angetan, weil er gedacht hat, ich sei er.

MARIANNE Das weiß ich. Aber du bist nicht er, Portia, du mußt ihn vergessen, du kannst so nicht weitermachen.

PORTIA Warum hast du uns trennen müssen?

MARIANNE Ich habe euch nicht getrennt, und das weißt du genau.

PORTIA Du Scheiß-Weib! Hau ab! Hau ab! Hau ab!

Portia greift sie wieder an, Marianne wehrt sich gegen sie.

MARIANNE Hör auf! Hör auf! Es reicht jetzt!

PORTIA Ich habe euch nicht getrennt! Doch, du und Vater! Ihr habt seine Singstunden beendet!

MARIANNE Ich und dein Vater, wir hätten noch viel mehr beendet, wenn wir gekonnt …

PORTIA Habt ihr nicht gewußt, daß das Singen das einzige war, was er konnte!

MARIANNE Gabriel hat aufgehört zu singen, Portia, als du aufgehört hast, mit ihm zu sprechen, als du nirgends mehr mit ihm hingehen wolltest, als du nicht mehr an einem Tisch mit ihm essen wolltest, als du aus jedem Zimmer gerannt bist, in das er kam, als du anfingst, mit Stacia und Damus Halion herumzuziehen. Da hat Gabriel aufgehört zu singen. Oh Portia, du hast ihn fallengelassen, als wär er nicht mehr als ein Korn beim Dreschen, und ich und dein Vater, wir konnten nichts tun, nur zusehen.

Aufritt Sly, unbemerkt, mit einem Paket.

PORTIA Mutter, hör auf … ich ertrag das nicht … Herrgott, ich liebe diese Welt, ihre Farben, und ich will in ihr sein, nicht dieses sterbende Ding, das durch mich durchfließt, dieses ewig sterbende Ding, das nur will, daß ich auf den Wellen treibe wie ein altes Stück Strandgut. Mutter, in der Nacht, in der er starb, die Nacht nach unserem fünfzehnten Geburtstag, ging ich mit ihm hinunter zum Fluß, und er flüsterte mir zu, bevor er hineinging. Portia, sagt er, ich geh jetzt, aber ich komm zurück, und ich komm so lang zurück, bis ich dich hab.

MARIANNE Du warst bei ihm, Portia?

SLY Bei ihm. *(Ein Flüstern)*

MARIANNE Und du hast ihn nicht aufgehalten?

PORTIA Aufgehalten! Einer von uns mußte gehen, wir brachten einander um, und ihr habt uns einfach bis auf den Tod kämpfen lassen. Ja, wir haben bis auf den Tod gekämpft, und ich habe gewonnen. Mutter, ich kann ihn hören, wie er auf mich zukommt, ich kann hören, wie er mich ruft ...

SLY Du warst bei ihm, Portia, wie konntest du, und hast ihn gehen lassen.

MARIANNE Sly. Laß gut sein.

SLY Und du hast uns überall nach ihm suchen lassen, in der letzten Hoffnung, ihn lebend zu finden, ohne daß wir den Fluß abfischen, und du hast gewußt, wo er war, die ganze Scheiß-Zeit über. Mein einziger Sohn, du hast ihn fortgelassen wie eine Schwalbe am Ende des Sommers.

PORTIA Ich hatte nicht vor, daß er ohne mich geht ... es ist einfach passiert.

SLY Du Fotze! Du dreckige Scheiß-Fotze! Ich hab gesehen, wie du mit ihm gespielt hast, wie du ihn gequält hast, ich hab eure perversen Umtriebe beobachtet, ich hab euch tanzen sehen, in euren Fellen, widerlich, und alle Welt schläft, nur ihr und der Fluß nicht ... dich kauf ich mir, ein für allemal, du kleine Hure, du Loch, du Scheiß-Weib, du!

PORTIA Ich bin weder deine Frau noch deine Mutter, also komm nicht hier rein und laß deine Wut an mir aus, du Scheiß-Feigling, du!

MARIANNE Sly! Geh heim! Sofort! Deine eigene Tochter!

PORTIA *(zu Sly)* Ich habe deinen kostbaren Gabriel nicht umgebracht! Das waren wir alle!

SLY Du bist nicht mehr meine Tochter.

PORTIA Papa, sag das nicht zu mir, ich versuch nur, dir zu erzählen, wie es gewesen ist, er kommt immer näher, ich höre das Geräusch seiner Schritte, wie sie die Welten durchqueren.

SLY Was soll ich machen, Mädchen, ich geh mit Tieren um, nicht mit Gespenstern … was soll ich machen … Marianne, sag was zu ihr … Ich kann nicht … *(Will abgehen, hebt das Paket hoch)* Und hier ist das Kleid, das ich in der Stadt abholen sollte, für ihren Geburtstag. *(Will abgehen, hält inne, um Portia anzuschauen)*

MARIANNE *(freundlich)* Geh schon, Sly, geh.

Abgang Sly.
Stille. Marianne öffnet das Paket, holt ein wunderschönes Kleid heraus, hält es Portia an.

Gefällt es dir?

PORTIA *(ein Flüstern)* Mutter.

MARIANNE Es wird schön an dir aussehen … ich wollte es schon für gestern haben … zu deinem dreißigsten Geburtstag.

Abgang Marianne.
Portia zieht das Kleid an.

Sechste Szene

Portia deckt den Tisch, zündet Kerzen an, öffnet den Wein, schenkt ein Glas ein, trinkt, setzt sich, Zeit vergeht, sie legt das Diamantenarmband an. Auftritt Raphael, Telefon, Autoschlüssel, Unterlagen aus der Fabrik, schaut erfreut auf den Tisch.

RAPHAEL Sind die Kinder im Bett?

PORTIA Gerade eben.

RAPHAEL Bin aufgehalten worden in der Fabrik.

PORTIA Ah so. *(Schenkt ihm ein Glas Wein ein)*

RAPHAEL Danke ... geht's besser?
PORTIA Geht schon wieder.
RAPHAEL Freut mich.
PORTIA Ich bring das Essen, wenn du soweit bist.
RAPHAEL Nur zu.

Portia bringt das Abendessen herein, teilt es aus. Sie hauen rein, essen wie Bauern, schlingen es runter, die Köpfe nah am Teller, keine Unterhaltung, fertig.

PORTIA Gibt noch mehr.
RAPHAEL Reicht erst mal.

Raphael zündet eine Zigarre an, Portia eine Zigarette.

Ich bin zu dem Barmann vom High Chaperal gegangen ... Goolan, so heißt er doch?
PORTIA Fintan Goolan, ja.
RAPHAEL Er schwört, daß er dich nie angefaßt hat.
PORTIA Ja.
RAPHAEL Ist das wahr ... es ist wahr, ja ... Portia, warum erfindest du so was?
PORTIA Muß vielleicht was Schlimmeres verbergen.
RAPHAEL Was meinst du damit?
PORTIA Können wir's nicht einfach lassen, Raphael. Schau, ich hab für dich gekocht, ich hab dir Wein eingeschenkt, ich hab Quentin gebadet, ihm eine Geschichte vorgelesen. Können wir nicht wenigstens einmal ein bißchen Spaß miteinander haben?
RAPHAEL Spaß? Wir beide, das hält man ja im Kopf nicht aus, Portia ... Jedenfalls weiß ich schon lange, daß du nicht viel mit mir zu tun haben willst.
PORTIA Vielleicht hätte ich mehr mit dir zu tun haben wollen, wenn du nicht immer so ruhig und anspruchslos gewesen

wärst, Raphael ... ich hab nie gewußt, wie ich damit umgehen soll ... und ich hab das noch nie jemand erzählt ... weißt du, ich und Gabriel, wir haben uns immer geliebt, unten am Belmont-Fluß, in der Senke, seit wir fünf waren ... weiter zurück kann ich mich jedenfalls nicht erinnern ... aber ich glaube, wir haben es schon gemacht, bevor wir geboren wurden. Manchmal schließe ich meine Augen und spüre Wasser um mich herumwirbeln, und über uns hören wir den Herzschlag meiner Mutter, und wir sind verschlungen, sein Fuß an meinem Kopf, meiner verschränkt mit seinem Arm, und wir wissen nicht, wer von uns der andere ist, und wir wollen es nicht wissen, und das Wasser rauscht uns in den Ohren, und die ganze Welt besteht aus Portia und Gabriel, für immer in einen festen, heißen Schoß gepackt, wo es kein Atmen gibt, kein Denken, kein Sehen, nur Dunkelheit und Herzschläge und Berührung ... und als ich fünfzehn war, schlief ich mit Damus Halion ... ich hätte wissen können, daß er mir nichts bedeutet ... und Gabriel hat, Gabriel hat es gesehen und danach nie mehr mit mir gesprochen.

RAPHAEL Du bist mit mir verheiratet, Portia, nicht mit Gabriel, und mich hast du betrogen, nicht Gabriel. Damus Halion. Jesus! Portia, du bist so viel besser als er! Warum erniedrigst du dich und mich mit so einem?

PORTIA Ich sag doch, er hat mir nichts bedeutet, Raphael, nichts.

RAPHAEL Ach, der macht mir nichts mehr, Damus Halion, das war einmal, der ist ja bloß ein schwachköpfiger Sack, dem die Scheiße zum Maul rausläuft. Es geht um Gabriel. Ich habe dreizehn Jahre gewartet, daß du über mich so sprichst, wie du gerade über ihn gesprochen hast. Ich hab das alles satt. *(Will abgehen)*

PORTIA Raphael, laß mich hier nicht allein.

RAPHAEL Ich weiß nicht mehr, wie ich mit dir umgehen soll, du glaubst, du kannst mit mir machen, was du willst. Früher war das so. Als ich dich das erste Mal am Fluß entlanggehen sah, betete ich zu Gott, daß er mich dich haben läßt, ich hab dich überschüttet mit allem, was eine Frau sich nur wünschen kann, und was machst du? Du schlägst deine Zähne in mich, bis auf die Knochen, und jetzt willst du Liebesbeweise, aber ich habe keine für dich, ich geh jetzt ins Bett.

PORTIA Raphael.

RAPHAEL Was?

PORTIA Ich hab dich viel früher gesehen als du mich, ich hab dich fischen sehen, an einem Sonntagnachmittag, und die Ruhe und die Sicherheit, die von dir ausging, war eine Wohltat für mich, und als ich fragte, wer du bist, und sie sagten, das ist Raphael Coughlan, da dachte ich, wie kann jemand mit so einem Namen so wirklich sein, und ich sagte mir, wenn Raphael Coughlan mir Beachtung schenkt, dann werde ich in die Welt kommen und in ihr bleiben können, was dauernd der Kampf für mich gewesen ist. Und du willst, daß ich über dich so spreche, wie ich über Gabriel spreche, ich kann nicht, Raphael, ich kann nicht. Und auch wenn jeder und alles mir sagt, daß ich ihn vergessen muß, ich kann nicht, Raphael, ich kann nicht.

Abgang Raphael.
Gabriels Stimme erklingt, triumphierend.

ENDE

MARTIN CRIMP

Martin Crimp, 1956 in Dartford/Kent geboren, studierte in Cambridge englische Literatur. Seine ersten Stücke wurden am Orange Tree Theatre in Richmond/London uraufgeführt: Auf sein Debüt *Living Remains* (1982) folgten dort 1984 *Four Attempted Acts*, 1987 *Definitely the Bahamas*, 1988 *Der Handel mit Clair (Dealing With Clair)*, eine verstörende Satire auf das Maklergeschäft, und 1989 *Spiel mit Wiederholungen (Play With Repeats)*, in dem der Wunsch, Gewesenes noch einmal zu leben, ein changierendes Zeit- und Handlungsgeflecht herbeiführt. Mit *No One Sees the Video*, das in der unwirklichen Welt der Marktforschung angesiedelt ist und auf eigene Erfahrungen zurückging, schrieb Crimp 1990 sein erstes Stück für das Londoner Royal Court Theatre, das auch die Uraufführungen seiner weiteren Stücke zeigte: 1991 *Das stille Kind (Getting Attention)*, das bereits 1987 entstanden war und in dem Crimp anhand des Themas Kindesmißhandlung erstmals das atomisierte, flüchtige Großstadtleben untersucht, 1993 *Der Dreh (The Treatment)*, für das er den John Whiting-Dramatikerpreis erhielt, und 1997 *Angriffe auf Anne (Attempts on Her Life)*. Zeitgleich zur Londoner Uraufführung von *Der Dreh* wurde am Deutschen Schauspielhaus Hamburg *Das stille Kind* deutschsprachig erstaufgeführt. *Der Dreh* erlebte seine deutschsprachige Erstaufführung 1995 am Nationaltheater Mannheim und *Angriffe auf Anne* 1998 am Bayerischen Staatsschauspiel München/Marstall. Crimp hat außerdem eine Reihe von preisgekrönten Hörspielen geschrieben, zuletzt 1997 *The Country* für die BBC, und Übersetzungen und Bearbeitungen veröffentlicht, darunter *Le Misanthrope* nach Molière, 1996 am Londoner Young Vic Theatre aufgeführt, 1997 Bernard-Marie Koltès' *Roberto Zucco* (Royal Shakespeare Company) und im selben Jahr für Simon McBurneys Théâtre de Complicité Eugène Ionescos *Die Stühle* (Royal

Court Theatre), das 1998 auch am New Yorker Broadway lief. Martin Crimp lebt mit seiner Frau, einer Mathematikerin, und seinen drei Kindern in der Nähe von London.

Gespräch mit Martin Crimp

Du hast mal gesagt, daß du Interviews mißtraust, weil sie behaupten, ein reales Gespräch wiederzugeben, es in Wirklichkeit aber durch seine Niederschrift und Bearbeitung zwangsläufig verfälschen.
Das war zu der Zeit, als ich mein Stück *Der Dreh* geschrieben habe, das aus meiner eher unglücklichen Begegnung mit dem Film- und Fernsehgeschäft heraus entstand. Inzwischen hat sich meine Empfindlichkeit etwas gelegt, aber damals habe ich den Wahrheitsgehalt von Interviews stark bezweifelt. In *Der Dreh* geht es darum, daß eine junge Frau ihre Biographie an zwei Filmproduzenten verkauft, wodurch sie ihre Identität fast ganz zu verlieren droht, denn der fertige Film hat am Ende mit ihrem Leben nichts mehr zu tun, er ist zur völligen Entstellung ihrer Geschichte geworden. Und in ähnlicher Weise gilt das natürlich auch für Interviews: Wir reden miteinander, und später wird unser Gespräch in eine klar umrissene Form gebracht, die jedoch unserer Beziehung – jeder zwischenmenschlichen Beziehung – nie entsprechen kann.

Tragen deine Figuren, die Einblicke in ihr Privatleben bisweilen ja sehr beharrlich verweigern, unter diesem Aspekt autobiographische Züge?
(lacht) Ich glaube nicht, daß sich die Person des Autors so unmittelbar in seinem Werk, seinem persönlichen Stil manifestiert oder gar darin aufgeht. Es wäre zu simpel zu sagen, ich bin verschwiegen, und deshalb sind es auch meine Figuren. Ich würde es vielmehr umgekehrt sehen: Ich bin verschwiegen, wohingegen ein Theaterstück per definitionem nicht verschwiegen sein kann, da es sich öffentlich äußert. Als Dramatiker suche ich die Öffentlichkeit, während ich zugleich mein Privatleben vor ihrem Zugriff schützen will. Interviews treffen mich von daher an einem

neuralgischen Punkt, weil sie sich in einem paradoxen Zwischenbereich bewegen. Sie sind eine durch und durch künstliche Situation: Auf einer semi-privaten Ebene unterhalte ich mich mit dir über meine öffentlichen Texte, die mit mir aber nicht unbedingt deckungsgleich sind und aus denen man keine Rückschlüsse auf meine Person ableiten sollte, was ohnehin zu nichts führen würde. Die Forderung an Autoren, vor allem junge Autoren, über die eigenen Erfahrungen zu schreiben, halte ich für eine Sackgasse. Mich interessiert, über das zu schreiben, was ich nicht kenne, und die Erfahrungen im Moment des Schreibens zu machen, Dinge beim Schreiben zu entdecken, entstehen zu lassen.

Was einem natürlich auch die reale Erfahrung erspart …
Möglicherweise, ja, aber ein einzelner Mensch könnte im wahren Leben kaum all die Erfahrungen machen, die beispielsweise in *Angriffe auf Anne* durchlaufen werden. Schreiben ist für mich das Gegenteil von Autobiographie. Mir geht es um die Fiktion, um das Erfinden. *Der Dreh* und *Angriffe auf Anne* kreisen beide um das Erfinden von Geschichten, um Spontaneität und Improvisation. Deswegen habe ich auch sofort zugesagt, als der Regisseur Simon McBurney fragte, ob ich für ihn *Die Stühle* von Eugène Ionesco übersetzen würde. Ionesco hatte mich als Jugendlicher beschäftigt, und nach einer langen Zeit der Pause war die Rückkehr zu ihm interessant, vor allem natürlich, da ich mittlerweile mehr vom Schreiben verstehe. Denn eine der Stärken der *Stühle* ist in meinen Augen der improvisatorische Charakter des Stücks. Ionesco hat zwei Menschen genommen, ein paar Stühle und abgewartet, was passiert. An der Beschaffenheit des Textes, an der Art, wie die Figuren Geschichten erzählen oder versuchen, Geschichten zu erzählen, merkt man sozusagen die Entstehung des Textes aus dem Geist der Improvisation. Irgendwo habe ich außerdem gelesen, daß der alte Mann und die alte Frau aus dem Fenster springen, weil Ionesco genug von ihnen hatte und nicht wußte, wie das Stück weitergehen sollte. Also hat er sie einfach

aus dem Fenster springen lassen. Den Schauspielern haben wir das übrigens lieber nicht erzählt, und natürlich sind die Äußerungen von Autoren über ihr Werk nicht immer verläßlich, aber in diesem Fall glaube ich ihm. Es ist diese Idee des Erfindens, die mein Motor ist. Ich erfinde als Autor, und Charaktere, Figuren erfinden sich selbst, während sie sprechen und mittels Sprache, weil ich denke, daß meine Texte ihre Spannung aus der Sprache und ihrem Rhythmus ziehen. Der Rhythmus der Dialoge ist sehr entscheidend für mich. Ich liebe es zum Beispiel, durch die Stadt zu laufen, die ganzen Geräusche zu hören, das Stimmengewirr, simultan die unterschiedlichsten Dinge wahrzunehmen. Die Gleichmäßigkeit der Schritte kombiniert mit dem rasanten Tempo der Stadt fasziniert mich. Es war schon immer mein Traum, im Gehen ein Stück zu schreiben, und vielleicht ist *Angriffe auf Anne* dieses Ich-laufe-durch-die-Stadt-Stück geworden, mit all den Stimmen, die man um sich herum und im eigenen Kopf hört. Normalerweise gibt dann ein Autor diesen Stimmen Namen und entscheidet sich, den da nenne ich Hamlet. Oder diesen hier Wanja. Wobei ich keine Notwendigkeit dazu sehe und das bei diesem Stück auch gar nicht erst versucht habe. Denn egal, ob man diesen Stimmen und Figuren Namen gibt oder nicht, es entbindet den Zuschauer nicht von der Arbeit, herauszufinden, wer diese Menschen sind, woher sie kommen, warum sie dies oder jenes sagen. In *Angriffe auf Anne* hätten die Namen keinem Zweck gedient, außer, das Ego der Leute zu füttern.

***Angriffe auf Anne* ist dein bisher radikalstes Stück. Die Brüchigkeit der Identität, der Versuch, eine Person darzustellen, und das Scheitern dieses Versuches, das Problem der Authentizität ziehen sich wie ein roter Faden durch dein Werk, aber hier werden sie auch formal auf die Spitze getrieben.**

Ja, sie werden, wenn man so will, zur treibenden Kraft, und es ist mit Sicherheit das Stück, bei dem ich mich während des Schreibens am wohlsten gefühlt habe. Ich hatte diese Art Verpflichtung, identifizierbare Charaktere und lineare Handlungen zu entwerfen, immer als sehr einengend empfunden und mich gefragt, woher diese Auflagen überhaupt kommen. Denn, wie gesagt, die Stimmen in meinem Kopf hatten damit nichts zu tun. In meiner Schublade lagen zahllose Zettel mit kurzen Momentaufnahmen, die ich seit Jahren notiert hatte, und wann immer ich sie las, gefielen sie mir, nur nahmen sie keine Form an. Also fand ich, das sei eben kein Stück. Ich packte sie wieder weg, bis sie schließlich eine Eigendynamik entwickelten, und plötzlich war die Arbeit daran ein unglaublich befreiendes Gefühl. Mit *Der Dreh* hatte ich mein Drama über die Anonymität und Zersplitterung der Großstadt geschrieben, das Porträt von Fremden, die Fremde ausbeuten, in einer kalten, beklemmenden Metropole – Themen, die mich damals verfolgten, ohne daß ich sagen könnte, warum. Ich mag den Text bis heute, aber gleichzeitig markierte er für mich einen Endpunkt. Die Idee der kaleidoskopischen Szenarien in *Angriffe auf Anne* war für mich dann ein Neuanfang, die Möglichkeit, mich ohne Grenzen in die unterschiedlichsten Richtungen zu bewegen.

Wie hast du *Angriffe auf Anne* konzipiert? In einem Brief hast du mal geschrieben, daß beispielsweise der Titel sehr früh feststand. (Der englische Titel *Attempts on Her Life* bedeutet sowohl «Versuche über ihr Leben» als auch «Anschläge auf ihr Leben».)
Der Titel hatte sich seit einer halben Ewigkeit in mir festgesetzt – ich wollte schon lange ein Stück *Attempts on Her Life / Angriffe auf Anne* nennen. Und während ich mich mit dieser Reihe von Szenarien beschäftigte, fiel mir mit einem Mal auf, daß dies genau jenes Stück sei. Ich fand den Titel eine gute Verzahnung der disparaten Teile, denn so sehr der Text auch die konventionellen dramatischen Einheiten unterläuft, kann man meiner Ansicht nach nicht ganz auf ein Mindestmaß an Kohärenz verzichten. Hinzu kam, daß die einzelnen Szenarien begannen, aufeinander zu verweisen, sich bisweilen zitierten, es gibt einzelne Worte, Sätze, Mo-

tive, die sich variieren und wiederholen, und außerdem war Symmetrie ein wesentlicher Faktor. So gibt es beispielsweise zwei Szenarien mit Übersetzungen, eines gegen Anfang und eines gegen Ende, es gibt zwei gereimte Passagen, «Die Kamera liebt dich» und später «The Girl Next Door», eine Art Musical- oder Revue-Nummer. Und es gibt das selbstreflexive Moment in Form der Kritiker-Szene, die sich zwar nicht im Zentrum befindet, die aber, wie [der Regisseur der deutschsprachigen Erstaufführung] Gerhard Willert meinte, den «goldenen Schnitt» bildet. Alle sonstigen gewohnten strukturellen Elemente habe ich bewußt vermieden. Letztlich ist für mich jedes Szenario wie eine Leiter – man klettert sie hinauf und wirft sie anschließend weg. Man klettert weiter, erklimmt eine neue Ebene und wirft die vorherige Leiter weg. Bis man das letzte Plateau erreicht, nur wird die Leistung nicht belohnt. *(lacht)* Ich wollte den Zuschauer nicht mit einer eindeutigen Botschaft, einer von mir vorweggenommenen Entscheidung entlassen, die er bequem mit nach Hause nehmen kann. Und insgesamt hängt bei einem Stück wie diesem natürlich viel vom jeweiligen Regisseur und seinen Darstellern ab.

Wie haben in England die Schauspieler der Uraufführung und der Regisseur [Tim Albery] auf dieses für das britische Theater sehr ungewöhnliche und riskante Stück reagiert?
Ungewöhnlich für das britische Theater vielleicht, aber in einem größeren europäischen Kontext eigentlich nicht. Das Royal Court Theatre hatte die Idee, das Stück Tim Albery zum Lesen zu geben, der sich intensiv mit dem europäischen Gegenwartstheater beschäftigt hatte. Tim hatte früher am I.C.A. gearbeitet, Performances gemacht, in denen der Text eher Material war, und andere, unkonventionelle Theaterformen ausprobiert, was ihm den Zugang zu *Angriffe auf Anne* erleichterte. Es störte ihn nicht, daß das Stück kein klassisches Drama mit den üblichen Elementen war, im Gegenteil. Wir verstanden uns gut, und so ergab sich dann unsere Zusammenarbeit. Und mit den Schauspielern ver-

hielt es sich ähnlich, deren Auswahl hat sich quasi von selbst geregelt. Wir haben Leuten das Stück geschickt, und entweder hat es sie interessiert oder nicht. Das schöne an dem ganzen Prozeß war – und es war ein sehr erfreulicher, angenehmer Arbeitsprozeß –, daß niemand bei der endgültigen Entscheidung über die Besetzung gefragt hat: «Toll, welche Rollen werde ich denn spielen?» Das hat mich gefreut, die Schauspieler hatten das Stück begriffen, und insofern wußten wir, daß wir die richtigen engagiert hatten, für die der Ensemblegedanke Vorrang hatte. Schwierig war es eigentlich nur, ältere männliche Darsteller zu finden. Wir riefen deren Agenten an, der übliche Weg in England, und die erste Frage war: «Ist es die Hauptrolle?» *(lacht)* Das war eine gewisse Hürde.

Und wie liefen die Proben? Es gibt ja zum Beispiel so gut wie keine Regieanweisung im Text oder Anmerkungen zu den Sprechern. Habt ihr Festlegungen durch Improvisation getroffen?
So wäre es im Idealfall gewesen, aber Tim und ich mußten leider vieles im Vorfeld entscheiden, da uns für die Proben nur fünf Wochen zur Verfügung standen. Was bereits Luxus war – fünf Wochen ist eine Woche mehr als üblich. Deshalb hatten wir schon vor Probenbeginn beispielsweise festgelegt, wie viele Darsteller die einzelnen Szenarien haben sollten, was unseren idealistischen Anspruch ein bißchen sabotiert hat. Andererseits passierte es in den Szenarien, in denen das gesamte Ensemble auf der Bühne war, daß wir am runden Tisch saßen und die Schauspieler intuitiv die Sätze sprachen, die sie für ihre hielten, und meist ist es dabei dann auch geblieben. Es gab also improvisatorische Passagen, die sich mit einer konventionelleren Herangehensweise vermischten. Bei einigen Szenen entschieden wir, wer der jeweilige Sprecher ist und welche Rolle er spielt, so daß sich die Zuordnung von Sätzen aus der Rolle heraus entwickelte. Alles in allem war die Arbeit jedoch sehr frei.

Eine frühere Fassung von *Angriffe auf Anne* enthält noch Regieanweisungen, von denen ich einige sehr gut fand. Warum hast du dich am Ende doch von ihnen verabschiedet?
Um beim Bild von vorhin zu bleiben: Sie waren eine Art Leiter, auf der ich hinaufklettern konnte, wohin ich wollte. Aber oben angekommen, sah ich zurück, und die Leiter gefiel mir nicht mehr, oder ich fand sie abgenutzt oder nicht sehr elegant. Also entschied ich mich für die größtmögliche Konsequenz und auf alle Hilfsmittel zu verzichten. Ich warf die Leiter weg, zumal es Szenarien gab, für die ich selber keine oder keine besonders guten visuellen Vorstellungen hatte. Einige der besseren Entwürfe haben wir zwar letztlich in der Uraufführung beibehalten, aber die Endfassung des Textes sollte ein Eigenleben haben, unabhängig von seiner Inszenierung. Ich möchte jedesmal neu überrascht werden, wenn ich das Stück sehe. Sonst wäre es langweilig.

Damit überläßt du dem Regisseur allerdings eine große Verantwortung. Was in England kein Problem ist, weil Regisseure dort in engem Kontakt zum Autor stehen – ein Arbeitsverhältnis, das beispielsweise im deutschsprachigen Raum nicht gegeben ist.
Das stimmt, der Kontakt zwischen Autor und Regisseur ist in England meist sehr intensiv. Ich war in jeden Moment der Uraufführung von *Angriffe auf Anne* involviert, und das war für alle eine sehr fruchtbare Arbeit. Aber jetzt überlasse ich das Stück anderen. Das liegt auch ganz pragmatisch an den Erfahrungen mit früheren Stücken, nicht immer guten Erfahrungen, sollte ich hinzufügen. Es ist ein Segen und ein Fluch, wenn die eigenen Stücke in anderen Ländern, in einem anderen Kontext gespielt werden. Es ist wunderbar und schmeichelhaft, aber immer wieder wird man in Versuchung geführt, hinzufahren und sich die Inszenierung anzusehen. Und dann sitzt man im Zuschauerraum und fragt sich: Wieso bin ich hier und sehe dieses Stück, in einer Sprache, die ich nicht verstehe und die mich auf relativ banale Urteile reduziert – warum verhält sich diese Figur plötzlich

so und nicht anders, wie ist das Bühnenbild, wie das Hotel, das Essen … *(lacht)* Was am eigentlichen Gegenstand vorbeizielt. Obwohl natürlich das Problem des Hotels kein ganz unwesentliches ist. Aber was das Stück angeht, bin ich gelassener geworden und möchte überrascht und unterhalten werden. Ich verlange nur, daß die Leute dem Text folgen und ihn ernst nehmen. Der Text ist da wie ein Stacheldraht, an den man die eigenen Ideen und Visionen hängen kann.

Und wie reagierst du, wenn Text gestrichen wird?
Ich glaube, kein Autor ist über Striche in seinem Text begeistert, aber sie stören mich zumindest nicht übermäßig, solange es einleuchtende Gründe für sie gibt. Und wenn sie vorher mit dem Autor abgesprochen werden, was englische Regisseure tun, bin ich absolut damit einverstanden. Was ich nicht mag, ist ein herablassender, alles beiseite wischender Regiestil. Andererseits finde ich genauso die Politik der Beckett-Erben tödlich, die jeden inszenatorischen Eingriff in Becketts Texte kategorisch untersagen. Das ist eher eine Verhinderung von Theater, denn ab einem bestimmten Punkt geht jeder Bühnentext eine freiere Verbindung mit einem Ensemble von Künstlern ein. Ich sollte mich als Autor wahrscheinlich nicht allzusehr für die Freiheit des Regisseurs einsetzen, und ich sehe es alles andere als gern, wenn man meine Texte kürzt oder umstellt, dennoch muß jede Inszenierung ihre Spielräume haben, denke ich. Und wie gut mögliche Änderungen funktionieren, hängt letzten Endes vom Regisseur ab. Mit einem genialen Regisseur ist das Ergebnis genial, mit einem mittelmäßigen eben mittelmäßig. So einfach ist das. Und natürlich gilt das in erhöhtem Maße für ein Stück wie *Angriffe auf Anne*, das gewisse Risiken der Umsetzung in sich birgt. Ich verlasse mich allerdings darauf, daß es allein schon durch seine Beschaffenheit nur Regisseure anzieht, die ein großes Gespür für das Theater haben und eine eigene, ausgeprägte Vision mitbringen. Meine Vision findet sich hoffentlich in den Worten.

Die englischen Kritiker haben auf *Angriffe auf Anne* überraschend positiv reagiert, obwohl es auch vereinzelt Stimmen gab, die sagten: Ist dies das Schöne Neue Theater des 21. Jahrhunderts, in dem Charaktere beziehungslos nebeneinanderstehen, ohne die Spur einer durchgehenden Handlung?
Solche Formulierungen klingen für mich zutiefst reaktionär, zumal man damit den narrativen Charakter des Stückes völlig übersieht. In *Angriffe auf Anne* geht es die ganze Zeit um Geschichten, genaugenommen wird das Stück dadurch zusammengehalten, daß Menschen ununterbrochen Geschichten erzählen. Ich glaube auch nicht, daß man ohne Geschichten oder wenigstens narrative Stränge auskommen kann – man kann ein anti-narratives Stück schreiben, wie beispielsweise *Warten auf Godot*, aber selbst *Godot* ist eine Geschichte unterlegt, nur wird sie nicht unmittelbar erzählt. Der Umstand, daß nichts geschieht, niemand kommt, ist für mich das Negativ einer sehr eindringlichen Geschichte. Man muß sich auf irgend etwas beziehen, wenn man kein obskures Wirrwarr schreiben will. Ansonsten waren die meisten Kritiken zu *Angriffe auf Anne* tatsächlich sehr gut, auch die Reaktionen des Publikums. Ich glaube, viele Leute waren bereit und sogar ganz froh, sich auf etwas einzulassen, das man nicht als «social realism» einordnen kann.

Mich hat diese Bemerkung über das 21. Jahrhundert insofern erstaunt, als *Angriffe auf Anne* eher unsere Gegenwart spiegelt, das fragmentierte Leben des ausgehenden 20. Jahrhunderts.
Ja, wobei die Fragmentierung auch schon wieder ein Klischee geworden ist, das Klischee der Moderne. Trotzdem scheint es nach wie vor angemessen zu sein, viele von uns nehmen die Welt als fragmentierte wahr, und ich wollte diese Haltung, dieses Lebensgefühl aufgreifen oder zeigen.

Deckt es sich mit deinem eigenen Lebensgefühl?

Wir nähern uns wieder dem beunruhigenden Punkt der Identität und Autobiographie. *(lacht)* Ich antworte mal so: Ich kam mir ziemlich alt und konservativ vor, als ich mir neulich die Ausstellung «Sensation» in der Royal Academy angesehen habe. Viele der ausgestellten Werke wirkten auf mich sehr entpersonalisiert und konzeptionell, und mich beschlich ein zunehmendes «Was soll's»-Gefühl. Vielleicht bin ich inzwischen einfach zu alt dafür oder habe diese Arbeitsmethode hinter mir gelassen. Ich weiß nicht, ob es so etwas wie Identität gibt oder nicht, aber ich glaube, daß man einen Menschen nie wirklich kennenlernt, bis zu einem gewissen Grad wird er einem immer fremd bleiben. Was nicht zwangsläufig heißt, daß dieses unbekannte Wesen keine Einheit ist. Ich finde es immer sehr peinlich, wenn Leute in der Öffentlichkeit von ihren Kindern reden, aber meine Erfahrung von Einheit als menschliches Individuum wurde dadurch geprägt, Kinder zu haben, mit dem starken Gefühl, daß sie als Person auf die Welt kommen und eine Identität besitzen, so fragmentiert unsere Welt auch ist. Und obwohl die Sprecher in *Angriffe auf Anne* gewissermaßen austauschbar sind, glaube ich doch an die Einzigartigkeit des Individuums. Das Stück soll die Schauspieler als Personen zum Vorschein bringen und nicht als Kleiderständer für Charaktere. Ich finde die Menschen im wahren Leben interessanter als die meisten Charaktere im Theater. Die Kunst des Schauspielens besteht für mich unter anderem in der Gratwanderung zwischen dem, was Menschen im Alltag von sich preisgeben, und was bestimmte Schauspieler auf der Bühne von sich offenbaren. Virtuose Verstellung, Einfühlung und Rollenstudium sind nicht alles. Es gab Momente in der Uraufführung von *Angriffe auf Anne*, in denen die Schauspieler vorgegeben haben, jemand anderes zu sein, aber all die Passagen, in denen sie ihre Krücken weggeworfen und einfach losgelaufen sind, haben wesentlich besser funktioniert. Die Szene, die ihnen anfangs am schwersten fiel und die ihnen und mir am Ende den größten Spaß gemacht hat, war das letzte Szenario. Ich hatte schon von der ersten Fassung des Stückes an gewollt, daß sie spätestens hier keine Kostüme mehr tragen, sondern als sie selbst auftreten. Und so haben wir es schließlich auch gemacht. Tim hat die Szene als Abendmahl angelegt. Das Theater war vorbei – auf der Bühne stand nur ein großer langer Tisch, und alle Schauspieler saßen um ihn herum. Das Restaurant nebenan hatte Essen geliefert, es wurde Wein getrunken, die Raucher packten ihre Zigaretten aus, und ganz nebenbei wurde die letzte Szene gespielt. Die Schauspieler hatten keine Ahnung, wer sie sind, wer Anne ist, sie wußten nicht, warum sie diesen Text sagen, aber das Ganze hatte eine unbeschreibliche Schönheit. Für mich war das der beste Moment der Inszenierung. Man sieht den Schauspielern einfach beim Reden zu, ganz entspannt und unspektakulär. Ob so etwas abendfüllend ist, weiß ich nicht. Aber mir gefiel das Spannungsverhältnis zwischen durchinszenierten und privateren Szenen.

Du hast deinem Stück einen Satz von Baudrillard vorangestellt.
(lacht) Oh, ich liebe Baudrillards Texte, weil ich kein Wort von ihnen verstehe. Für mich sind sie wie Gedichte – Bilder, die nicht konkret sind, sondern intellektuell, und mit Sicherheit keine Wahrheiten im absoluten Sinn, eher in einem poetischen. Und mir gefällt seine Sprunghaftigkeit. Außerdem ist er witzig, was man nicht von allen französischen Philosophen sagen kann. Sprunghaftigkeit vielleicht, aber Humor? Es macht Spaß, ihn zu lesen. Er reagiert sehr leidenschaftlich auf die Welt, was ich mag. Ich glaube nicht unbedingt an die Einfühlung von Schauspielern in ihre Rolle, an die «emotionale Reise» eines einzelnen zentralen Charakters, weil ich weiß, daß das gelogen ist, und in gewisser Weise ist *Angriffe auf Anne* auch eine Reflexion darüber. Trotzdem hat das Stück eine große Emotionalität, nur ist die anders gelagert. Ich fürchte, das klingt grauenhaft prätentiös, aber für mich ist es eine «emotionale Reise» durch unsere Gegenwart

oder durch einige Aspekte unseres heutigen Lebens. Es geht nicht um den Protagonisten und sein individuelles Problem, was der Konvention entspräche, sondern ich wollte ein öffentliches Drama schreiben, eine Bestandsaufnahme der heutigen Welt, die aber durchaus emotional aufgeladen ist.

Betrachtest du dich als politischen Autor? Der «Guardian» schrieb, *Angriffe auf Anne* formuliere den Haß auf den neuen globalen Kapitalismus, der uns alle in frei flottierende, willenlose Konsumenten verwandelt.
(lacht) Schalt das Band ab, schalt das Band ab. Der neue globale Kapitalismus, großartig. Ich weiß nicht, aber in dieser Hinsicht identifiziere ich mich wahrscheinlich mit Baudrillard. Obwohl ich ihn nicht verstehe. Doch er betrachtet seine Umwelt unmißverständlich mit sehr kritischem Blick, während er sie gleichzeitig liebt, aus ganzem Herzen. Nimm doch nur sein Buch über Amerika – im Alter von ungefähr sechzig fährt er zum ersten Mal nach Amerika und philosophiert darüber, wie dort alles auf den Untergang des Abendlandes zusteuert, er gibt die erschreckendsten (und scharfsinnigsten) Prognosen, aber zugleich genießt er jede Sekunde, ist voll des wunderbarsten kindlichen Enthusiasmus. Und ich denke, an guten Tagen ist meine Haltung ganz ähnlich. Ich bin Satiriker, kein Moralist.

(7. Februar 1998, Café Flo, St. Martin's Lane, London)

Martin Crimp

ANGRIFFE AUF ANNE

(Attempts on Her Life)

Deutsch von
Falk Richter

«Keiner wird den wirklichen Gang
solcher Ereignisse unmittelbar erfahren,
aber jeder wird ein Bild von ihnen erhalten haben.»

Jean Baudrillard

Angriffe auf Anne

17 Szenarien für das Theater

1. Alle Nachrichten gelöscht
2. Tragödie der Liebe und Ideologie
3. Der Glaube an uns selbst
4. An alle Haushalte
5. Die Kamera liebt dich
6. Mama und Papa
7. Der neue Anny
8. Teilchenphysik
9. Die Bedrohung durch den internationalen Terrorismus™
10. Irgendwie komisch
11. Ohne Titel (100 Wörter)
12. Seltsam!
13. Kommunikation mit Außerirdischen
14. The Girl Next Door
15. Die Aussage
16. Pornó
17. Ursprünglich tiefgekühlt

Die Uraufführung von *Angriffe auf Anne*
war am 12. März 1997 in einer Produktion
der English Stage Company
am Royal Court Theatre, London
(Regie: Tim Albery).

Die deutschsprachige Erstaufführung war
am 13. März 1998 am Bayerischen Staatsschauspiel/
Marstall, München
(Regie: Gerhard Willert).

Dieses Stück ist konzipiert für ein Ensemble, dessen Zusammensetzung die Zusammensetzung der Welt außerhalb des Theaters widerspiegeln sollte.

Die Worte eines jeden Szenarios – die Dialoge – sollten einer klar erkennbaren Welt – dem Bühnenbild – gegenübergestellt werden, so daß seine Ironie am besten zur Geltung kommt.

Ein Strich am Anfang eines Satzes zeigt an, daß die Sprecher wechseln. Steht nach einer Pause kein Strich vor dem Text, bedeutet dies, daß dieselbe Figur weiterspricht.

Ein Schrägstrich (/) markiert den Moment, an dem sich die Dialoge überlappen.

1. Alle Nachrichten gelöscht

piep

– Anne. *(Pause)* Ich bin's. *(Pause)* Ich rufe aus Wien an. *(Pause)* Nein, entschuldige, ich ruf an aus … Prag. *(Pause)* Ja, Prag. *(Pause)* Das muß wohl Prag sein. Na egal, hör zu … *(Atmen)* Anne … *(Atmen)* Ich wollte mich entschuldigen. *(Atmen)* Mir ist klar geworden, wie sehr ich dich verletzt habe, mein süßer, kleiner Liebling, und … *(Atmen)* Ah. Hör zu. Hör zu, da ist gerade jemand in der anderen Leitung, Anne. Ich muß den ganz unbedingt – tut mir leid – aber ich muß das Gespräch unbedingt annehmen. Ich ruf dich zurück.

«Montag 8 Uhr 53»

piep

– Anne. Hi. Paß auf. Ich hab nicht viel Zeit. Bist du da? Nein? Okay. Hör zu. Es ist so. Worüber wir gesprochen haben? Du erinnerst dich? Also, wie wär's mit, wie wär's mit, wie wär's, wenn, sagen wir, sagen wir doch, sagen wir einfach … daß die Bäume Namen haben? Okay? Ganz richtig – die Bäume. Du denkst – ich weiß – du denkst, ich bin verrückt. Aber laß uns doch einfach mal kurz davon ausgehen, ja, daß die Bäume Namen haben? Wie wär's dann, wenn, wenn, wie wäre es, wenn … *das ihr Baum wäre.* Verstehst du, was ich meine? Anne? Plötzlich wird uns, nun ja, *bewußt*, daß das ihr Baum ist. Mist. Tut mir leid. Hör zu, ich muß einchecken. Aber denk mal darüber nach. Die Bäume haben Namen. Und einer davon ist ihrer. Ich muß los.

«Montag 9 Uhr 35»

piep

– *(in einer anderen Sprache, z. B. Tschechisch, gesprochen)* Du weißt, wer hier ist. Du läßt das Ding in einem kleinen Transporter hinter dem Gebäude. Den Transporter kriegst du von Barry. Barry wird dir dann weitere Instruktionen geben.

«Montag 11 Uhr 51»

piep

– … Oh. Hallo? Hier ist Mama …

«Montag 13 Uhr 05»

piep

– … Anne? Hallo? Hier ist Mama. *(Pause)* Deine Postkarte ist da. *(Pause)* Sieht ja sehr schön aus. *(Pause)* Und das Foto. Bist das wirklich du? *(Pause)* Prima, daß du schon Freunde gefunden hast und alles. *(Pause)* Es ist nur so, Anne, so, daß wir dir leider kein Geld schicken können. Ich habe mit Papa gesprochen, und er sagt, nein, auf gar keinen Fall. *(Pause)*
(Im Hintergrund hört man die Stimme eines Mannes: «Keinen Pfennig mehr. Daß du ihr das klipp und klar sagst.» Mama antwortet: «Ich sag's ihr ja, ich sag's ihr ja.» Dann wieder in den Hörer:)
Es tut mir wirklich leid, Anne, Liebling, aber wir können das doch nicht bis in alle Ewigkeit tun.
(Wieder die Stimme des Mannes: «Wenn du's ihr nicht sagst, rede ich verdammt noch mal mit ihr.»)
Hör zu, Liebling, ich muß auflegen. Papa läßt dich ganz lieb grüßen. Ja? Gott schütze dich.

«Montag 13 Uhr 06»

piep

– Hallo, hier ist Sally, von Coopers. Wollt Ihnen nur kurz Bescheid sagen, daß das Fahrzeug jetzt im Ausstellungsraum *steht.* Sie können es abholen. Danke.

«Montag 13 Uhr 32»

piep

– Wir wissen, wo du wohnst, du dreckige Schlampe. Du bist so gut wie tot. Was du verdammt noch mal getan hast. Vergessen wir nicht. *(Pause)* Du wirst dir noch wünschen, du wärst nie *geboren* worden.

«Montag 14 Uhr 20»

piep

– Anne? Bist du da? Nimm den Hörer ab, Annie. *(Pause)* Okay ... es ist Viertel nach zehn hier in Minnesota, und wir rufen nur kurz an, um zu sagen: In unseren Gedanken und Gebeten sind wir bei dir, Annie. Und wir haben dich sehr lieb.

«Montag 16 Uhr 13»

piep

– Anne? Genial. Es ist ergreifend. Es ist hochaktuell. Es ist verstörend. Es ist witzig. Es ist sexy. Es ist bitterernst. Es ist unterhaltsam. Es ist erhellend. Es ist kryptisch. Es ist düster. Laß uns treffen. Ruf mich an.

«Montag 22 Uhr 21»

piep

– Anne. Guten Abend. Ich werd dir erzählen, was ich mit dir mache. Zuerst wirst du mir den Schwanz lutschen. Dann werd ich dich in den Arsch ficken. Mit einer kaputten Flasche. Und das ist nur der Anfang. Du arrogante kleine Fotze.

«Montag 22 Uhr 30»

piep

– Anne?
Nimm den Hörer ab. *(Pause)* Ich weiß, daß du da bist. *(Pause)* Es ist doch sinnlos, sich zu verstecken, Anne. Sich verstecken wovor? *(Pause)* Der Welt? Sich vor der Welt verstecken, Anne?

Jetzt *komm* schon. Sei nicht kindisch. Sei nicht kindisch, Anne, und nimm den Hörer ab. *(Pause)*

Also, was soll das sein? Ein Hilfeschrei? Erzähl mir nicht, daß das ein Hilfeschrei ist. Weil, wie, genau, soll *ich* auf *deinen* Hilfeschrei reagieren? Hm? *(Pause)*

Und was, wenn du da gerade liegst, Anne, schon tot? Hm?

Soll ich mir jetzt etwa dieses Szenario vorstellen?

Das Szenario eines toten Körpers, der neben dem Anrufbeantworter verfault? *(schwaches Lachen) (Pause)*

Die, was, die Fliegenlarven, die deine Nachrichten abhören?

Oder, wenn dein Haus zerstört wurde.

Oder, wenn deine *Stadt* zerstört wurde.

Die Flughäfen und die Schuhgeschäfte. Die Theater und die schicken Neonlicht-Cafés, die sich in den verlassenen Lagerhallen bei den verlassenen Kanälen breitgemacht haben. Hm? *(schwaches Lachen)* Also, nur die Insektenlarven hören jetzt deine Nachrichten ab. Hören mir zu, Anne, während sie sich durch deine Überreste graben.

(Pause)

Ich werde langsam morbide, Anne.

Ich finde, du solltest den Hörer abnehmen und mich zum Lächeln bringen, mich wieder zum Lächeln bringen wie früher, Anne.

Ich weiß, daß du da bist.

Ich weiß, daß du da bist, Anne. Und ich weiß, wenn ich etwas Geduld habe, wirst du mir antworten.

(Pause)

Du wirst mir doch antworten, oder, Anne.

«Dienstag 00 Uhr 19

Dies war Ihre letzte Nachricht.

Um alle Nachrichten zu speichern, drücken Sie die eins.

(Pause)

Alle Nachrichten gelöscht.»

2. Tragödie der Liebe und Ideologie

– Sommer. Ein Fluß. Europa. Das sind die Grundelemente.
– Und ein Fluß, der hindurchfließt.
– Ein Fluß, genau, der durch eine große Stadt in Europa fließt, und ein Paar am Ufer des Wassers. Das sind die Grundelemente.
– Die Frau?
– Jung und schön, natürlich.
– Der Mann?
– Älter, beunruhigt, sensibel, natürlich.
– Ein natürlich sensibler Mann, aber trotzdem ein Mann mit Macht und Autorität, der weiß, daß dies falsch ist.
– Sie wissen beide, daß es falsch ist.
– Sie wissen beide, daß es falsch ist, aber sie können / nicht anders. Genau.
– Sie schlafen miteinander in dem Apartment des Mannes.
– Sie tun was?
– Schlafen miteinander. Schlafen miteinander in dem Apartment des Mannes. Ein Luxusapartment, natürlich, mit Blick über die gesamte Stadt. Das sind die / Grundelemente.
– Ein Panorama der gesamten Stadt. Die bezaubernde Geometrie der Dächer. Die Giebelfenster und die malerischen Schornsteine. Und hinter den Fernsehantennen die Monumente der Kulturgeschichte: der Dom von Florenz und die Grande Arche von La Défense, Nelson's Column und das Brandenburger Tor, / um nur vier zu nennen.
– Die Frau – Anne – schreit auf. Ihr goldenes Haar ergießt sich über den Rand des Bettes. Sie krallt sich am Bettrahmen fest. Ihre Knöchel werden weiß. Tränen / in ihren Augen.
– Das Apartment ist wunderschön eingerichtet.
– Ja, selbstverständlich ist das Apartment wunderschön eingerichtet. Selbstverständlich hat es hohe Decken und hohe Fen-

ster und stammt aller Wahrscheinlichkeit nach stammt es aus dem Ende des neunzehnten Jahrhunderts, als der Aufstieg der Bauspekulanten einherging mit den Bestrebungen einer liberalen Bourgeoisie, monumentale architektonische Projekte zu verwirklichen, wie zum Beispiel ich denke da im besonderen ich denke da jetzt an die Ringstraße in Wien, die einen enormen Eindruck auf den jungen Adolf Hitler machte, als er eines Morgens / vor der Oper stand.

– Oder einer der prächtigen, von Bäumen gesäumten Boulevards / in Paris.

– Oder einer der prächtigen, genau, von Bäumen gesäumten Boulevards / in Paris.

– Und inzwischen, wie schon gesagt, ergießt sich ihr goldenes Haar über den Rand des Bettes. Sie krallt sich am Rahmen fest. Ihre Knöchel werden weiß, und ihre Pupillen weiten sich, während er -

– Sagen wir: Grunzt.

– Grunzt?

– Sagen wir: Grunzt, ja, aber sensibel. Sagen wir, es ist das sensible Grunzen eines attraktiven Mannes mit Macht und Autorität, nicht das ordinäre Schweinegegrunze eines Mechanikers beispielsweise, der eingezwängt auf dem Rücken liegt und versucht eine verkantete 16er-Mutter mit einem viel zu schweren Franzosen zu lockern.

– Auf gar keinen Fall.

– Auf gar keinen Fall, sondern das souveräne Grunzen eines Mannes, der auf dem einen Kontinent frühstückt und auf dem anderen zu Mittag ißt, der Erster Klasse fliegt mit Leinenserviette und umfangreicher Weinkarte.

– Diese Art Mann.

– Diese Art Grunzen.

– Diese Art Licht.

– Welche Art Licht?

– Die Art Licht, das hineinströmt. Es strömt hinein durch die

hohen Fenster und verwandelt ihre Körper in eine Art goldene Masse.
– Eine sich windende Masse.
– Das Licht, die goldene Masse, das sind die / Grundelemente.
– Doch jetzt verändert ein Blick ihr Gesicht.
– Ein was?
– Ein Blick.
– Ein Zweifel.
– Ein Blick des Zweifels, ja, gut, verändert Annes Gesicht.
– Selbst jetzt.
– Selbst jetzt, auf dem / Höhepunkt ihrer Leidenschaft.
– Selbst jetzt, auf dem Höhepunkt ihrer Leidenschaft, verändert eine Art Schatten ihr Gesicht.
– Ein vorwarnender Schatten.
– Vorwarnend?
– Ein vorwarnender Schatten, ja, verändert ihr Gesicht.
– Ist das ein Wort?
– Ist was ein Wort?

Pause.

Also, ja, natürlich ist vorwarnend / ein Wort.
– Später. Nacht.
– Die Lichter der Stadt bei Nacht. Lichterketten, wie Sterne über die Quais und Brückenbögen gespannt. Vereinzelt pulsieren mattrote Warnleuchten auf den Hochhäusern und Fernsehtürmen. Der Mann am Telefon. Seine gedämpfte Stimme. Seine beunruhigten Blicke.
– Anne wird wach in dem massiven Nußbaumbett, hört seine leise männliche Stimme im Nachbarzimmer. Neben ihr schlägt die erlesene Louis-Quatorze-Uhr drei, indem ein winzig kleiner nackter, vergoldeter Hirte gegen eine winzig kleine goldene Glocke schlägt, die ein emaillierter Wolf in den Fängen hält, ohne Zweifel der Verweis auf einen antiken Mythos,

dem französischen Adel des siebzehnten Jahrhunderts sehr wohl vertraut, jetzt aber völlig aus dem menschlichen Bewußtsein gelöscht.

– Ting ting ting.

Pause.

– Drei Uhr nachts. Anne wird wach. Hört die Stimme. Zündet eine Zigarette an. Erscheint im Türrahmen. Dialog.
– Wer war das, sagt sie.
– Nichts, sagt er.
– Wer zum Teufel war das, sagt sie. Dialogende.
– Und jetzt ist sie wütend – genau: Dialogende – und jetzt ist sie wütend. Sie ist wütend, weil sie genau weiß, wer es ist.
– Seine politischen Auftraggeber, / die ihn anrufen.
– Seine politischen Auftraggeber, stimmt, die ihn anrufen. So wie sie ihn immer angerufen haben. Dieselben politischen Auftraggeber, die sie mit jeder Faser ihres Wesens haßt. Dieselben Männer und Frauen, die sie, Anne, in ihrem jugendlichen Idealismus verantwortlich macht für das grenzenlose Unrecht dieser Welt.
– Die Führer, die ihrer naiven und leidenschaftlichen Meinung nach alles, was ihr etwas bedeutet, zerstört haben im Namen von a) Umsatz und b) von Laisser-faire.
– Im Namen von a) Rationalisierung und b) von Wachstum.
– Im Namen von a) sogenanntem Individualismus und b) von sogenannter Entscheidungsfreiheit.
– Die Grundelemente, mit anderen Worten, einer großen Tragödie.
– Eine große, genau, Tragödie, entfaltet sich vor unseren Augen in Paris, Prag, Venedig oder Berlin, um nur vier zu nennen, während der Mond, majestätisch und orange, aufgeht über den Renaissance-Kathedralen, Barock-Palästen, Zoologischen Gärten und Bahnhöfen aus dem neunzehnten Jahrhundert

und modernistischen Plattenbauten des sozialen Wohnungsbaus, Illustrationen des Mottos «Der Zweck bestimmt die Form».
– Der Zweck bestimmt die Form.
– Diese große Tragödie / der Liebe.
– Diese große Tragödie der Ideologie und Liebe.
– Sie drückt die Zigarette aus.
– Sie beginnt zu schreien.
– Sie beginnt ihn mit ihren Fäusten zu schlagen.
– Sie beginnt ihn mit ihren Zähnen zu beißen.
– Sie beginnt ihn mit ihren bloßen weißen Füßen zu treten.
– Sie schlägt und schlägt / und schlägt.
– Sie schlägt und schlägt. Und die erlesene Uhr, die zwei Revolutionen und drei Jahrhunderte überlebt hat, zerbricht in tausend Stücke auf dem glatten und blankpolierten Parkett, während sie schlägt beißt und tritt.
– Der winzig kleine Hirte und die winzig kleine Glocke verschwinden – ein hübsches Detail nebenbei – verschwinden auf ewig unter dem / Nußbaumbett.
– Bis sie außer Atem ist. Sagen wir, daß sie schließlich, geht das, an diesem Punkt außer Atem ist.
– Die Frau?
– Die Frau, Anne, ja, ist außer Atem.

Pause.

– Und er?
– Neigt den Kopf.
– Ja.
– Schaut zu ihr auf.
– Ja.
– Nimmt ihr tränenüberströmtes / Gesicht in seine Hände.
– Nimmt Annes tränenüberströmtes Gesicht in seine Hände wie einen kostbaren Kelch.

– Oder einen Rugbyball.
– Wie einen kostbaren Silberkelch oder, meinetwegen, einen Rugbyball vor einem Dropkick nimmt er Annes wütendes tränenüberströmtes Gesicht in seine Hände.
– Er liebt sie immer noch.
– Trotz all ihrer ideologischen Differenzen – richtig – liebt er sie immer noch. Text.
– Eines Tages, Anne, sagt er, wirst du meine Welt verstehen. Eines Tages, Anne, wirst du verstehen, daß man für alles bezahlen muß, selbst für deine Ideale mußt du am Ende bezahlen.
– Textende.
– An dem er ihr die nassen Haarsträhnen von den Lippen streicht und sie küßt. Das sind die / Grundelemente.
– Er küßt sie und drängt sie zurück aufs Bett. Oder sie ihn. Noch besser: *Sie* drängt *ihn* zurück aufs Bett, so verwirrt sind ihre Gefühle, so unvermindert ihre Lust, so wenig kann sie zwischen richtig und falsch unterscheiden in dieser großen, alles verzehrenden Leidenschaft in dem Apartment mit den hohen Decken, dem massiven Nußbaumbett, dem polierten Parkettboden, dem Pleyelflügel, Baujahr circa 1923, ohne – das sollte man vielleicht anmerken – einen erkennbaren Schutz gegen Schwangerschaft bei Anne oder bei beiden gegen sexuell übertragbare Krankheiten einschließlich des sogenannten «AIDS»-Virus, der korrektere Name Human Immune Deficiency Virus oder / abgekürzt HIV.
– Das Porträt eines zeichnenden jungen Mädchens, einst für einen David gehalten, doch jetzt seiner Zeitgenossin Constance Charpentier zugeschrieben, und ein dreieckiger gelber Aschenbecher mit der Aufschrift «Ricard», darin drei Zigarettenstummel und ein Häuflein feiner grauer Asche.

Pause.

Eine einzige Tragödie, mit anderen Worten, / der Liebe.
– Eine einzige – genau – Tragödie der Ideologie / und Liebe.
– Das sind die Grundelemente.

3. Der Glaube an uns selbst

Schweigen.

– Die gesamte Vergangenheit offenbart sich in ihrem Gesicht. Ist eingeschrieben darin wie eine Geschichte. Die Geschichte ihrer Familie. Die Geschichte des Landes selbst – jenes Landes, in dem ihre Familie seit Generationen lebt.

Schweigen.

– Ein Tal.
– Ein Tal – ja – tief in den Bergen.
– Ein Tal tief in den Bergen, wo Traditionen von einer Generation zur nächsten bewahrt wurden. Und es gibt Obstbäume dort.
– Für jedes neugeborene Kind wird in diesem Tal ein Obstbaum mit seinem Namen gepflanzt. Sogar eine Art Zeremonie findet dann statt.
– Eine feierliche – genau – Zeremonie.
– Eine Art feierlicher Zeremonie wird in dem Dorf abgehalten. Und Generation auf Generation hält diese feierliche Zeremonie der Namengebung bei der Geburt eines jeden Kindes ab.
– Die Bäume haben, mit anderen Worten, Namen.
– Sie haben Namen, ebenso wie die Einwohner Namen haben. Es gibt den Menschen, und es gibt den Baum. Es gibt Anya die Frau, und es gibt Anya den Baum.

– Die Bäume haben Namen, genau wie die Halme, die Grashalme. Denn das Leben ist so kostbar, Leben wird so *durchlebt*, alles ist so *beseelt*, so *heilig*, daß sogar die Grashalme Namen haben. Etwas, das wir kaum *begreifen* können.
– Wir können dieses heilige, heilige Leben kaum begreifen, dieses Gefühl von Ganzheit liegt außerhalb unseres Fassungsvermögens, dieses Gefühl von Ehrfurcht erfüllt uns mit Demut.
– Doch jetzt, Verwüstung.
– Was?
– Verwüstung. Die Harmonie von Generationen / wurde zerstört.
– Genau. Diese verborgene, sichere Welt wurde auseinandergerissen.
– Die Harmonie von Generationen wurde zerstört. Die Frauen wurden vergewaltigt. Die kleinen Kinder aufgeschlitzt.
– Die Frauen wurden vergewaltigt und anschließend aufgeschlitzt. Die Männer haben sich gegenseitig in Stücke gehackt.
– Bruder ermordete Bruder.
– Vetter ermordete Vetter. Bruder vergewaltigte Schwester.
– Bruder vergewaltigte – ja – Schwester, und jetzt durchwühlen die Hunde die Überreste.
– Das Benzin, das einst die klapprigen Traktoren in Gang hielt und Strom für die alten Schwarzweißfernseher erzeugte, wird benutzt, um Menschen in Brand zu stecken.
– Ja.
– Erst um Menschen bei lebendigem Leib in Brand zu stecken, und jetzt, aus Gesundheitsgründen, um die Leichen zu verbrennen.
– Menschen bei lebendigem Leib in Brand gesteckt. Der kalte Dampf des Benzins, dann die heiße Stichflamme. Die brennenden Menschen rennen als lebende Fackeln zwischen den Obstbäumen, die ihre Namen tragen, umher, versengen die Blätter, winden sich auf den Grashalmen, während die Soldaten lachend danebenstehen.

– Die Soldaten lachen, obwohl dies ihre eigenen Vettern sind, ihre eigenen *Eltern*, ihre / Mütter und Väter.
– Verbrennen ihre eigenen *Eltern* in dem heiligen Garten. Verbrennen sie bei lebendigem Leib und lachen.
– Oder begraben sie bei lebendigem Leib. Begraben sie bei lebendigem Leib bis zum Hals in dem fruchtbaren Boden und spalten ihnen dann mit dem Spaten den Schädel. Sie haben einen Namen dafür.
– «Die Blume».
– Sie nennen das, richtig, «die Blume».

Schweigen.

Und all das offenbart sich in ihrem Gesicht.
– Es tut was?
– Offenbart sich. Offenbart sich in ihrem Gesicht.
– In Anyas Gesicht. Wir brauchen keine Worte. Über Worte ist sie hinaus. Ihr Mund, ihr Mund bebt, doch die Worte versagen ihr.
– Die Unzulänglichkeit der Worte.
– Die entsetzliche, ja, Unzulänglichkeit der Worte, während sie neben einem Baum steht, übersät von zarten weißen Blüten.
– Ein Pflaumenbaum.
– Ein Pflaumenbaum, übersät von zarten weißen Blüten, und das ist der Moment …
– Ja.
– … der Moment, in dem wir erkennen, daß *dies ihr Baum ist.*
– Dies ist *ihr eigener Baum*, Anyas Baum.
– Anyas Baum, gepflanzt vor, wann? vierzig? fünfzig? Jahren am Tag ihrer Geburt. Das Loch gegraben von ihrem Vater, die Wurzeln entwirrt von der Mutter und gewässert und gepflegt von der Familie, die jetzt tot am Boden liegt.
– Ihr ureigener Baum.

– Noch immer der Geruch von Benzin in der Luft.
– Es ist Frühling.

Schweigen.

– Panorama des gesamten Tals.
– Das gesamte, tiefe Tal im Frühling.
– Die Bäume. Das Gras.
– Eine Biene krabbelt in den Kelch einer Blume.
– Und jetzt spricht sie.
– Ja. Weil sie *muß*. Weil sich die Worte Bahn brechen, während sie neben ihrem Baum steht.
– Der Baum gibt ihr Kraft, die Kraft / zu sprechen.
– Sie zeigt auf verkohlte Holzbalken. Das, sagt sie, war mein Zuhause. Meine Kinder versteckten sich unter dem Bett. Sie haben sie beide ermordet. Erst den Jungen. Dann das Mädchen. Sie haben meiner kleinen Tochter die Haare in Brand gesteckt. Ich weiß bis heute nicht, warum sie meiner kleinen Tochter die Haare in Brand gesteckt haben. Sie knisterten wie dürre Zweige.
– Dann bricht sie zusammen.
– Wer? Anya?
– Sie schreit. Sie bricht zusammen und zerfleischt sich die Wangen wie / in einer griechischen Tragödie.
– Das denke ich nicht. Ich denke nicht, daß Anya schreit. Ich denke nicht, daß sie zusammenbricht und sich die Wangen zerfleischt wie in einer griechischen Tragödie. Ich denke, ihre Augen funkeln. Ich denke, sie läuft zur Kamera und beginnt zu fluchen. Ihr widerlichen, stinkenden Mörder, sagt sie. Ihr schweinefickenden schwanzlutschenden Scheißkerle. Ihr schwesternfickenden gotteslästernden kindermordenden hirnlosen verfickten Killer. Ich spucke auf eure Gräber und auf die Gräber eurer Mütter und Väter und verfluche alle kommenden Generationen.

– Sie ist wütend.
– Sie ist sehr wütend.

Schweigen.

Sie ist sehr wütend, aber sie hat auch das *Recht.*
– Sie hat – na ja, selbstverständlich – hat sie das Recht, wütend zu sein. Alles zerstört. Eine ganze *Lebens*weise zerstört. Eine Verbundenheit / zur *Natur* zerstört.
– Und deshalb sympathisieren wir.
– *Selbstverständlich* sympathisieren wir.
– Wir sympathisieren nicht nur, wir *identifizieren* uns. Wir identifizieren uns, weil …
– Ja.
– … weil Anyas Tal *unser* Tal ist. Anyas Bäume sind *unsere* Bäume. Anyas Familie ist die Familie, zu der wir alle gehören.
– Das Ganze hat etwas Universelles, / *natürlich.*
– Etwas Universelles, das uns, in dem wir uns auf seltsame Art selbst erkennen. Unsere eigene Welt. Unseren eigenen Schmerz.
– Unsere eigene Wut.
– Etwas Universelles, das uns auf seltsame Art … was? was? was?
– Uns auf seltsame Art wiederherstellt.
– Das auf seltsame Art – ich glaube, doch – ja – den Glauben an uns selbst wiederherstellt.

4. An alle Haushalte

– Sie gehört zu den Menschen, die glauben, was auf dem Kassenbon steht.
– «Vielen Dank für Ihren Besuch.»

– Sie drängelt sich nie vor ...
– Nie.
– ... oder spricht mit dem Fahrer.

Pause.

– Wenn ein Brief im Kasten ist, adressiert an «Alle Haushalte», macht sie zuerst ...
– Was? Eine Tasse Tee?
– Ja. Setzt sich dann an den Küchentisch und öffnet ihn. Sie öffnet ihn und liest ihn so aufmerksam, als sei es ein Brief von ihrem eigenen Sohn, der jetzt in Amerika lebt.
– Kanada, genauer gesagt.
– Sie gehört zu den Menschen, die glauben, daß ihre ganz persönliche Glückszahl / nur für sie
– Toronto.
– gezogen wurde. Was ja natürlich auch stimmt, irgendwie. Und wenn sie ihr Los binnen zehn Tagen zurückschickt, erhält sie ein Überraschungspräsent. / Toronto? Sicher?
– Kein Überraschungspräsent, nein. Sie kreuzt ein *Kästchen* an, sie kreuzt ein *Kästchen* an und wählt das gewünschte Präsent *selbst*: vielleicht einen praktischen Radiowecker, eine Kamera, oder einen Satz / Miniaturschraubenzieher.
– Einen Satz Miniaturschraubenzieher oder eine praktische Wegwerfkamera.
– Sie ist Nichtraucherin.

Schweigen.

– Sie ist definitiv Nichtraucherin. Obwohl es bestimmt nicht falsch ist, zu sagen, daß sie gelegentlich vielleicht doch eine Zigarette von anderen schnorrt.
– Genau. Auf Parties.

5. Die Kamera liebt dich

Die Kamera *liebt* dich
Die Kamera *liebt* dich
Die Kamera *liebt* dich

Wir *müssen* sympathisieren
Uns *absolut* identifizieren
Wir *müssen* live sein
Realisieren statt simulieren
Wir sind authentisch
und mit uns identisch

Nicht nur Produzieren als Job
Nicht nur so tun als ob
Kein schöner Schein
Was wir sehen muß echt sein
Wir reden von Wahrheit
Wir reden von Menschheit
Wir reden von einem Plan
ÜBERWÄLTIGT zu sein von der schieren Totalität
der unglaublich wahren Dreidimensionalität
DREIDIMENSIONALITÄT
all dessen was Anne alles sein kann
ALL DESSEN WOFÜR ANNE ALLES STEHT

Was ist Hekuba für ihn und er für Hekuba
ein Megastar
EIN MEGASTAR

Die Kamera *liebt* dich
Die Kamera *liebt* dich
Die Kamera *liebt* dich

Wir *müssen* phantasieren
Wir *müssen* improvisieren
Wir *müssen* synthetisieren
Wir *müssen* plakatieren
Wir sind authentisch
und mit uns identisch

Keine müde Show
Wir brauchen das geilste Szenario
Mehr als nur Literatur
Das Leben pur
Viel echter als Literatur
Wir reden von Aktualität
Wir reden von Komplexität
Wir sagen wir wollen
ÜBERWÄLTIGT sein von der schieren Quantität
JA VON DER SCHIEREN QUANTITÄT
all dessen was Anne alles sein kann
ALL DESSEN WOFÜR ANNE ALLES STEHT

Was ist Hekuba für sie und sie für Hekuba
ein Megastar
(Ein Megastar? Sonst alles klar?)

Die Kamera liebt dich
Die Kamera liebt dich
die Kamera die Kamera
die Kamera die Kamera
die Kamera die Kamera
DIE KAMERA LIEBT DICH

6. Mama und Papa

– Das ist nicht ihr erster Versuch.
– Das ist keineswegs ihr erster Versuch. Sie hat schon diverse Versuche unternommen. Sogar noch bevor sie von zu Hause ausgezogen ist, / hat sie es probiert, oder.
– Ihr ganzes *Leben* lang hat sie diverse Versuche unternommen.
– Wir sehen diese diversen Versuche vor uns.
– Wir *durchleben* diese diversen Versuche. Wir durchleben diese quälenden Momente.

Schweigen.

– Wir sehen Fotos, oder.
– Wir sehen eine Menge Fotos.
– Wir sehen sie aus nächster Nähe, so nah, daß man die kleinen Punkte erkennt. Schon komisch, oder, wie sich alles ab einem bestimmten Moment in diese kleinen Punkte auflöst – sogar ihr Lächeln.
– Ein glückliches Lächeln. Ein durchaus authentisches Lächeln.
– Oh ja, ein authentisches glückliches / Lächeln, und ob.
– Weil niemand sie *zwingt*, niemand zwingt sie zu lächeln, oder?
– Niemand zwingt sie zu *irgendwas.* Die Vorstellung, daß Annie, die kleine Annie, zu irgend etwas gezwungen wird, ist offen gestanden lachhaft.
– Keine Frage.

Schweigen.
In das Schweigen:

«Die Arbeit als Reiseleiterin macht ihr Spaß,
weil sie gern neue Menschen kennenlernt.
Sie macht Sie mit den anderen Teilnehmern bekannt
und sorgt dafür, daß jeder eine unvergeßliche Zeit hat.»

Auf jeden Fall – und das sollte deutlich gemacht werden –, auf jeden Fall tut sie nie irgendwas, was sie / nicht tun will.

– Ab einem bestimmten Moment löst sich alles in diese kleinen Punkte auf – Augen, Haare, Lächeln.
– Lächelnde Gesichter aus aller Welt.
– *Menschen* aus aller Welt. Menschen aus aller Welt auf den Fotos mit Annie. Lächeln mit Annie. Personen, die, nehme ich an, kurz in ihr Leben traten und / wieder verschwanden.
– Und dann wieder verschwanden.
– Und dann – ja – gleich wieder verschwanden.
– Porno, einige davon.
– Porno? Ach was. Kaum.
– Ziemlich pornographisch, einige / dieser Bilder.
– Ich würde das kaum pornographisch nennen, eben nur ausgelassen. Die Ausgelassenheit eben, die man von einem Mädchen erwartet, das immer lächelt, immer lacht, immer auf Achse ist, immer jemanden kennenlernt, immer jemanden verläßt, immer in einer Abflughalle oder einem Busbahnhof oder am Gepäckband in einem Flughafen wartet oder im Gang / eines Zuges schläft.
– Immer irgendwo am Straßenrand mit ihrer großen roten Tasche. Irgendwo in Afrika, ja, mit dieser großen roten Leinentasche, die Mama und Papa ihr zum sechzehnten Geburtstag geschenkt haben. Irgendwo in Südamerika.
– Irgendwo in Europa mit dieser großen / roten Tasche.
– Europa, Afrika, Südamerika, überall. Brasilien.
– Kuba. Brasilien. Rumänien. / *Nigeria.*
– Rumänien. Kuba. Florida. Australien.
– Stimmt. Australien. Neuseeland. Die / Philippinen.
– Marokko. Algerien. Tunesien. Die Sahara.
– Die Kalahari, am Fuß des Himalaja.
– Am Fuß der Alpen.
– Stimmt – das, wie heißt das gleich –
– Das / Piemont.

– Das Piemont. Immer am Fuß irgendwelcher Berge, mit ihrer großen roten Tasche.
– Weil, sagen wir's offen, sie *engagiert* sich.
– Na ja, *natürlich* engagiert sie sich. Wir können ihr Engagement *sehen.* Man muß sie doch beispielsweise nur auf diesen Fotos sehen, die Art, wie sie Schulter an Schulter steht mit den Ärmsten der Armen. Auf diesen Fotos hat sie keine Angst, mit den Ärmsten der Armen Schulter an Schulter zu stehen.
– Bilder von ihr in Slums, mit den lächelnden Slumbewohnern.
– Bilder von ihr auf Berghängen, mit den lächelnden Bergbewohnern.
– Bilder von ihr – genau – mit den lächelnden Bergbewohnern, deren Land zur Steppe geworden ist, einfach vom Wind – ffffftt! – weggefegt.
– Und auf Müllhalden.
– Bilder von Annie auf Müllhalden, neben lächelnden Menschen, die tatsächlich auf diesen Halden leben, tatsächlich direkt auf diesen Halden leben / mit ihren *Kindern.*
– Ganze Zigeunerfamilien oder was auch immer die sind, leben anscheinend, stimmt, direkt auf diesen Müllhalden.
– Es ist jedenfalls kein – und hierin unterscheidet er sich vielleicht von den vorherigen Versuchen –, es ist jedenfalls kein Hilfeschrei.
– Eindeutig hat sie einen Entschluß / gefaßt.
– Es ist kein Hilfeschrei. Es ist sehr wichtig, das festzuhalten, damit wir uns einig sind, von Anfang an. Es ist sehr wichtig, festzuhalten, daß niemand ihr hätte helfen können / an diesem Punkt.
– Niemand hätte ihr helfen können – nicht ihre Mama – nicht ihr Papa – und mit Sicherheit keiner ihrer sogenannten / *Freunde.*
– Sie hätte keine / Hilfe *gewollt.*
– Hilfe ist das letzte, was sie gewollt hätte.

Schweigen.
In das Schweigen:

«Sie verbringt gern viel Zeit mit den Gästen,
und es erfüllt sie mit großer Zufriedenheit,
wenn jeder sich wohl fühlt.
Sie sagt, daß alle sich auf dem Bahnsteig in den Armen liegen,
wenn der Tag der Abreise gekommen ist;
winkende Urlauber, die ‹Bis zum nächsten Mal›
aus dem Zugfenster rufen.»

Lachen während des gesamten folgenden Textes:

– Die seltsamen Dinge, die sie manchmal sagt …
– Die seltsamen Dinge, die sie als Kind manchmal zu Mama und Papa sagt: «Ich fühle mich wie ein Schirm.»
– «Ich fühle mich wie ein Schirm.»
– Sie liegt da, nicht, mit dem Schlauch in ihrem dünnen Ärmchen, sieht schrecklich blaß aus, weißer noch als / das *Kissen.*
– «Wie ein Fernsehschirm», sagt sie, «wo von vorne alles echt und lebendig aussieht, aber hinten sind nur Staub und ein paar Drähte.»
– «Staub und ein paar Drähte.» Ihre Phantasie …
– Sie sagt, sie sei keine echte Person, keine echte Person, wie man sie in Büchern oder im Fernsehen findet, sondern ein *Mangel* an Person, eine *Abwesenheit* nennt sie das, oder, von Person.
– Eine Abwesenheit von Person, was auch immer *das* bedeutet …
– *Dann* will sie Terroristin werden, oder.
– Stimmt. Eines Nachts kommt sie runter in die Küche, mit diesen großen ernsten Augen, und erzählt Mama und Papa, daß sie Terroristin werden will.
– Der Ausdruck in ihren Gesichtern …

– Sie will ihr eigenes kleines Zimmer und ein Gewehr und eine Liste mit Namen.
– «Ziele».
– Eine Liste – stimmt – mit sogenannten Zielen und deren Fotos. Sie will jede Woche einen ermorden, dann in das kleine Zimmer zurückkehren und Earl Grey-Tee trinken.
– Stimmt – es muß Earl Grey sein – und jede Woche einer.
– Ihre arme Mama und ihr armer Papa sind / *entsetzt.*
– Sie haben nicht die geringste Ahnung, wie sie damit umgehen sollen.
– In ihrem ganzen *Leben* haben sie noch nie Earl Grey-Tee gekauft.
– Sie würde gern so tun, als ob sie eine Maschine sei.
– So tun als ob? Sie möchte eine Maschine *sein.* Manchmal verbringt sie ganze Tage am Stück, ganze Tage am Stück damit, vorzugeben, sie sei ein Fernseher / oder ein Auto.
– Ein Auto oder ein Fernseher, ein Maschinengewehr oder eine mechanische Nähmaschine.

Schweigen.
In das Schweigen:

«Sie ist die ideale Leiterin für Single-Reisen
und nimmt die Leute gern mit
auf interessante Führungen.»

– Eine Nähmaschine ... Was sie sich alles für Dinge ausdenkt ...
– Dann natürlich bricht sie auf in die weite Welt. Heute noch Afrika, morgen schon Südamerika oder Europa.
– Irgendwo in Europa.
– Europa, Afrika, Südamerika, überall. Brasilien.
– Kuba. Brasilien. Rumänien. / *Nigeria.*
– Rumänien. Kuba. Florida. Australien.
– Stimmt. Australien. Neuseeland. Die / Philippinen.

– Marokko. Algerien. Tunesien. Die Sahara.
– Die Kalahari. Am Fuß des Himalaja.
– Am Fuß der Alpen.
– Stimmt – das, wie heißt das gleich –
– Das / Piemont.
– Das Piemont, das Piemont, das Piemont, natürlich. Ja. Immer am Fuß irgendwelcher Berge mit ihrer großen roten Tasche.
– Und denselben Haaren. Vergessen wir nicht dieselben Haare bis runter / zur Taille.
– Dieselben langen Haare bis runter zur Taille, mit vierzig genauso wie als Zwanzigjährige – noch immer wie ein junges Mädchen, nicht, auf einigen / dieser Bilder.
– Selbst mit vierzig noch immer das Aussehen und die Kleidung eines jungen Mädchens, halb so alt wie sie.
– Wirklich entscheidend aber ist, daß die Tasche voll ist mit Steinen.
– Als faszinierend, stimmt, erweist sich, daß die Tasche voll ist / mit Steinen.
– Die Steine sollen sie unten halten, wie sehr sie dagegen auch ankämpft, und die Riemen der Tasche sind um ihre Füße gebunden.
– Keinesfalls also, mit anderen Worten, ein / Hilfeschrei.
– Sie hat das alles, mit anderen Worten, geplant, sie hat eingeplant, daß sie dagegen ankämpfen würde, sie wußte, sie würde dagegen ankämpfen, und genauso wußte sie, daß die Tasche sie unweigerlich in die Tiefe zerren würde. Ein Scheitern des Versuchs stand also an keinem Punkt zur Debatte. An keinem Punkt stand zur Debatte, daß irgendwer hätte eingreifen können – jedenfalls mit Sicherheit nicht Mama oder Papa.
– Na, mit Sicherheit nicht Mama und Papa – und mit Sicherheit keiner ihrer sogenannten *Freunde.*
– Wenn man die so *nennen* kann, / Freunde.
– Na, offensichtlich kann man die *nicht* Freunde nennen.

Schweigen.
In das Schweigen:

«Sie besucht gern Fitness-Kurse,
spielt mit bei Amateurtheater-Gruppen
und engagierten Kabarettsketchen.
Außerdem ist sie Mitglied im
örtlichen Wanderverein.»

– Und werden wir nicht zu dem Gedanken verleitet – oder –, daß die Tasche vielleicht schon *immer* voll war mit Steinen. Schon seit dem Moment, als sie von zu Haus auszog, dem Haus von Mama und Papa, an ihrem sechzehnten Geburtstag. Werden wir doch, oder?

Pause.

Etwa nicht?
– Werden wir was?
– Verleitet. Verleitet zu der Vorstellung, daß die Tasche vielleicht schon immer voll war mit Steinen, seit jenem allerersten Tag. Seit dem Moment, als sie Mama und Papa verließ, Mamas und Papas Gartentor zuschlug und den Bus nahm. Daß die rote Tasche auf den Fotos voll ist mit Steinen. Daß in den Lastwagen und Zügen, auf den Mauleseln, mit denen sie Berge erklomm – und in den Slums und auf den Müllhalden, den Berghängen und den gepflasterten Renaissance-Piazzas die Tasche voll ist mit Steinen. Und in den Flüchtlingslagern, wo sie auf Wunsch neben den ausgemergelten Sterbenden posierte, ebenso wie anscheinend ohne Murren neben den riesigen Swimmingpools fettleibiger Milliardäre, ist die Tasche voll mit Steinen. Und auf den Gepäckbändern der Flughäfen. Besonders auf den Gepäckbändern der Flughäfen um zwei Uhr nachts, mit Reisenden aus anderen Zeitzonen und Kriegszonen wartend

darauf, daß sich der Mechanismus in Gang setzt und das Gepäck durch die schwarzen Gummiblenden auf dem schwarzen Gummilaufband erscheint – die Rucksäcke und Lederkoffer, die Samsonites und die zugeklebten Kartons –, ist die Tasche, ihre rote Tasche, voll mit Steinen.

– Da können wir uns nicht sicher sein.
– Na ja, natürlich können wir uns da nicht sicher sein. Aber nach dem, was wir von ihr wissen, nach dem, was wir von ihr sehen, ist es nicht / unmöglich.
– Wir können uns da nicht sicher sein, daß die Tasche voll ist mit Steinen. Sie könnte auch voll sein mit alter Kleidung, Drogen … / alles.
– Warum nicht? Warum können wir uns da *nicht* sicher sein? Warum können wir nicht ein für allemal sagen, daß die Tasche voll ist mit Steinen und daß die Steine ihr Lächeln erklären.
– Die Steine. Das ist wahr, würden ihr Lächeln erklären.
– Die Steine würden definitiv ihr Lächeln erklären, nach dem, was wir von ihr gesehen haben. Denn das Ganze hat auch einen komischen Aspekt.
– Einen was?
– Einen Aspekt. Einen komischen Aspekt.
– Oh ja. Das Ganze hat definitiv einen komischen Aspekt.

Schweigen.
In das Schweigen:

«Ann findet das Wort ‹Singles› manchmal problematisch,
weil es oft mißverstanden wird.
Sie möchte gern betonen, daß diese Reisen
nicht der Partnervermittlung dienen, sondern statt dessen
Gleichgesinnte in lockerer
und freundlicher Umgebung
zusammenbringen, damit sie ihren Urlaub gemeinsam
genießen können und als Freunde auseinandergehen.»

7. Der neue Anny

Jeder Textteil wird zunächst in einer afrikanischen oder osteuropäischen Sprache gesprochen. Anschließend sofort eine deutsche Übersetzung.

– [Satz]
– Der Wagen gleitet über die Straße am Mittelmeer.
– [Satz]
– Er schmiegt sich in die Kurven zwischen den pittoresken Bergdörfern.
– [Satz]
– Die Sonne glänzt auf der aerodynamischen Form.
– [Satz]
– Der aerodynamischen Form des neuen «Anny».
– [Satz]
– Wir sehen den neuen «Anny», wie er sich durch die Reihen der rotgeziegelten mediterranen Dächer schlängelt.
– [Satz]
– Schnell.
– [Satz]
– Elegant.
– [Satz]
– Frei.
– [Satz]
– Wir hören, daß man den «Anny» serienmäßig mit elektrischen Fensterhebern bekommt.
– [Satz]
– Wir hören, daß man den «Anny» serienmäßig mit Airbags für Fahrer *und* Beifahrer bekommt.
– [Satz]
– Wir hören, daß sämtliche Extras, die andere Hersteller nur gegen Aufpreis anbieten …

– [Satz]
– … zur serienmäßigen Ausstattung des «Anny» gehören.
– [Satz]
– Klimaanlage.
– [Satz]
– ABS.
– [Satz]
– Und Mobiltelefon.
– [Satz]
– Wir hören, daß unsere Kinder ebenso sicher und glücklich auf dem Rücksitz des «Anny» sind wie die Erwachsenen entspannt und zuversichtlich am Steuer.
– [Satz]
– Glücklich.
– [Satz]
– Sicher.
– [Satz]
– Alles unter Kontrolle.
– [Satz]
– Der «Anny» schwebt über die weißen Strände der Welt so schwerelos, wie er vor den neonerleuchteten Schuhgeschäften der großen Städte einparkt.
– [Satz]
– Sind wir im «Anny» an unserem Ziel angekommen …
– [Satz]
– … umarmen uns stets attraktive Männer und attraktive Frauen.
– [Satz]
– Wir werden niemals verraten.
– [Satz]
– Gefoltert.
– [Satz]
– Oder erschossen.
– [Satz]

– In der simulierten Stadtfahrt erweist sich der Zwei-Liter-«Anny» als äußerst sparsam im Verbrauch …
– [Satz]
– … und ist auch als Diesel lieferbar.
– [Satz]
– Als Zeichen unseres anhaltenden Engagements für eine saubere, grünere Umwelt …
– [Satz]
– … sitzen keine schmierigen Zigeuner im «Anny».
– [Satz]
– Weder im «Anny» noch in den sonnendurchfluteten Landschaften, durch die der «Anny» fährt.
– [Satz]
– Niemand im «Anny» lügt betrügt oder stiehlt.
– [Satz]
– Dreckige Mistkerle.
– [Satz]
– Verbrecher.
– [Satz]
– Hurensöhne.
– [Satz]
– Im «Anny» ist kein Platz für die degenerierten Rassen …
– [Satz]
– … für die geistig Zurückgebliebenen …
– [Satz]
– … oder die körperlich Versehrten.
– [Satz]
– Kein Platz für Zigeuner, Araber, Juden, Türken, Kurden, Schwarze und diesen ganzen menschlichen Abschaum.
– [Satz]
– Wir hören, daß die Möglichkeit einer Null-Prozent-Anzahlung besteht.
– [Satz]
– Aber schnell.

– [Satz]
– Denn dieses Angebot gilt nur für begrenzte Zeit.
– [Satz]
– Der «Anny» überquert die Brooklyn Bridge.
– [Satz]
– Der «Anny» durchquert die Sahara.
– [Satz]
– Der «Anny» huscht durch die Weinberge von Bordeaux.
– [Satz]
– Der «Anny» huscht im Morgengrauen durch die Dörfer Nordafrikas …
– [Satz]
– Schnell.
– [Satz]
– Elegant.
– [Satz]
– Frei.
– [Satz]
– … wo die verschleierten Frauen bewundernd auf die makellose Rostschutzlackierung mit Fünfjahresgarantie starren.
– [Satz]
– Niemand montiert Sprengsätze im «Anny» für einen politisch motivierten Anschlag.
– [Satz]
– Kein Mann vergewaltigt und ermordet je eine Frau im «Anny» und kippt ihren Körper danach bei Rot an einer Ampel auf die Straße, mitsamt dem Inhalt des Aschenbechers.
– [Satz]
– Niemand wird je von einem tobenden Mob aus dem «Anny» gezerrt.
– [Satz]
– Kein Hüftgelenk eines Kindes wird je durch einen eventuellen Zusammenprall mit dem neuen «Anny» zerschmettert.
– [Satz]

– Der Rücksitz wird nie mit Sperma verschmiert.
– [Satz]
– Mit Blut.
– [Satz]
– Mit Bier.
– [Satz]
– Mit Speichel.
– [Satz]
– Oder verklebt mit geschmolzener Schokolade.
– [Satz]
– Geschmolzene Schokolade. Hmmmmm.

Das Kleingedruckte:

– [Satz]
– Preise inkl. MwSt., Zulassung, Fracht und 2 Jahre Haftpflichtversicherung.
– [Satz]
– Maßgeschneiderte Finanzierungs- und Leasingangebote warten auf Sie.
– [Satz]
– Rauchen gefährdet die Gesundheit Ihres Kindes bereits in der Schwangerschaft.
– [Satz]
– Sie riskieren den Verlust Ihres Eigenheimes, wenn Sie die Raten Ihres Darlehens nicht termingerecht zahlen.

8. Teilchenphysik

– Also: Sie hat diese Art Aschenbecher. Einen dieser großen auf einem Ständer. Wie man sie in der Lobby eines billigen Hotels findet, diese Art Hotel, wo man für ein paar Stunden nachmittags unter der Woche absteigt, in einer fremden Stadt, mit einem Mann, den man gerade erst / kennengelernt hat.

– Mit einem Mann, den man nie wiedersehen wird.
– Mit einem Mann – genau –, den man gerade erst kennengelernt hat und den man gar nicht erst wiedersehen will. Eben diese Art Aschenbecher, mit Chromschale und Chromständer und der Aura von spontanem ungeschützten Sex in billigen Hotelzimmern.
– Außerdem spricht sie fünf Sprachen und hat in Genf mit Hilfe des Cern-Beschleunigers ein neues Elementarteilchen entdeckt. Es wird ihren Namen tragen und unsere Sichtweise auf das Universum vollständig verändern.

9. Die Bedrohung durch den internationalen Terrorismus™

– Sie scheint sich einen Dreck zu scheren. Sie hat kein Gewissen. Sie zeigt keine Reue. Sie sagt: «Ich erkenne eure / Autorität nicht an.»
– «Ich erkenne eure Autorität nicht an.» Was *meint* sie damit überhaupt? Für wen *hält* sie sich eigentlich? Glaubt sie wirklich, daß sie für die Leben, die sie zerstört hat, nicht büßen muß? Glaubt sie wirklich, daß sich ihre blindwütigen sinnlosen Gewalttaten durch irgend etwas rechtfertigen lassen? Ihre Augen verraten nicht den kleinsten Funken / einer menschlichen Regung.
– Nicht den kleinsten Funken – richtig – einer menschlichen Regung oder von Scham. Ist dies dasselbe Kind, ist dies dasselbe Kind, das einst ein rosa Gingham-Kleid trug und einen Strohhut und mit den Töchtern von Doktoren, Zahnärzten, Fernsehmoderatoren und Häusermaklern die Schule auf dem Hügel besuchte, mit dem polierten Messingschild und den Lehrerinnen im strengen Schottenrock? Dasselbe Kind, das

eine Fantasy Barbie™ hatte, Fantasy Ken™ und alles Zubehör: Die winzig kleinen Schlüpfer und die winzig kleinen Schuhe? Das Haus, das Pferd und Barbies™ / eigenes Auto?

– Ist dies dieselbe kleine Anne, die all die winzig kleinen Schuhe aufreihte und all die winzig kleinen Puppen aufreihte und all die winzig kleinen Perlen aufreihte und darüber hinaus jede Nacht zu Gott™ betete / ohne die leiseste Spur von Ironie.

– Die zu Gott™ betete: «Gott™ beschütze Mami, Gott™ beschütze Papi, Gott™ beschütze Schnorri, die Katze, Gott™ beschütze alle Menschen», ohne die leiseste Spur von Ironie, vielmehr in dem festen Glauben, daß sie da auf ihren Knien und in ihrem Minnie Mouse™-Pyjama den Segen des Vaters erbitten könnte, des Sohnes / und des Heiligen Geistes.

– Amen.

– Die jede Nacht aufs neue ins Bett machte, bis ihre schlaflosen Eltern sie zum Arzt brachten, mit seinem Zeitschriftenstapel, der auf der hohen kalten Lederliege mit breitem Lächeln ihren Schlüpfer herunterzog und sagte: «Na, Anne, dann wollen wir doch mal nachschauen, / was?»

– Dieselbe Anne, die aus dem Krankenhaus mit einem Holzkasten kam, der neben ihr Bett gestellt wurde und eine Glocke enthielt, zwei stabile Metallplättchen und ein paar / schwarze Drähte?

– Dieselbe Anne, die Nacht für Nacht vom Klang der entsetzlichen Glocke geweckt wurde in den entsetzlich / nassen Laken?

– Dieselbe Anne, die jetzt – tja, was? – einfach da *steht*? Da *steht* vor ernsten Männern und Frauen, mit Zeugen und Beweismitteln in versiegelten Plastikbeuteln – falsche Pässe und Fetzen von Menschenfleisch –, die da steht und sich weigert / deren *Autorität* anzuerkennen?

– Fetzen von Menschenfleisch, falsche Pässe, Listen mit Namen, Spuren von Sprengstoff, Bänder mit Telefonaten, Videobänder von Banken und Einkaufszentren und EC-Automaten.

Psychiatrische Gutachten, die a) ihre Intelligenz und b) ihre Zurechnungsfähigkeit bestätigen. «Sie machte sich ans Werk», besagen sie, «mit der schrecklichen Distanziertheit einer Künstlerin.» Zeugen brechen unter / Tränen zusammen.

– Zeugen brechen unter Tränen zusammen, als Videobänder von Banken und Einkaufszentren Anne zeigen, wie sie ständig überwacht als eine Person unter vielen ihrer Wege geht, bis zwanzig Minuten nach ihrem Verschwinden die Panzerglasscheibe eines Schuhgeschäfts totenstill explodiert, und die kleinen grauen Figuren, die in Stücke gerissen werden und totenstill durch die Luft fliegen mit den winzig kleinen Schuhen, sind echte Menschen vermischt mit Glas. Niemand kann ergründen, / was ihr Motiv ist.

– Niemand kann Annes Motiv ergründen.

– Sie lebt allein?

– Sie lebt allein.

– Sie arbeitet allein?

– Sie arbeitet allein.

– Sie schläft allein?

– Anscheinend, ja.

– Mordet / allein? Ißt?

– Sie lebt arbeitet schläft mordet und ißt ausschließlich allein. Tatsächlich bestehen ihre abgehörten Telefonate fast ausschließlich aus Essensbestellungen, die ihr auf ihre diversen Zimmer geliefert werden, gemietet mit Blick auf die Ausfallstraßen anonymer Vorstädte – eine große Pizza, Knoblauchbrot und eineinhalb Liter Pepsi ™ light, alles zusammen für nur neunzehn Mark / neunundneunzig.

– Telefonate, von denen man zunächst annimmt, es seien / codierte Nachrichten.

– Telefonate, von denen man zunächst, richtig, annimmt, es seien codierte Nachrichten, die aber schlicht Essensbestellungen sind, an ihre Tür geliefert von Jungs auf Mopeds und / bar bezahlt.

– Ist dies wirklich dieselbe kleine Anne, deretwegen jetzt Zeugen unter Tränen zusammenbrechen? Deretwegen jetzt gestandene Polizisten und Polizistinnen in therapeutischer Behandlung sind, weil sie unter Nachtschweiß leiden, Impotenz, Amenorrhöe, zitternden Händen und Flashbacks von menschlichen Schädeln, die wie in Zeitlupe aufplatzen, und dem endlos langen, schrecklichen Heulen eines Kindes, unerreichbar unter Trümmern begraben, das wiederkehrt wie eine Art, wie heißt das noch?
– Eine auditive Halluzination?
– Ja. Wofür sie jetzt / *Schmerzensgeld* fordern.
– Dieselbe Anne, die vom Klang der Glocke geweckt wurde und sah, wie die Schatten der Kastanienbäume über die Schlafzimmerwände krochen, in ihrem / nassen Pyjama?
– Dieselbe Anne, die knifflige Zeitzünder und Quecksilber-Kippschalter auf Leiterplatten lötete, den Mund voller / Pfannenpizza?
– Die das Lebensgefühl einer ganzen Generation / auf den Punkt brachte.
– Die gleich zweimal auf dem Cover von / Vogue™ erschien.
– Die die Filmrechte für zweieinhalb Millionen US Dollar / verkaufte.
– Die sich bis ins letzte Detail Gepäckabfertigungs-Vorschriften einprägte und die Flugpläne der großen internationalen Airlines / auswendig lernte.
– Die eine Zitat Einzelgängerin war / Zitatende.
– Die Zitat ausdruckslos Zitatende den Beschreibungen zuhört von Zitat Greueltat Zitatende auf Zitat Greueltat Zitatende auf Zitat Greueltat Zitatende, die sie verübt hat.
– Dieselbe! Dieselbe! Dieselbe!

10. Irgendwie komisch

– Es ist irgendwie komisch, und es ist irgendwie traurig.
Ich schätze, es ist irgendwie bittersüß.
Ich schätze, es ist eine dieser bittersüßen Sachen, eine dieser Lachen-unter-*Tränen*-Sachen.
Nach all der Zeit, nach all den Jahren, kehrt er endlich wieder zu seiner Ma zurück.
Und sie zuerst, du weißt schon: «Wer *ist* das?»
Und dann begreift sie's plötzlich: «Oh *Gott*, das ist mein eigener Sohn.»

Und sie umarmen sich, gleich da in der Küche, und, na ja, das ist so *ergreifend*.
Ich meine, das ist einfach so ergreifend zu sehen, daß er's irgendwie, daß er die *Kraft* gefunden hat, seiner Mutter zu vergeben.
Er hat ihr vergeben, daß sie *Alkoholikerin* war.
Vergeben, daß sie mit anderen *Männern* rumgemacht hat.
Vergeben, daß sie den Glauben seines Vaters an sich selbst zerstört und ihn in den *Selbstmord* getrieben hat.
Und beide weinen irgendwie und lachen und weinen wieder, alles zur selben Zeit in derselben Küche, in der er als kleiner Junge gesessen hat und die schrecklichen Streitereien seiner Eltern miterleben mußte. Wie sein Vater um zehn Uhr morgens unter Tränen den Schnaps in den Ausguß kippt, während sie schreit, daß sie, wäre er bloß ein echter Mann mit nur einem Funken an Selbstachtung, sich ja wohl nicht zu Tode saufen müßte, oder.
Und der Tisch ist voll winziger Kratzer, und er erinnert sich, wie er die heimlich mit einer Gabel gemacht hat. Und irgendwie wird dir, na ja, eben die *Kontinuität* der Sache klar, der bittersüße Geschmack der Sache.

Und dann sagt er: «Hey, Ma, ich hab eine Überraschung für dich.»
Und Ma macht sich irgendwie los und wischt sich die Augen und sagt: «Was denn für eine Überraschung?»
Und er sagt: «Schau doch mal aus dem Fenster, Ma.»
Und vor dem Fenster steht da eben dieser staubige Pick-up mit zwei winzig kleinen Kindern auf dem Rücksitz, die da so starren. Bloß in die Kamera starren.
Und sie kann kaum fassen, daß dies ihre eigenen Enkelkinder sind.
Dann sagt er: «Ma, ich möchte dir Annie vorstellen.»

Und das ist die Stelle, wo die Frau, Annie, aus dem Pick-up steigt, und sie ist echt groß und blond und durchtrainiert, mit diesen klaren blauen Augen, die dir direkt ins Herz schauen, und sie ist irgendwie – na ja, ich schätze, sie ist so ziemlich der *Traum* eines jeden Mannes, wie eine gute Frau eben sein soll, und der Traum einer jeden Mutter von der passenden Ehefrau für ihren Sohn.

Und dann stellt sich raus, wie er und Annie und die Kinder dieses neue, na ja, äh, eben, *Leben* begonnen haben. Sie haben dieses neue, ja, Leben begonnen, ganz für sich selbst, weg von der Stadt. Leben vom eigenen Grund und Boden. Bauen Sachen an. Legen Fallen aus. Bohren unter der Erde nach klarem, reinem Wasser. Unterrichten ihre eigenen *Kinder.* In dem Glauben daran, daß der Mensch frei ist vor Gott, seines eigenen Glückes Schmied und mit allen notwendigen Mitteln seine Familie beschützen muß.

Und während des Mittagessens – im wesentlichen eine Art Geflügelsalat mit Mayonnaise – erfahren wir, daß er sogar der Kommandant einer ganzen *Gruppe* von Gleichgesinnten ist, die sich alle bewaffnet haben, nicht etwa, um ein Blutbad anzurichten, sondern aus *Notwehr*, weil, es herrscht Krieg. «Krieg?» fragt Ma. «Wie meinst du das, Krieg?»

Also muß Annie Ma erklären, daß sie nicht an Steuern oder Sozialhilfe oder diesen ganzen Mist glauben. Daß dieser Krieg ein Krieg ist gegen eine Regierung, die dem ehrlichen Arbeiter das Brot aus dem Munde raubt, um es an die Pornographen und Abtreiber dieser Welt zu verfüttern.
Ein Krieg gegen die gottverlassenen *Schwuchteln.*
Ein Krieg gegen die Crack-Dealer und die Schwarzen.
Ein Krieg gegen die Verschwörung der *Juden* und ihre Versuche, die *Geschichte* umzuschreiben.
Ein *Kreuzzug* gegen die entarteten Bilder, die sich als *Kunst* ausgeben.
Ein Krieg gegen all jene, die uns das Recht auf Waffen verweigern.

Und Annie leuchtet irgendwie fast von innen.
Das ist wie, wow, sie hat, sie hat sich da durchgebissen, sie hat sich durch dieses ganze Chaos und das dauernde Gerede unserer Zeit einfach durchgebissen und hat es irgendwie gefunden, dieses, na ja.
Dieses *Etwas*, schätze ich.
Dieses Etwas, dieses irgendwie totale *Etwas.*
Irgendwie hat sie dieses Etwas gefunden.
Das ist wie – hey – Annie hat dieses Etwas gefunden, diesen *Schlüssel*, ja, diesen Schlüssel eben, dieses Geheimnis, diese Gewißheit und Einfachheit, dieses geheime und einfache Etwas, nach dem wir alle unser Leben lang suchen und das, schätze ich, eben die *Wahrheit* ist.

Ja. Und es ist irgendwie ergreifend zu sehen, wie aufmerksam *er* für die Kinder sorgt.
Wie er ihnen das Hühnchen kleinschneidet und ihnen den

Mund mit einer Papierserviette abwischt – das Bild, weißt du, von diesem großen Kerl im Tarnanzug, der sich liebevoll um die Hausarbeit kümmert.
Weil, die Familie ist eben das Fundament, schätze ich.

Und eines der winzig kleinen Kinder schaut von seinem Hühnchen auf und sagt: «Daddy, warum *weint* sie?»
Und es ist wahr.
Seine Mutter weint.
Während sie so dasitzt am Familientisch und diese Familie betrachtet, von deren Existenz sie ja keine Ahnung hatte – der Sohn und seine schöne junge Frau, ihre starken und unschuldigen Kinder, die das ganze Leben noch vor sich haben – da, ja, wirklich, muß sie hemmungslos weinen, als sei sie selber ein winziges Kind.

Und Annie streicht dem Jungen durchs Haar – das total kurzgeschoren ist, weißt du – wie ein echter kleiner Soldat – und sagt: «Weil sie so glücklich ist, mein Sohn. Weil sie so glücklich ist.»

11. Ohne Titel (100 Wörter)

– Was wir hier sehen, sind verschiedene Objekte, die in Verbindung stehen mit den Versuchen der Künstlerin, sich im Laufe der letzten paar Monate umzubringen. Zum Beispiel: Tablettenröhrchen, Einweisungen ins Krankenhaus, Polaroidfotos von den diversen HIV-positiven Männern, mit denen sie bewußt ungeschützten Geschlechtsverkehr hatte, Glasscherben …
– Abschiedsbriefe.

– … ja, und an den Wänden der Galerie hängen natürlich ihre zahlreichen Abschiedsbriefe. Als Ergänzung zu den Polaroidfotos laufen einigermaßen *unerfreuliche*, wie ich leider sagen muß, Videoaufzeichnungen von den Versuchen selbst.
Also, ich weiß ja nicht, wie es anderen damit geht, aber ich begann mir eigentlich schon nach wenigen Minuten zu wünschen, es wäre ihr gleich beim ersten Mal geglückt.

Schweigen.
In das Schweigen:

Kopf
grün
Wasser
singen
Tod
lang
Schiff
bezahlen
Fenster
freundlich
Tisch
fragen
kalt
Stamm
tanzen
Dorf
See
krank
Stolz
kochen

– Also, ich finde, das ist ein unentschuldbar frivoler Kommentar über ein eindeutig bahnbrechendes Werk. Es ist ergreifend. Es ist hochaktuell. Es ist verstörend. Es ist witzig. Es ist krank. Es ist sexy. Es ist bitterernst. Es ist unterhaltsam. Es ist erhellend. Es ist düster. Es ist zutiefst persönlich und wirft gleichzeitig grundlegende Fragen auf über die Welt, in der wir leben.

– Was mich fasziniert, ist ihr Umgang mit Texturen. Ich denke, man findet hier eine große Sensibilität in der Gegenüberstellung von Materialien: Leder und Glas, Blut und Papier, Vaseline und Stahl, die im Betrachter eine nahezu viszerale / Reaktion hervorrufen.
– Tut mir leid, aber was wir hier sehen, ist doch der reine Narzißmus. Und ich denke, wir müssen uns schon die Frage stellen, wer denn diese Art halbgaren Exhibitionismus überhaupt als Kunst akzeptieren soll? …
– Ja, aber genau, das ist doch zweifellos die Kernaussage, die sie zu machen versucht: *Wo* sind die Grenzen? *Was* ist noch akzeptabel? …
– … schließlich ist das doch reine / Selbstverliebtheit.
– … Wo hört das «Leben» – buchstäblich in diesem Fall – auf, und wo beginnt das «Kunstwerk»?
– Bei allem Respekt, aber ich denke, sie findet diesen ganzen Modus des «Aussagens» doch geradezu lachhaft antiquiert. Wenn es *überhaupt* eine Aussage gibt, dann doch *mit Sicherheit* die, daß die Aussage, die gemacht wird, *nicht* die Aussage ist und auch nie die intendierte Aussage *war.* Es geht doch hier mit Sicherheit um die Aussage, daß die Suche nach einer Aussage sinnlos ist und daß der Sinn dieser Übung – das heißt dieser versuchten Angriffe auf ihr Leben – sinnfällig darauf verweist. Mich erinnert das an das chinesische Sprichwort: Der dunkelste Ort ist immer unter der Lampe.

Schweigen.
In das Schweigen:

Tinte
wütend
Nadel

schwimmen
Reise
blau
Lampe
sündigen
Brot
reich
Baum
stechen
Mitleid
gelb
Berg
sterben
Salz
neu
Brauch
beten

– Der was?
– Der dunkelste Ort. Das ist / chinesisch.
– *Warum* können die Leute nicht zeichnen lernen? *Warum* können die Leute nicht malen lernen? Studenten sollte man *Handwerk* beibringen und keine Ideen. Denn was wir hier sehen, ist doch das Werk eines Mädchens, das ganz eindeutig nicht auf die Kunsthochschule gehört hat, sondern in eine psychiatrische Anstalt.

Schweigen.
In das Schweigen:

Geld
dumm
Schulheft
verabscheuen
Finger

lieb
Vogel
fallen
Buch
ungerecht
Frosch
sich trennen
Hunger
weiß
Kind
Aufmerksamkeit schenken
Bleistift
traurig
Pflaume
heiraten

– Eine *was*?
– Eine Nervenklinik. Irgendwo, wo man sie hätte / behandeln können.
– Also, ich muß schon sagen, ich finde das eine ganz außerordentliche Bemerkung, die ich nicht zu hören erwartet hätte, außerhalb eines Polizeistaats …
– Oh, *bitte* …
– … und die – nein, tut mir leid, tut mir leid, das muß gesagt werden –, die, so scheint mir, die versuchte Wiedereinführung ist des Begriffs «Entartete Kunst» …
– Ach, Unsinn. Was für eine absurde / Überreaktion.
– … die – Unsinn? Wohl kaum – die von den Nazis verboten wurde. Ich meine, hören Sie sich doch einmal selbst *zu*: Sie sagen da gerade, daß diese Künstlerin keine Kunstwerke produzieren dürfte, sondern statt dessen gezwungen werden sollte, sich einer psychiatrischen Behandlung zu unterziehen.
– Ich lege doch nur nahe, daß dieses arme Mädchen …
– «Dieses arme Mädchen»

– … dieses arme Mädchen, ja, Hilfe braucht – und damit habe ich, wie Sie sehr gut wissen, in keinem Moment nahegelegt, daß man sie / «zwingen» müßte.
– Hilfe braucht? Ach, wirklich? Und nach wessen Ansicht? Der Ansicht eines Goebbels? Der Ansicht eines Josef Stalin vielleicht? Nimmt Anne nicht gerade die entsetzlichen Konsequenzen dieser Denkweise vorweg und fragt uns, was «Hilfe» eigentlich bedeutet? Sagt sie nicht gerade: «Ich will eure Hilfe nicht»? Sagt sie nicht gerade: «Eure Hilfe unterdrückt mich»? Sagt sie nicht gerade, daß ihre einzige Möglichkeit, kein Opfer der patriarchalen Strukturen des Kapitalismus im ausgehenden zwanzigsten Jahrhunderts zu sein, darin besteht, ihr *eigenes Opfer zu werden*?
Ist das nicht die wahre Bedeutung dieser versuchten Angriffe auf ihr Leben?
– Ihr eigenes Opfer – das ist faszinierend.
– Also wirklich, das ist eine derart schwammige Argumentation.

Schweigen.
In das Schweigen:

Haus
Liebling
Glas
sich streiten
Pelz
groß
Karotte
malen
Teil
alt
Blume
schlagen
Kiste
wild

Familie
waschen
Kuh
Freund
Glück
lügen

– Nun, ich denke, welche verschiedenen persönlichen Sehweisen wir hier auch einbringen, so einig sind wir uns doch alle, daß dieses Werk bahnbrechend ist. Es ist ergreifend. Es ist hochaktuell. Es ist verstörend. Es ist witzig. Es ist krank. Es ist sexy. / Es ist bitterernst. Es ist unterhaltsam. Es ist kryptisch. Es ist düster. Es ist zutiefst persönlich und wirft gleichzeitig grundlegende Fragen auf über die Welt, in der wir leben.
– *(Stichwort «sexy»)* Das ist wirklich eine derart schwammige Argumentation. Ihr eigenes Opfer? Wenn sie wirklich – wie es scheint – versucht sich umzubringen, macht uns doch unsere Anwesenheit hier zu bloßen Voyeuren im Irrenhaus. Wenn sie aber auf der anderen Seite nur schauspielert, ist das gesamte Werk dann doch lediglich eine zynische Performance und im Endeffekt doppelt widerlich.
– Aber warum nicht? Warum sollte es keine / «Performance» sein?
– Genau – es wird zu einer Art / Theater.
– Ein Theater – ganz richtig – für eine Welt, in der das Theater selbst tot ist. Anstelle der antiquierten Konvention von Dialog und sogenannter Charaktere, die im *Theater* auf eine peinliche dramaturgische Auflösung zueiern, bietet uns Anne den reinen Dialog der Objekte: von Leder und Glas, von Vaseline und Stahl; von Blut, Speichel und Schokolade. Sie bietet uns nichts weniger als das Schauspiel ihrer eigenen Existenz, die radikale *Pornographie* – wenn ich dieses abgenutzte Wort benutzen darf – ihres eigenen gebrochenen und mißbrauchten – beinahe *Christus*-mäßigen – Körpers.

– Ein Objekt, mit anderen Worten. Ein *religiöses* Objekt.
– Ein Objekt, ja. Aber nicht das Objekt *anderer,* sondern das Objekt *ihrer selbst. Das* ist das Szenario, / das sie uns bietet.
– Aber das haben wir doch alles schon einmal gesehen. Haben wir das nicht alles schon einmal gesehen, im sogenannten «Radikalismus» der sechziger Schrägstrich siebziger Jahre?

Schweigen.
In das Schweigen:

Haltung
eng
Bruder
fürchten
Storch
falsch
Sorge
küssen
Stolz
rein
Tür
wählen
Heu
zufrieden
Spott
schlafen
Monat
nett
Frau
mißbrauchen

– *Gesehen* schon – vielleicht. Aber es nicht neu gesehen, nicht jetzt, nicht im Kontext einer *post*-radikalen, einer post-*humanen* Welt, in der die *Gesten* des Radikalismus neue Bedeutungen annehmen, fußend auf einer Gesellschaft, in der die radikale Geste bloß eine weitere Form der Unterhaltung ist, das heißt ein weiteres Produkt – in diesem Fall ein Kunstwerk –, bestimmt für den / raschen Konsum.

– Theater hat mit alldem nichts zu tun, und ich verwehre mich mit aller Schärfe gegen die Andeutung, ich sei eine Art *Nazi*.

12. Seltsam!

– Sie fährt weg aus der zerbombten Stadt, in einem metallicroten Cadillac, Baujahr circa 1956 …

– NAME!

– … als sie eine Straßensperre erreicht, erhellt von brennenden Reifen, und nach ihrem – genau – Namen gefragt wird.

– SELTSAM!

– Seltsam, daß sie dieser sachlichen Aufforderung nicht folgt, sondern statt dessen zu einer Tirade übelster Beschimpfungen anhebt: «Ihr widerlichen, stinkenden Mörder», sagt sie. «Ihr schweinefickenden schwanzlutschenden Scheißkerle.»

– SPRACHE!

– «Ihr schwesternfickenden gotteslästernden kindermordenden hirnlosen verfickten Killer.»

– SPRACHE!

– «Ich scheiße auf eure Gräber und auf die Gräber eurer Mütter und Väter …»

– IDENTITÄT!

– «… und verfluche alle kommenden Generationen.» Und dann, als sie nochmals – richtig – nach ihrer Identität gefragt wird, schweigt sie.

– SCHWEIGEN!

Schweigen.

WAS?

Schweigen.

WAS?

– Dann murmelt sie etwas von ihrem Garten und den Pflaumenbäumen und den ausgetrockneten Brunnen der Stadt. Über – was war das? – das Wasser, das sie in Plastikflaschen vorgewärmt hat, um die Wurzeln nicht zu erschrecken. Sie murmelt etwas von ...

– SPRICH LAUTER!

– ... sie murmelt etwas von – richtig: Sprich lauter, du Schlampe – etwas von Stromausfall, Nächten in völliger Dunkelheit und dem Verfaulen von tiefgekühltem Fleisch. Über die Frauen, die in den Straßen Topfdeckel gegeneinanderschlugen als eine Art Klagelied ...

– NAME!

– ... über das Niederbrennen ganzer Bibliotheken voller Bücher und unersetzlicher Manuskripte und über altes Brot, heruntergeworfen von den Ladeflächen der Lastwagen, und weiter und weiter über die Pflaumen und die weißen Blumen ...

– WÄHRENDDESSEN!

– ... und den Geruch von Abwasser-Kaffee und menschlichen Überresten, und währenddessen – richtig: währenddessen – danke – drängen sich die Soldaten um diese namenlose Frau mit den langen grauen, blutverschmierten Haaren und um den roten Cadillac, erhellt von den Stapeln brennender Reifen, und fragen sie, wo zum Teufel, wo zum Teufel sie auf dieser gottverficktverlassenen Erde denn hin will?

Schweigen.

– WAS?

Schweigen.

WAS?
– «Zum Flughafen.»
– SPRICH LAUTER!
– «Zum Flughafen. Ich bringe mein Kind zum Flughafen. Sie müssen mich nicht anbrüllen. Ich bin eine gebildete Frau – keine Bäuerin vom Acker, die in die Stadt zog, um die Toiletten reicher Leute zu putzen. Ich habe einen Paß und ein Bankkonto mit US-Dollars, und ich bringe mein Kind zum Flughafen.»
– SELTSAM!
– «Lassen Sie mich jetzt bitte durch.» Aber, ja, eben, seltsam, wie gesagt, daß kein Kind zu sehen ist. Kind? Was für ein Kind? Und Frauen mit Pässen sehen nicht so aus. Frauen mit US-Dollars sehen nicht so aus. Ihre Haare werden beim Friseur fachgerecht mit künstlichen Strähnchen durchzogen, nicht mit menschlichem Blut. Sie fahren keinen zerbeulten Cadillac, sie besitzen einen japanischen Jeep mit Allradantrieb und einem Ersatzreifen, den sie nie benutzen werden, an die Hecktür geschnallt. Leuchten wir doch mal, ja, mit der Taschenlampe auf den Rücksitz und sehen nach, wovon sie überhaupt spricht.
– KIND? WAS FÜR EIN KIND?
– Holen wir doch mal die Gummi – was für ein Kind – genau – Taschenlampe raus und sehen nach, wovon sie da überhaupt spricht, was sie da eigentlich meint mit «Kind», diese namenlose Frau mit den langen grauen Haaren und dem von Pokkennarben entstellten Gesicht. Und wo wir schon bei ihrem Äußeren sind, warum kann sie nicht attraktiver sein? Warum kann sie nicht sympathischer sein? Warum kann sie nicht ein paar mehr Zähne haben? Warum kann sie sich nicht vorbeugen und uns ihren Arsch zeigen? Warum kann sie nicht unter Tränen zusammenbrechen, damit wir sie endlich trösten dürfen, anstatt so zu starren und zu spucken.
– SELTSAM!

– Und – was? – ja – tut mir leid – seltsam, daß, wie gesagt, der Schein der Taschenlampe auf dem Rücksitz des Fahrzeugs nur zwei glänzende, schwarze Plastiktüten erkennen läßt, beide oben verschnürt, aber kein Kind weit und breit.

– KIND? WAS FÜR EIN KIND?

– Und jetzt murmelt sie etwas von …

– SPRICH LAUTER!

– … etwas von einer Gartenschaukel, etwas über ihr kleines Mädchen, ihre kleine Anne, ihre kleine Anuschka. Etwas – was war das? Sprich lauter – etwas über ihre Anuschka «in den Tüten» und ihren Wunsch, ihren dringenden Wunsch, diese Tüten zum Flughafen zu bringen mit ihrer Bildung und ihrem Bankkonto mit US-Dollars, und sie will Flugtickets kaufen.
Begreift sie denn nicht, daß der Flughafen geschlossen ist?
Hat sie gar nicht gehört, daß die Startbahnen bombardiert wurden?
Hat sie gar nicht gesehen, daß ferngesteuerte Raketen den Beton haben aufspritzen lassen wie Steine, die man in einen Pool wirft?

– SELTSAM!

– Kann sie die flirrende Hitze des brennenden Flugbenzins denn nicht spüren? Nein. Seltsam, daß, wie gesagt, sie zu glauben scheint, der Flughafen sei wie gewohnt in Betrieb. Seltsam, daß sie zu denken scheint, die weißen Strände dieser Welt und die großen Metropolen lägen noch immer wenige planmäßige Flugstunden entfernt.

– SELTSAM!

– Diese namenlose Frau scheint, wie seltsam, anzunehmen, daß sie noch immer über ein Bankkonto mit einer Plastikkarte verfügt und Erster Klasse mit der kleinen Anne, mit Anuschka, aus der Reichweite der Gewehre und Äxte wegfliegen kann, in eine Stadt voller Kunstgalerien, Neonlichter, bezaubernder Cafés und verführerisch dekorierter Schuhe.

– SELTSAM!

Schweigen.

– Und ja – seltsam – niemand fordert sie auf, zu sagen, was sie denn meint mit «Anuschka in den Tüten».
– SELTSAM!

Schweigen.

– Und ja – seltsam – niemand fordert eine Durchsuchung der Tüten.
– SELTSAM!

Schweigen.

– Und ja – vielleicht das seltsamste von allem – niemand fragt, warum ein Kind in zwei Tüten sein sollte statt in einer.

Schweigen.

– SELTSAM!

13. Kommunikation mit Außerirdischen

– *Dann* entdecken wir, daß sie von geheimnisvollen Strahlen infiltriert ist, die sie auf Fotos unsichtbar machen.
– Was? Röntgenstrahlen?
– Nein, keine Röntgenstrahlen. Eine neue Art Strahlen. Eine neue Art Strahlen, hervorgerufen durch eine Katastrophe im *Welt/all.*
– Heißt das – okay –, daß sie über diese Strahlen, soll damit gesagt werden, mit *Außerirdischen* kommuniziert?

– Nicht *kommuniziert.* Nein. Die Außerirdischen *benutzen* sie. Sie benutzen sie, aber *ohne ihr / Wissen.*
– Die Außerirdischen – stimmt – benutzen ihr Gehirn als eine Art Trojanisches Pferd, für eine schrittweise Unterwanderung des gesamten menschlichen / *Bewußtseins.*
– Und das beängstigende dabei ist, ist eben, sie könnte jeder von uns sein.

14. Girl Next Door

She's the girl next door
She's the fatal flaw
She's the reason for
The Trojan War

She is royalty
She practices art
She's a refugee
In a horse and cart

She's a pornographic movie star
A killer and a brand of car
A KILLER AND A BRAND OF CAR!

She's a terrorist threat
She's a mother of three
She's a cheap cigarette
She is Ecstasy

She's a femme fatale
She's the edge of the knife

She's one helluva gal
She's Intelligent Life

She's a presidential candidate
For every little warring state
EVERY LITTLE WARRING STATE!

She winters in the south
She collects antiques
She has a big mouth
But she never speaks

She's given a spade
At the edge of a wood
To dig her own grave
By a man in a hood

She drives a tank
Over neonates
While choosing to bank
At competitive rates

She bombs by stealth
Has unlimited wealth
White knobbly knees
WHAT? KNOBBLY KNEES?
Yes. Knobbly knees
And speaks fluent Japanese

O-shigoto wa nan desu ka?
Oku-san wa imasu ka?
OKU-SAN WA IMASU KA?

She's an artificial tan
She's the fat in the pan
She's the film in the can
She's the shit in the fan

She's the one who ran
When the shooting began

She's a girl with a plan
She's a boy with a man
She's a dyke with a *femme*
She's a man with a van

She's a dedicated football-fan
With limited attention-span
LIMITED ATTENTION-SPAN!

She's the predator
She's the god of war
She's the fatal flaw
She's the girl she's the girl
She's the girl she's the girl
She's the girl she's the girl
SHE'S THE GIRL NEXT DOOR!

15. Die Aussage

– Sie sagen, sie fährt bei Wind und Wetter mit dem Rad?
– Bei Wind und Wetter. Stimmt.

Schweigen.

– Und trägt einen Hut.
– Ja. Sie trägt einen Hut.
– Den sie, Ihrer Aussage nach, selbst gestrickt hat.
– Ich glaube, ja.

Schweigen.

– Sie züchtet Tomatenstauden in …
– Margarineschachteln.
– Margarineschachteln.
– Stimmt.

Schweigen.

Oder Joghurt …
– Joghurtbechern.
– Ja.
– Verstehe.

Schweigen.

Warum, glauben Sie, tut sie das?
– Was? Tomatenstauden züchten?
– Ja.

Schweigen.

– Für Feste.
– Für was?
– Feste. Sie verkauft sie auf Festen.
– Natürlich. Und ich nehme an, sie bringt sie auf diese Feste mit ihrem Rad.
– Stimmt, ja.
– Bei Wind und Wetter.

– Stimmt, ja.
– In einem Pappkarton.
– Stimmt, ja.
– Tja, warum, glauben Sie, tut sie das? Warum, glauben Sie, bringt sie diese, was, diese Tomatenstauden in Joghurtbechern, warum, glauben Sie, bringt sie sie zu diesen Festen in einem Pappkarton bei Wind und Wetter auf ihrem Rad?

Langes Schweigen.

Sie haben ausgesagt, Zitat als Kind mußte sie sich oft das Bett mit zwei oder drei ihrer jüngeren Geschwister teilen Zitatende. Bleiben Sie bei dieser Aussage?
– Ja.
– Warum?
– Weil es so war.
– «Weil es so war.»
– Weil es so war, ja. Weil sie arm waren. Weil sie nichts hatten.
– ’ne andere Welt, was?

Schweigen.

Wenn Sie hier kurz unterschreiben würden.
– Was?
– Ja. Wenn Sie hier kurz unterschreiben würden, zur Bestätigung, daß Sie die Aussage gelesen haben und sie der Wahrheit entspricht.

Schweigen.

Entspricht sie etwa nicht der Wahrheit?
– Wenn ich einen Stift haben könnte …

Ein Stift wird gezückt, die Kappe abgenommen. Das Dokument wird unterzeichnet und zurückgereicht.
Schweigen.

Wär's das?
– Fürs erste ja. Danke.

Schweigen.

Herzlichen Dank.

Schweigen.

16. Pornó

Der Text wird hauptsächlich von einer sehr jungen Frau gesprochen. Wenn sie spricht, werden ihre Worte leidenschaftslos in eine afrikanische, südamerikanische oder osteuropäische Sprache übersetzt.

– Die besten Jahre ihres Lebens liegen noch vor ihr.
– [Übersetzung]
– Sie könnte siebzehn sein, oder achtzehn …
– [Übersetzung]
– … aber im Idealfall ist sie jünger …
– [Übersetzung]
– … vierzehn vielleicht oder noch jünger.
– [Übersetzung]
– Es ist sehr, sehr wichtig zu begreifen, daß sie die Kontrolle hat.
– [Übersetzung]
– Bei allem, was geschieht, hat immer sie die Kontrolle.
– [Übersetzung]

– Selbst wenn es brutal oder gefährlich aussieht.
– [Übersetzung]
– Was es nicht ist.
– [Übersetzung]
– *(schwaches Lachen)* Offensichtlich.
– [Übersetzung]
– *(schwaches Lachen)* Natürlich gibt es keine nennenswerte *Handlung* …
– [Übersetzung]
– … oder Charaktere.
– [Übersetzung]
– Mit Sicherheit nicht im konventionellen Sinn.
– [Übersetzung]
– Aber das bedeutet nicht, daß man kein Handwerk braucht.
– [Übersetzung]
– Denn das, was wir sehen, muß echt sein und nicht nur gespielt.
– [Übersetzung]
– Mehr als ein Job.
– [Übersetzung]
– Nicht nur so tun als ob – aus dem einfachen Grund, weil es wirklich geschieht.
– [Übersetzung]

Eine Pause. Sie scheint ihren Text vergessen zu haben und sieht sich nach einem Souffleur um.

– Ja?
– *(souffliert)* Ihre Arbeit macht ihr Spaß.
– Was?
– *(energischer souffliert)* Ihre Arbeit macht ihr Spaß.
– Ihre Arbeit macht ihr Spaß.
– [Übersetzung]
– Sie ist jung und fit und mit ihrem Körper ganz glücklich.

– [Übersetzung]
– Wie sie ihren Körper benutzt, ist ihre Entscheidung.
– [Übersetzung]
– Offensichtlich.
– [Übersetzung]
– Porno hindert sie nicht an einem normalen Leben.
– [Übersetzung – in der Übersetzung sollte «Porno» eine auffällige Betonung haben: «Pornó»)
– Sie hat einen festen Freund …
– [Übersetzung]
– … und all die normalen Interessen eines Mädchens ihres Alters.
– [Übersetzung]
– *(schwaches Lachen)* Klamotten.
– [Übersetzung]
– Jungs.
– [Übersetzung]
– Make-up. Haustiere.
– [Übersetzung]
– Musik.
– [Übersetzung]
– Der Unterschied ist …
– [Übersetzung]
– … ist nur, daß Porno ihr jene Art Sicherheit und Unabhängigkeit verschafft, um die sie viele Frauen beneiden würden.
– [Übersetzung]
– Porno …
– [Übersetzung]
– … ist in Wahrheit ein Weg, die Kontrolle zu übernehmen.
– [Übersetzung]
– Porno …
– [Übersetzung]
– … ist in Wahrheit das Gegenteil von dem, was es scheint.
– [Übersetzung]

– Denn sie *konsumiert* die Bilder nicht …
– [Übersetzung]
– … sie produziert sie.
– [Übersetzung]
– Das ist für sie, unter anderem, das schöne an Porno.
– [Übersetzung]

Wieder eine Pause. Sie scheint ihren Text vergessen zu haben: wobei dies eine Verzweiflung beinhalten sollte, die aber auf keinen Fall je veräußerlicht werden darf. Sie sieht sich nach einem Souffleur um.

– Ja?
– *(souffliert)* Sie ist nicht unempfänglich für das Abendlicht.
– Was?
– *(energischer souffliert)* Sie ist nicht unempfänglich / für das Abendlicht.
– Sie ist nicht unempfänglich für das Abendlicht, wenn es die Wipfel der Kiefern in glühendes Orange taucht.
– [Übersetzung]
– Sie hat ein Innenleben.
– [Übersetzung]
– Sie ist empfänglich für die Welt.
– [Übersetzung]
– Dieses Szenario eines mit Drogen gefügig gemachten Kindes …
– [Übersetzung]
– … erniedrigt …
– [Übersetzung]
– … und dann ohne sein Wissen fotografiert oder gefilmt …
– [Übersetzung]
– … ist eine lachhafte Karikatur.
– [Übersetzung]

Wieder eine Pause. Wieder sieht sie sich nach einem Souffleur um.

– Ja?
– *(souffliert)* Es wird für alles gesorgt.
– Was?
– *(energischer souffliert)* Es wird für alles gesorgt, was sie braucht.

Pause.

– Ich kann nicht.
– [Übersetzung von «Ich kann nicht»]

Pause.

– Ich kann nicht.
– [Übersetzung von «Ich kann nicht»]

Sie wendet sich ab. Kurze Verwirrung. Aber dann übernimmt ein anderer Sprecher. Wahrscheinlich ist mittlerweile sogar das restliche Ensemble aufgetreten und könnte sich den folgenden Text teilen, während das erste Mädchen ein Glas Wasser trinkt und sich allmählich erholt. Wieder sollte nicht klar erkennbar sein, ob sie Lampenfieber hat oder wirklich verzweifelt ist.
Der Übersetzer bleibt ungerührt.

– Es wird für alles gesorgt, was sie braucht. Sogar für eine ordentliche Schulbildung.
– [Übersetzung]
– Mit einundzwanzig werden die besten Jahre ihres Lebens noch vor ihr liegen …
– [Übersetzung]
– … *und* sie wird genug Geld auf der Bank haben durch Porno.
– [Übersetzung]
– Nicht jeder hat diesen Start ins Leben.

– [Übersetzung]
– Oder ihre Möglichkeiten.
– [Übersetzung]
– Offensichtlich.
– [Übersetzung]

Die junge Frau steigt nach und nach wieder ein, unterstützt von den anderen Stimmen.

– Sie könnte zum Beispiel Model werden …
– [Übersetzung]
– … ein Fernsehstar …
– [Übersetzung]
– … ihren eigenen Landgasthof aufmachen oder um die Welt reisen.
– [Übersetzung]
– Sie könnte Malerin werden …
– [Übersetzung]
– … Profi-Schwimmerin …
– [Übersetzung]
– … oder ihr Diplom in Chemotechnik erwerben.
– [Übersetzung]

Alle mit wachsendem Elan.

– Anne könnte die Welt verändern …
– [Übersetzung]
– … das Leiden der Tiere beenden …
– [Übersetzung]
– … das Leiden der Menschen beenden …
– [Übersetzung]
– … und lernen, wie man Hubschrauber fliegt.
– [Übersetzung]

Geigen setzen mit leidenschaftlicher Zigeunermusik ein.

– Anne wird die Ressourcen der Welt gerecht über den Erdball verteilen …
– [Übersetzung]
– … die Entrechteten aus dem Staub aufheben …
– [Übersetzung]
– … ohne auch nur im entferntesten die Privilegien der Mittelschicht anzutasten.
– [Übersetzung]
– Sie wird die Theorien der Psychoanalyse populär machen …
– [Übersetzung]
– … indem sie die Wurzeln des menschlichen Verhaltens erforscht …
– [Übersetzung]
– … in einer Serie wöchentlich erscheinender Zeitschriftenartikel.
– [Übersetzung]

Die Musik steigert sich.

– Anne hat die Erde vom Weltall aus gesehen …
– [Übersetzung]
– … die Gebirgsfalten …
– [Übersetzung]
– … und die kobaltblauen Windungen der Flüsse.
– [Übersetzung]
– Sie hat die Massengräber ausgehoben …
– [Übersetzung]
– … und die zertrümmerten Schädel der Toten untersucht.
– [Übersetzung]
– Sie hat Informationen durch die Glasfaserkabel geschickt …
– [Übersetzung]
– … und mit Lichtteilchen getanzt.

– [Übersetzung]

Die Musik steigert sich. Die Sprecher teilen sich in zwei simultan redende Gruppen, jede Gruppe wird leidenschaftslos in eine andere Sprache übersetzt.

– Anne hat mit einem Schlauch die Straßen von Bukarest abgespritzt …
– [Übersetzung]
– … und dem fötalen Herzschlag gelauscht.
– [Übersetzung]
– Sie ist mit den Polarkappen geschmolzen …
– [Übersetzung]
– … und in die fruchtbaren Deltas geflossen.
– [Übersetzung]
– Sie hat einer importierten Biermarke ihren Namen gegeben.
– [Übersetzung]
– Sie hat eine ganze Zeitungsseite gekauft …
– [Übersetzung]
– … um eine umfassende und vorbehaltslose Entschuldigung abzudrucken.
– [Übersetzung]
– Sie hat Zigeuner ausgerottet …
– [Übersetzung]

– Anne wird Ihnen jetzt die Crash-Position demonstrieren …
– [Übersetzung]
– … die Sie einnehmen sollten, sobald die Flugbegleiter Sie dazu auffordern …
– [Übersetzung]
– Kopf nach unten.
– [Übersetzung]
– Die Knie angezogen.
– [Übersetzung]
– Sollte der Druck in der Kabine sinken …
– [Übersetzung]
– … fallen automatisch Sauerstoffmasken aus der Kabinendecke.
– [Übersetzung]
– Ziehen Sie die Masken zu sich heran, und drücken Sie sie fest auf Mund und Nase.
– [Übersetzung]
– Stellen Sie während der Sauerstoffzufuhr das

– … und einen Strauß vierblättriger Kleeblätter gekauft.
– [Übersetzung]
– Sie hat am Kreuz gehangen, um zu sterben …
– [Übersetzung]
– … ist am dritten Tage wiederauferstanden von den Toten …
– [Übersetzung]
– … hat sich einen Bart wachsen lassen …
– [Übersetzung]
– … und triumphal in Mekka Einzug gehalten.
– [Übersetzung]
– Anne wird uns von den Ängsten unseres Jahrhunderts erlösen …
– [Übersetzung]
– … und ein Zeitalter einleiten, in dem das Spirituelle und das Materielle …
– [Übersetzung]
– … das Kommerzielle und das Triviale …
– [Übersetzung]
– … die Welle und das Teilchen …
– [Übersetzung]
– … endlich miteinander versöhnt sein werden!
– [Übersetzung]

Rauchen ein.
– [Übersetzung]
– Bitte vergewissern Sie sich, daß Ihr Sicherheitsgurt geschlossen ist …
– [Übersetzung]
– … Ihr Tisch nach oben geklappt ist …
– [Übersetzung]
– … und Ihre Rückenlehne senkrecht gestellt ist.
– [Übersetzung]
– Während des Fluges …
– [Übersetzung]
– … kommen wir an Ihren Platz mit einer Auswahl zollfreier Artikel.
– [Übersetzung]
– Anne wird uns von den Ängsten unseres Jahrhunderts erlösen …
– [Übersetzung]
– … und ein Zeitalter einleiten, in dem das Spirituelle und das Materielle …
– [Übersetzung]
– … das Kommerzielle und das Triviale …
– [Übersetzung]
– … die Welle und das Teilchen …
– [Übersetzung]
– … endlich miteinander

versöhnt sein werden!
– [Übersetzung]

Die Musik schwillt an.

17. Ursprünglich tiefgekühlt

– Okay, ihr geht also eine Menge durch den Kopf. Die Dinge haben sich …
– Das stimmt wohl.
– … die Dinge haben sich was? Die Dinge haben sich für sie *geändert* im Laufe der letzten paar Jahre.
– Ja, unbedingt, das stimmt.
– Ich meine, wir können doch sehen – machen wir uns nichts vor: wir sehen doch, daß etwas gestorben ist.
– Etwas ist was?
– Gestorben. Etwas / ist gestorben.
– Sie spürt, daß sie gescheitert ist.
– Genau. Sie spürt, daß ihre Arbeit gescheitert ist.
– Aber auch als Mensch – ihre Arbeit, ja – aber auch als Mensch spürt sie, daß etwas, etwas in ihrem Innern gestorben ist.
– Und *ist* es?
– Was?
– Und *ist* es gestorben?
– Ist was gestorben?
– Dieses Etwas, dieses sogenannte Etwas in ihrem Innern.
– Welches sogenannte Etwas?
– Dieses Etwas, dieses Etwas, dieses Etwas, dieses Etwas / in ihrem Innern.
– In ihrem Fall, ja, sagen wir, es *ist* gestorben. Sagen wir, daß alles, wofür sie jemals gearbeitet hat – ihr ganzes Leben –, ge-

storben ist. *(Lachen)* Sagen wir, bis zu diesem Punkt war ihr Leben was? was? was? wie ein …

– Buch?
– Wie ein Buch, wie ein …
– Faden?
– Wie ein Buch, wie ein Faden, wie ein …
– Boot?
– Wie ein Boot. Sagen wir, ihr ganzes Leben – ja, sehr gut – war bis zu diesem Punkt wie ein Boot, ein kleines Boot …
– Das dahintreibt.
– … das relativ glücklich auf einem See dahintreibt. Doch jetzt spürt sie das Wasser …
– Wie es durch die Ritzen kommt?
– Eindringt.
– Wohin eindringt?
– Ihr gebrochenes Herz.

Lachen.

– Ihr gebrochenes – genau – ja – unbedingt – Herz. Sie spürt, wie das Wasser des Sees eindringt in ihr / gebrochenes Herz.
– Ihre *Arbeit* verlassen. Ihr *Zuhause* verlassen von ihren Kindern.
– Sie *selbst* verlassen von ihrem *Mann.* Wo steckt *der* eigentlich jetzt?
– Paris? Prag? / Wien? Berlin?
– Paris? Prag? Wo er gerade fickt? Wo er gerade, oder, eine andere fickt, halb so alt wie sie, in einer Stadt mit Renaissance-Palästen und / Barock-Kathedralen? Wo er sich gerade die Verwirklichung einer pubertären Phantasie gönnt, während sie versucht, ihr Leben wieder in den Griff zu kriegen.
– Aber sie war nie verheiratet.
– Sie war nie was?
– Nie verheiratet. Sie hat nie an die Ehe geglaubt.

– Okay. Vielleicht hat sie nie daran geglaubt, aber verheiratet war sie trotzdem.

Lachen.

– Mit Paul.
– Wem?
– Paul.
– Paul? Mit Paul war sie doch nicht *verheiratet.*

Lachen.

– Ja, was denn dann?
– Keine Ahnung. Er war nur so eine Art, so eine Art, so eine Art ... / *Person.*
– Wie Rauchen.
– Was? Genau. Ja. Wie Zigaretten Rauchen.

Schweigen.

– Apropos, wußtet ihr, daß sie noch immer diesen großen Aschenbecher mit Ständer hat?
– Apropos was?
– Das. Apropos das.
– Hat sie nicht.
– Doch, hat sie. Sie trägt ihn immer noch mit sich herum von / einem Zimmer zum anderen.
– Das ist ein abscheuliches Ding.
– Das ist kein abscheuliches Ding.

– Ein Ding wie aus der Lobby eines billigen Hotels, diese Art Hotel, wo man für ein paar Stunden nachmittags unter der Woche absteigt,	– Und ob. Wie ein *Spucknapf.* Oder wie heißt dieses andere Ding?

in einer fremden Stadt, mit einem Mann, den man / gerade erst kennengelernt hat.
– Mit einem Mann, den man nie wiedersehen wird.
– Mit einem Mann – genau –, den man gerade erst kennengelernt hat und den man gar nicht erst wiedersehen will. Mit Chromschale und Chromständer und der Aura von spontanem ungeschützten Sex in billigen Hotelzimmern. Ein Cuspidor? Was ist das?

– Welches Ding meinst du?

– Dieses Ding. Das Wort. Dieses andere Wort.
– Welches? Für Spucknapf?
– Humidor?

– Nein. Nicht Humidor, aber so ähnlich.

Pause.

– Cuspidor?
– Cuspidor. Stimmt. Wie ein Cuspidor.

– Ein Ding. Ein Ding zum Reinspucken.
– Sie spuckt aber nicht. Wovon ist hier überhaupt die Rede? Sie heiratet nicht. Sie hat keine Kinder. Und mit Sicherheit / spuckt sie nicht.
– Es sagt ja auch niemand, daß sie spuckt.
– Und warum hat sie dann dieses Ding zum Reinspucken?
– Sie hat kein Ding zum Reinspucken, sie hat ein Ding, das / so *ähnlich* ist.
– Aber was ist dann in dem Fall ein Humidor?
– Humidor ist Spanisch. Wie Matador.
– Wie Konquistador.
– Ein Kasten, in dem man / Zigarren lagert.
– Ein Kasten – stimmt –, in dem man Zigarren lagert.

Schweigen.

– Ja gut. Was? Sie arbeitet nicht?
– Sie *arbeitet.*
– Sie *hat* gearbeitet.
– Sie *kann* arbeiten.
– Sie *wird* arbeiten.
– Sie wird *nicht* arbeiten.
– Was?
– Sie wird nicht arbeiten.
– Aber sie beherrscht ihr Handwerk.
– Oh ja, sie beherrscht ihr Handwerk, aber das Handwerk, das sie beherrscht, scheint nicht in die Welt zu passen, in der sie lebt. Ihre gesamte *Arbeit* scheint nicht in die Welt zu passen, in der sie lebt. Sie kann nur noch den Aschenbecher umkreisen oder wahllos Bücher aus dem Regal zerren.
– Wenn jetzt jemand sagt: Klassiker ...
– Stimmt – genau die Klassiker, die sie vor zwanzig oder dreißig Jahren als Studentin hätte lesen sollen.
– Und genau wie vor zwanzig oder dreißig Jahren kommt sie über die Einleitungen nicht hinaus.

Lachen.

– Die Stellen, die sie mit krakeligem schwarzen Kugelschreiber unterstrichen hat ...
– Diese Stellen – genau –, mit Kugelschreiber von ihr unterstrichen, weil sie gedacht hat, sie hätten eine was? Eine *Bedeutung*?
– Oder weil man ihr's beigebracht hat.
– Weil man ihr was?
– Beigebracht hat. Nicht unbedingt gedacht, sondern beigebracht. Beigebracht, daß sie eine / Bedeutung hätten.
– Also, ob jetzt gedacht oder beigebracht, Tatsache bleibt doch: Sie ist ziemlich oberflächlich.
– Okay, du meinst, Oberflächlichkeit paßt eher in die Welt, / in der sie lebt.

– Genau das meine ich: Sie liest lieber nur oberflächlich. Sie pickt sich lieber nur Teile heraus. Den Teil eines Rezepts. Den Teil eines Briefes. Den Teil / eines Artikels.
– Den Teil eines Rezepts. Den Teil eines Briefes, die Antwort auf einen Brief, den sie nie gelesen hat, über einen Artikel, der ihr entgangen ist.
– Welcher Artikel war das?
– Er ist ihr entgangen.
– Er ist ihr entgangen – okay –, aber wir können uns doch trotzdem ruhig vorstellen, was ihr womöglich entgangen ist.
– Diese Sache über den Schauspieler.
– Diese Sache über den Politiker.
– Diese Sache über den frischen Lachs.
– Diese Sache über den Mörder. Wie er der Mutter des Kindes insgesamt 37 Stichwunden zufügte, während das Kind schlief.
– Und zwar sein eigenes Kind.
– Nein, nicht sein eigenes Kind. Aber sein eigenes Kind war dabei.
– Er brachte sein Kind mit, weil es zuschauen sollte.
– Er brachte sein eigenes Kind mit – stimmt –, weil es ihm dabei zuschauen sollte, wie er die Mutter des anderen Kindes ermordet.

– Welche Sache war das denn?
– Der Lachs?
– Ja.
– Na, wie man das Wort «frisch» definiert. Was das Wort «frisch» in einer Formulierung wie «frischer Lachs» eigentlich bedeutet.
– Du meinst, kann es bedeuten «ursprünglich tiefgekühlt»?
– Genau. Er hat *was*?

– Sein eigenes Kind mitgebracht. Sein eigenes Kind mitgebracht, im Pyjama, weil es ihm zuschauen sollte. Wie er sie ersticht. Ja.

Schweigen.

– Und *kann* es das?
– Kann es was?
– «Ursprünglich tiefgekühlt» bedeuten?

Schweigen.

ENDE

QUELLENHINWEISE

Sarah Kane
Phaidras Liebe
(Phaedra's Love)
Deutsch von Sabine Hübner

Das Gespräch mit Sarah Kane führte Nils Tabert für den vorliegenden Band. Übersetzung: Nils Tabert.

Mark Ravenhill
Shoppen & Ficken
(Shopping & Fucking)
Deutsch von Robin Detje

Das Gespräch mit Mark Ravenhill führte Nils Tabert für den vorliegenden Band. Übersetzung: Nils Tabert.

Marina Carr
Portia Coughlan
Deutsch von Chris Ohnemus

Das Gespräch mit Marina Carr wurde entnommen dem Band *Rage and Reason – Women Playwrights on Playwriting*, herausgegeben von Heidi Stephenson und Natasha Langridge, Methuen, London, 1997.

Martin Crimp
Angriffe auf Anne
(Attempts on Her Life)
Deutsch von Falk Richter

Das Gespräch mit Martin Crimp führte Nils Tabert für den vorliegenden Band. Übersetzung: Nils Tabert.

Paul Auster

Paul Auster, geboren 1947 in Newark / New Jersey, gilt in Amerika als eine der großen literarischen Entdeckungen der letzten Jahre. Er studierte Anglistik und vergleichende Literaturwissenschaft an der Columbia University und verbrachte danach einige Jahre in Paris. Heute lebt er in New York.

Die New York-Trilogie *Roman*
(rororo 12548)
«Eine literarische Sensation!» *Sunday Times*

Mond über Manhattan *Roman*
(rororo 13154)

Smoke. Blue in the Face
Zwei Filme
(rororo 13666)

Die Erfindung der Einsamkeit
(rororo 13585)

Die Musik des Zufalls *Roman*
(rororo 13373)

Mr. Vertigo *Roman*
Deutsch von Werner Schmitz
320 Seiten. Gebunden und als rororo Band 22152

Leviathan *Roman*
Deutsch von Werner Schmitz
320 Seiten. Gebunden und als rororo Band 13927

Von der Hand in den Mund
Deutsch von Werner Schmitz
512 Seiten. Mit 24 farbigen Tafeln. Gebunden.
Aller Anfang ist schwer: Paul Austers amüsantes Selbstporträt des Künstlers als hungernder Mann vor dem Hintergrund der bewegten sechziger und siebziger Jahre.

rororo Literatur

Das rote Notizbuch
Deutsch von Werner Schmitz
64 Seiten. Pappband und als rororo Band 22275
Paul Auster hat in seinem roten Notizbuch über viele Jahre Ereignisse aus seinem Leben und dem Leben von Freunden festgehalten – daraus sind dreizehn unglaubliche Geschichten entstanden.

Paul Auster's Stadt aus Glas
Herausgegeben von Bob Callahan und Art Spiegelman. New York-Trilogie I. Großformat
(rororo 13693)

Im Land der letzten Dinge
Roman
Deutsch von Werner Schmitz
200 Seiten. Gebunden und als rororo 13043

Lulu on the Bridge *Das Buch zum Film mit Vanessa Redgrave und Harvey Keitel*
(rororo 22426)
Nach den Drehbüchern für «Smoke» und «Blue in the Face» führt Paul Auster hier zum ersten Mal Regie.

3201/7

Rolf Dieter Brinkmann

Am 23. April 1975 wurde **Rolf Dieter Brinkmann** in London im Alter von 35 Jahren von einem Taxi überfahren. Mit dem Tod hatte er gelebt. Er war dem Zerfall, der kaputten Wirklichkeit nie ausgewichen und hatte sich doch gegen sie aufgelehnt – emotional, impulsiv, verletzlich und voll poetischer Schärfe.
1940 wurde er in Vechta in Oldenburg geboren, in Essen und Köln lernte er Buchhändler. 1968 erschien sein erstes Buch «Keiner weiß mehr», das die Wut und die Empörung seiner Generation ausdrückte. Brinkmann besaß wenig Geld, lebte 1971-73 als Stipendiat der Villa Massimo in Rom, wo «Rom. Blicke» entstand. Er gab Anthologien heraus, experimentierte mit Collagen, schrieb Hörspiele, Erzählungen, Essays, Gedichte – ein Film in Worten.
Postum wurde Rolf Dieter Brinkmann der Petrarca-Preis verliehen.

Keiner weiß mehr *Roman*
(rororo 11254)

Erkundungen für die Präzisierung des Gefühls für einen Aufstand: Träume. Aufstände. Gewalt. Morde *Reise-Zeit-Magazin Die Story ist schnell erzählt (Tagebuch)*
(dnb 25169 Großformat)

Rom. Blicke
(dnb 25094 Großformat)

R.D.Brinkmann /
R.R.Rygulla (Hg.)
ACID Neue amerikanische Szene
(rororo 15260 Großformat)

rororo Literatur

Im Rowohlt Verlag sind lieferbar:

Erzählungen *In der Grube. Die Bootsfahrt. Die Umarmung. Raupenbahn. Was unter die Dornen fiel*
416 Seiten. Gebunden.

Der Film in Worten *Prosa, Erzählungen, Essays, Hörspiele, Fotos, Collagen, 1965-1974*
320 Seiten. Broschiert.

Schnitte
160 Seiten mit zahlreichen Fotos. Kartoniert.

Standphotos *Gedichte 1962-1970*
376 Seiten mit zahlreichen Fotos. Kartoniert.

«Wörtern sind wir aufgesessen statt Leben, Begriffen statt Lebendigkeit, sollte es verwundern, wenn wir erstickt werden von Wörtern und Begriffen.»
Rolf Dieter Brinkmann

3210/3

Elfriede Jelinek

Mit kalter Schärfe analysiert **Elfriede Jelinek** die alltägliche Gewalt an Frauen. «Es gibt Dinge, die werden mir als Frau von den Kritikern nicht verziehen. Es gilt als einer Frau angemessen, hübsch intelligent, sparsam und sensibel zu schreiben. Aber ein Extremismus in der Schilderung wird mir als Frau nicht zugestanden.» Elfriede Jelinek wurde mehrfach für ihr Werk ausgezeichnet, unter anderem mit dem Heinrich-Böll-Preis 1986.

Die Ausgesperrten *Roman*
(rororo 15519)
«Es ist bemerkenswert, mit welchem Detailreichtum Elfriede Jelinek die Spielarten kleinbürgerlichen Verhaltens aufzeigt, präzise eingeschrieben in die Zeitgeschichte des österreichischen Wirtschaftswunders.» *FAZ*

Die Klavierspielerin *Roman*
(rororo 15812)
«Eine literarische Glanzleistung.» *Süddeutsche Zeitung*

R. Friedrich / U. Nyssen (Hg.)
Theaterstücke *Was geschah, nachdem Nora ihren Mann verlassen hat oder Stützen der Gesellschaft. Clara S. musikalische Tragödie. Burgtheater. Krankheit oder Moderne Frauen*
(rororo 12996)

Die Liebhaberinnen *Roman*
(rororo 12467)
«Bestechend an dieser Schriftstellerin ist die Genauigkeit und Schärfe, mit der sie in eine Welt falscher Glücksvorstellungen eindringt.» *FR*

rororo Literatur

Die Kinder der Toten *Roman*
672 Seiten. Gebunden und als rororo 22161

Michael *Ein Jugendbuch für die Infantilgesellschaft*
(rororo 15880)

wir sind lockvögel baby!
Roman
(rororo 12341)

Lust
(rororo 13042)

Totenauberg *Ein Stück*
96 Seiten. Pappband.

Ein Sportstück
192 Seiten. Pappband

Oh Wildnis, oh Schutz vor ihr
Prosa
288 Seiten. Kartoniert und als rororo 13407

Erika Pluhar liest aus «Oh Wildnis, oh Schutz vor ihr», «Keine Geschichte zum Erzählen»
1 Toncassette im Schuber
(Literatur für KopfHörer 66002)

3242/5

3673/1

Lebensläufe

Linde Salber
Tausendundeine Frau *Die Geschichte der Anaïs Nin*
(rororo 13921)
«Mit leiser Ironie, einem lebhaften Temperament und großem analytischen Feingefühl.» *FAZ*

Virginia Harrard
Sieben Jahre Fülle *Leben mit Chagall*
(rororo 12364)

Kenneth S. Lynn
Hemingway *Eine Biographie*
(rororo 13032)

Michael Jürgs
Der Fall Romy Schneider *Eine Biographie*
(rororo 13132)
»*Der Fall Romy Schneider* ist ein freundschaftliches Buch, aufrichtiger und interessanter als die meisten Biographien, die bei uns über Schauspieler geschrieben werden.» *Süddeutsche Zeitung*

Erika Mann
Mein Vater, der Zauberer
Herausgegeben von Irmela von der Lühe und Uwe Naumann
(rororo 22282)
Die Geschichte dieser außergewöhnlichen Vater-Tocher-Beziehung wird in diesem Band nachgezeichnet. Mit zahlreichen Essays, Interviews und Briefen.

Andrea Thain
Katharine Hepburn *Eine Biographie*
(rororo 13322)

rororo Biographien

Charlotte Chandler
Ich, Fellini *Mit einem Vorwort von Billy Wilder*
(rororo 13774)
«Ich habe nur ein Leben, und das habe ich dir erzählt. Dies ist mein Testament, denn mehr habe ich nicht zu sagen.» *F. Fellini zu C. Chandler*

Andrea Thain / Michael O. Huebner
Elisabeth Taylor
Hollywoods letzte Diva. Eine Biographie
(rororo 13512)
«Vor mehr als vierzig Jahren lehrte mich MGM, wie man ein Star ist. Und ich weiß bis heute nicht, wie ich etwas andere hätte sein können.» *Elisabeth Taylor*

Ein Gesamtverzeichnis aller lieferbaren Titel der *Rowohlt Verlage, Rowohlt Berlin, Wunderlich* und *Wunderlich Taschenbuch* finden Sie in der *Rowohlt Revue*. Vierteljährlich neu. Kostenlos in Ihrer Buchhandlung.

Rowohlt im Internet:
http://www.rowohlt.de

Theater / Film

rowohlts monographien
Begründet von Kurt Kusenberg, herausgegeben von Wolfgang Müller und Uwe Naumann.

Ingmar Bergman
dargestellt von Eckhard Weise
(366)

Luis Buñuel
dargestellt von Michael Schwarze
(292)

Charlie Chaplin
dargestellt von Wolfram Tichy
(219)

Walt Disney
dargestellt von Reinhold Reitberger
(226)

Eleonora Duse
dargestellt von Doris Maurer
(388)

Federico Fellini
dargestellt von Michael Töteberg
(455)

Gustaf Gründgens
dargestellt von Heinrich Goertz
(315)

Alfred Hitchcock
dargestellt von Bernhard Jendricke
(420)

Fritz Kortner
dargestellt von Peter Schütze
(531)

rowohlts monographien

Fritz Lang
dargestellt von Michael Töteberg
(339)

Ernst Lubitsch
dargestellt von Herta-Elisabeth Renk
(502)

Marilyn Monroe
dargestellt von Ruth-Esther Geiger
(507)

Pier Paolo Pasolini
dargestellt von Otto Schweitzer
(354)

Karl Valentin
dargestellt von Michael Schulte
(144)

Ein Gesamtverzeichnis der Reihe *rowohlts monographien* finden Sie in der *Rowohlt Revue*. Vierteljährlich neu. Kostenlos in Ihrer Buchhandlung.

4507/7